Bolz · Münkel (Hrsg.)
Was ist der Mensch?

FORUM

Herausgegeben von
Kurt Beiersdörfer

2003

Was ist der Mensch?

Herausgegeben von
Norbert Bolz und Andreas Münkel

Wilhelm Fink Verlag

Umschlagabbildung:
Unter Verwendung von »Touch me« von Kirsten Geisler,
Haarlem/Niederlande

Bibliografische Information der Deutschen Bibliothek

Die Deutsche Bibliothek verzeichnet diese Publikation in der Deutschen Nationalbibliografie; detaillierte bibliografische Daten sind im Internet über http://dnb.ddb.de abrufbar.

Gedruckt auf alterungsbeständigem Papier.
Alle Rechte, auch die des auszugsweisen Nachdrucks, der fotomechanischen Wiedergabe und der Übersetzung, vorbehalten. Dies betrifft auch die Vervielfältigung und Übertragung einzelner Textabschnitte, Zeichnungen oder Bilder durch alle Verfahren wie Speicherung und Übertragung auf Papier, Transparente, Filme, Bänder, Platten und andere Medien, soweit es nicht §§ 53 und 54 URG ausdrücklich gestatten.

ISBN 3-7705-3807-2
© 2003 Wilhelm Fink Verlag, München
Herstellung: Ferdinand Schöningh GmbH, Paderborn

Inhalt

Vorwort 7

Norbert Bolz
Einleitung 11

Friedmann Schrenk
Afrika – Wiege der Menschheit? 21

Günter Bräuer
Die Neanderthaler und der Ursprung des modernen Menschen   45

Wolfgang Essbach
Von Menschen und Unmenschen 69

Manfred Fassler
Der Mensch und seine sozialen Strukturen 89

Antonio Loprieno
Von der Stimme zur Schrift 119

Christiane Kruse
Bilder/Masken/Gesichter 153

Klaus Berger
Entstehung, Geburt, Tod. Zur Spiritualität der Menschheit 179

Olaf Kaltenborn
Der Traum vom künstlichen Leben 187

Norbert Bolz
Was kommt nach dem Menschen? 201

Walther Ch. Zimmerli
Der Mensch als Quintessenz 213

Zu den Autoren 232

Namensregister 236

Vorwort

Der Mensch: Woher kommt er? Wodurch unterscheidet er sich von anderen Lebewesen oder von Programmen? Was zeichnet ihn aus? Wie sieht er sich selbst? Was ist seine Zukunft? Was kann er wissen? Was darf er hoffen?
Diesen alten Menschheitsfragen gehen an der Wende zu einem neuen Zeitalter der Biotechnologie, der künstlichen Intelligenz und der Robotik in diesem Buch Anthropologen und Philosophen, Theologen und Soziologen, Kunst- und Medienwissenschaftler nach. Der Weg führt uns von der Wiege der Menschheit in Afrika zur Ausdifferenzierung des heutigen Menschen vor weniger als 100.000 Jahren, wir lernen Menschen von »Unmenschen« zu unterscheiden und erkennen ihn in und aus seinen sozialen Strukturen. Wir begegnen ihm als einem, der die Stimme und erst recht die Schrift hat (zoon logon echon), der sich in Bildern und Masken ausdrückt und der von Gebürtigkeit und Sterblichkeit gezeichnet über sein enges irdisches Dasein hinaus zu gelangen versucht.
Heute pfeifen es aber die Spatzen von den Dächern, daß der alte anthropologische Schlaf ausgeträumt, die Zeit *des* Menschen[1] abgelaufen ist, ja am Anfang des dritten Jahrtausends scheint es auch um *die* antiquierten[2] Menschen selber geschehen. Martin Heideggers Antwort auf die sich gerade formierende neue philosophische Disziplin der »Anthropologie« trifft, wenn es so ist, nunmehr alle Menschenwissenschaften:
Anthropologie ist jene Deutung des Menschen, die im Grunde schon weiß, was der Mensch ist und daher nie fragen kann, wer er sei. Denn mit dieser Frage müßte sie sich selbst als erschüttert und überwunden bekennen.[3]
Im »allgemeinen Wesen des Menschen« zeigt sich nicht nur dessen Kluft und Verfehlung, sondern auch eine Drohung, die in den letzten Jahren und Monaten zu einer radikalen Menschenfassung geführt hat. Michel Foucault hat sie in der noch unveröffentlichten Einleitung zu seiner Übersetzung von Kants *Anthropologie in pragmatischer Hinsicht* angedeutet: »Die Geschoßbahn der Frage: Was ist der Mensch? Auf dem Feld der Philosophie vollendet sich in der Antwort, die diese zurückweist und sie entwaffnet: Der Übermensch«[4].

---

1 S. dazu: Raimar Zons, *Die Zeit des Menschen. Zur Kritik des Posthumanismus*, Frankfurt a. M. 2001.
2 S. Günther Anders, *Die Antiquiertheit des Menschen*, München 1956.
3 *Zeit des Weltbilds*, in: Holzwege, Frankfurt 6. Aufl. 1980, S. 109, Zusatz 10.
4 Wir verdanken diesen Hinweis und das Folgende Dietmar Kampers Buch *Horizontwechsel*, München 2001; Foucault übers. von Ute Frietsch.

Bekanntlich hatte Kant zwischen einer Anthropologie unterschieden, die erforscht und nachkonstruiert, was die Natur aus dem Menschen macht, und einer pragmatischen, die erforscht und vorkonstruiert, was der Mensch aus sich selbst macht. Die Geschichten dieser Anthropologien, die sich in eine Naturwissenschaft vom Menschen und eine geschichtsphilosophisch orientierte Handlungswissenschaft ausdifferenzierte, schienen prima vista keinen gemeinsamen Nenner zu haben. Aber im Gedanken seiner unendlichen Vervollkommnung, der Befreiung des Menschen aus seiner je zufälligen und individuellen Allzumenschlichkeit hin zum »allgemeinen«, »gesellschaftlichen«, »neuen« Menschen trafen sich rasch humanisierende Disziplinen wie Pädagogik, Psychologie, Kriminologie mit anthropotechnischen wie Medizin, Psychotechnik und Bevölkerungspolitik – Menschenzähmung und Menschenzüchtung[5]. Nietzsches hypothetische Annahme jedenfalls, daß der Mensch etwas sei, was überwunden werden müsse, scheint schon der Geburtsstunde seiner Wissenschaft eingeschrieben zu sein. Überwunden werden muß insbesondere das Viereck seiner skandalösen und schlechthinnigen Naturabhängigkeit: Seine Gebürtigkeit, seine Sterblichkeit, seine lüsterne und leidende Fleischlichkeit, seine sexuelle Form der Fortpflanzung.

»Die Schaffung des ersten Wesens, des ersten Vertreters einer neuen, intelligenten Spezies, die der Mensch, ihm zum Bilde, zum Bilde des Menschen, schuf«, verlegt Michel Houellebecqs Roman *Elementarteilchen* auf den 27. März 2029. Des Autors Stellvertreter im Roman, Hubczejak, leitete das Ereignis mit »einer kurzen Rede ein, in der er mit seiner üblichen schonungslosen Offenheit erklärte, daß sich die Menschheit rühmen dürfe, »die erste Spezies der bekannten Welt zu sein, die die Bedingungen geschaffen hat, sich selbst zu ersetzen.«[6]

Diese Spezies, die sich durch Replikation reproduziert und kein Geschlecht, keinen Schmerz, keinen Tod kennt, lebt dem Urteil der letzten, vom Aussterben bedrohten Menschen zufolge glücklich und frei von jeglichem Egoismus. Es kommt übrigens vor, daß sie sich selbst – wenn auch mit einer Spur von Humor – mit dem Namen »Götter« bezeichnen, der so viele Träume bei ihnen ausgelöst hat.

Houellebecqs Frage, was nach dem Menschen kommt, widmen sich die Beiträge im zweiten Teil dieses Bandes. Sie erläutern uns den Traum vom künstlichen Leben und fragen, ob der Mensch die Quintessenz der Schöpfung oder der Evolution ist.

---

5 S. Peter Sloterdijk, *Regeln für den Menschenpark. Ein Antwortschreiben zum Brief über den Humanismus*, Frankfurt a.M. 1999.
6 Aus den Französischen von Uli Wittmann, Köln 1999, S.355 f.

Sicher ist: »Der Mensch« ist heute fragwürdiger als je. Dieser Herausforderung stellen sich die Texte, auf deren Lektüre Sie sich jetzt freuen dürfen.

Norbert Bolz und Andreas Münkel

Norbert Bolz

Einleitung

Eine Krise erkennt man daran, daß jeder Versuch, aus ihr herauszukommen, um so tiefer in sie verstrickt. Daß der Humanismus in einer solchen steckt, weiß man spätestens seit Martin Heideggers *Brief*. Seither hat der Zangenangriff von Computer- und Gentechnologie auf den Menschen und sein Bild die Humanisten in eine verzweifelte Rückzugsposition gedrängt, aus der nur noch enttäuschte, gekränkte und klagende Stimmen zu hören sind. Wer vom Lauf der Welt enttäuscht ist, will nicht lernen. Doch auch Lernbereitschaft muß damit rechnen, gerade in dem Versuch, aus der Krise des Humanismus herauszukommen, um so tiefer in sie zu verstricken. Wenn etwa Technikfolgenabschätzungsinstitute zeitgeistbewusst fragen, ob es sich bei den Zumutungen der Computer- und Gentechnolgie um eine Kränkung oder eine Herausforderung handelt, dann glaubt man sich schon sicher, alle Probleme durch die Inversionsformel Risiko = Chance gelöst zu haben. Aber die unzähligen Symposien und Ringvorlesungen zum Thema haben bisher vor allem eines deutlich gemacht: In komplexen, ungewissen Situationen besteht das Problem darin, das Problem zu finden.

Mein Vorschlag zur Modellierung des Problems schließt an Freud an. Die großen narzißtischen Kränkungen der Menschheit sind der *Challenge*, auf den wir jetzt einen *Response* suchen. Auf Kopernikus, der die Erde aus dem Mittelpunkt der Welt ins marginale X rollen ließ, haben wir ja bereits eine Antwort gefunden: das Bewusstsein der Unwahrscheinlichkeit des blauen Planeten; die Rückwendung unserer Neugier und Sorge aus dem Weltraum zur Erde – *Wir Ptolemäer*. Aug' in Aug' mit Darwins Entthronung des Menschen haben Anthropologen dessen biologische Sonderstellung herausgearbeitet – gewissermaßen am Leitfaden unserer Unfähigkeiten. Und die Lehre von Freud selbst, die das Ich zum Knecht im eigenen Seelenhaus degradierte, wird durch die Erfüllung seiner eigenen Erwartung obsolet, Psychoanalyse werde einmal in Biologie und Neuropharmakologie aufgehoben – geräuschlos operationalisieren Prozac und Ritalin die Logik des Unbewussten. Daß auch Alan Turing zu den Wissenschaftshelden dieser narzißtischen Menschheitskränkungen zählt, wird heute unstrittig sein. Wie ein antikes Orakel stellt uns sein *Test* die Rätselfrage, was Computer nicht können.

Erkenntnistheoretisch werden die narzißtischen Kränkungen der Menschheit am deutlichsten vom sog. Konstruktivismus resümiert. Seine fundamentale Auskunft lautet: Es gibt für uns keine wahre Abbildung der Welt. Die Welt ist nicht analytisch bestimmbar, unabhängig von der Vergangenheit und nicht prognostizierbar. Wie könnte der *Response* auf diesen *Challenge* lauten? Wie die Geisteswissenschaften vormoderne Spekulationen über Leben und Seele beerbt haben (vide W. Dilthey), so hat die Kybernetik das Pensum der Geisteswissenschaften gerettet (vide G. Günther); die immer noch aktuelle Problemformulierung lautet: Sciences of the Artificial (Herbert Simon). Um dieses Problembewusstsein zu erreichen, muß man nicht nur den Geist aus den Geisteswissenschaften, sondern auch die Natur aus den Naturwissenschaften austreiben. Dann endet die Metaphysik mit der Frage nach der Technik. Früher stand diese Frage im Zeichen der Hand, die Aristoteles als Organ aller Organe definierte. Das war der Horizont, in dem noch Kapp, Freud und McLuhan Technik als Organprojektion konzipierten. Heute müssen wir die Frage nach der Technik ganz anders stellen – orientiert nicht mehr am Organ aller Organe, sondern an der Maschine aller Maschinen, dem Computer.

Das Projekt der Kybernetik, »der Materie das Denken beizubringen«[1], greift das faszinierendste Motiv des deutschen Idealismus auf: Hegels objektiven Geist. Auch das Thema der Kybernetik nämlich ist das in-sich-reflektierte Sein. Sie vollzieht das Re-entry der Unterscheidung Geist/Materie in die Materie. Die Emanzipation von den Geisteswissenschaften hängt hier an der Formalisierung der Selbstreflexion. Man könnte sagen: Mit der Kybernetik beginnt die Enthumanisierung der Subjektivität lebender Systeme. Gotthard Günther hat eindrucksvoll gezeigt, wie man Subjektivität als die Interaktion zweier Programme, nämlich Denken (Reflexion) und Wollen (Entscheidung), modellieren kann.

Modellieren wohlgemerkt, nicht vorstellen! Der Schritt von den Geisteswissenschaften zur Kybernetik fordert das »sacrificium habitudinis«[2]: Opfere dein Evidenzbewußtsein zugunsten eines Rechenprozesses. An die Stelle der Anschauung tritt die Manipulation des alphanumerischen Codes. Was man sich nicht vorstellen kann, kann man doch anschreiben – in mathematischer Notation. Es gibt also Sachverhalte, die man nicht denken, aber rechnen kann. »Computation is the essence of order in technology.«[3]. Und was man rechnen kann, muß man nicht denken können.

---

1 Niklas Luhmann (1997): Recht und Automation in der öffentlichen Verwaltung, 2. Aufl., Berlin, S. 50.
2 Gotthard Günther (1976): Beiträge zur Grundlegung einer operationsfähigen Dialektik, Bd. I, Hamburg, S. XI.
3 Ray Kurzweil (1999): The Age of Spiritual Machines, New York, S. 27.

G. Günther hat deshalb den »Verzicht auf die Logos-Theorie«[4] gefordert. Es geht hier um eine Rationalität jenseits menschlichen Verstehens – und seither brauchen Menschen »Denkprothesen«[5]. Zum Projekt der Kybernetik gehört also von Anfang an die maschinelle Unterstützung des Denkprozesses; es zielt auf eine Kooperation zwischen Gehirn und Denkprothese, zunächst in der Computersimulation, dann in der Robotik. So kann man trainieren, was die Komplexität unserer modernen Gesellschaft fordert, was aber Menschendenken prinzipiell überfordert: Mehrwertigkeit. Man denke etwa an *Social Computation*: Netzwerke lösen Probleme, die einzelne nicht einmal stellen könnten.

Gibt es ein Denken, das diesen Zumutungen gewachsen wäre? Einer der phantastischsten Texte der Weltphilosophie hat sich als der realistischste erwiesen: *Also sprach Zarathustra*. Wer das anerkennt, ohne Nietzsche nietzscheanisch zu lesen, steht vor einem doppelten Befund. Das Projekt der Aufklärung ist praktisch gescheitert, aber theoretisch alternativelos. Und das Weltbild des Humanismus ist theoretisch unhaltbar, aber praktisch alternativelos. Als der Humanismus in einer *antonym substitution* das Feindbild wechselte und die Bestien durch Maschinen ersetzte, hat er den Faden verloren. Vom »Menschen« redet man seither immer dann, wenn man Technologie ignorieren will. Das Stichwort von Kenneth Burke ist verräterisch genug: »compensatory humanism«. Gemeint ist ein Kult der Menschheit als Opium für Zartfühlende.

Wer dem humanistischen Weltbild eine pessimistische Prognose stellt, sieht damit nicht schon eine unmenschliche Zukunft heraufdämmern. Es gibt das Menschliche – aber nicht im Menschen. Um es auf die Pointe der Soziologie Erving Goffmans zu bringen: »Universal human nature is not a very human thing.«[6] Das bedeutet zunächst einmal, dass es für den humanistischen Begriff Mensch keinen biologischen Grund gibt; er ist Resultat einer kulturellen Attribution. Und das impliziert für unser pluralistisches Selbstverständnis: Jeder soll nach seiner eigenen Fasson »menschlich« werden – das humanistische Definitionsmonopol ist gebrochen. Die Zukunft unserer Welt wird nicht posthuman sein – wohl aber posthumanistisch.

Das hat unmittelbare Konsequenzen für jedes künftige Denken. Radikaler methodischer Antihumanismus ist von nun an die Bedingung dafür,

---

4 Gotthard Günther (1978): Beiträge zur Grundlegung einer operationsfähigen Dialektik, Bd. II, Hamburg, S. 162.
5 A.a.O., S. VIII.
6 Erving Goffman (1997): »On Face-work«, in: The Goffman Reader, Malden Mass., S. 110.

die Humanprobleme der modernen Gesellschaft überhaupt in den Blick zu bekommen. Deshalb heißt das große Thema ja schon in Heideggers *Sein und Zeit* »Dasein« und eben nicht »Mensch«. Seither hat sich »Der Mensch« auch für Soziologen als ein viel zu unscharfer Begriff erwiesen – und wurde durch »Handlung« ersetzt (T. Parsons). Aber auch Handlung erweist sich heute als zu unscharf – und wird durch Kommunikation ersetzt (N. Luhmann).

Die Humanisten klagen also mit gutem Grund; ihren Grundbegriff Mensch sehen sie im Prozeß der Wissenschaft schlimmsten Torturen unterworfen. »Der Mensch« wird geviertelt durch Computertechnik, Systemtheorie, Gentechnik und Posthistoire. Sehen wir näher zu.

– Computertechnik
Computer zwingen uns zur Systemrationalität. Rechnende Systeme sind hier insoweit autonom, als sie ihre eigenen Grenzen berechnen. Sie tun das auf der faszinierend einfachen Grundlage des binären Systems der EDV: 0/1. Die Interpretation dieser logischen Symbole lautet seit George Boole *Nothing* und *Universe*. John Wheeler hat dafür die »vorsokratische« Zauberformel gefunden: It from bit.[7]

– Systemtheorie
In der modernen Welt muß man auf Notwendigkeit und Unverzichtbarkeit verzichten. Die Grundparadoxie jedes sozialen Systems ist die Notwendigkeit der Kontingenz. Damit zerfällt das Sein des Daseins in Ersetzbarsein und Anderssseinkönnen. Um es mit Quine zu sagen: »To be is to be the value of a variable.«[8] Humanisten finden sich in dieser Welt naturgemäß nicht zurecht. In ihrer Lebenswelt als dem »Universum vorgegebener Selbstverständlichkeiten«[9] kann sich kein Kontingenzbewußtsein entwickeln. Es müßte deshalb für jedes künftige Denken umgekehrt darum gehen, die »Auflösung der Selbstverständlichkeiten«[10] so zu betonen, daß die Unwahrscheinlichkeit der evolutionären Errungenschaften deutlich wird. Aus dem Kontingenzbewußtsein folgt dann eine technische Welteinstellung; sie rezipiert »Kontingenz als Stimulans«.[11]

---

7 Die Ableitung dieser Zauberformel findet sich dann in der Protologik Spencer Browns: »We must abandon existence to truth, truth to indication, indication to form, and form to void« – George Spencer Brown (1969): Laws of Form, London, S. 101.
8 Willard Van Orman Quine (1992): Pursuit of Truth, Cambridge Mass., S. 26.
9 Edmund Husserl, G.W. Bd. VI, S. 183.
10 A.a.O., S. 187.
11 Hans Blumenberg (1989): Wirklichkeiten in denen wir leben, Stuttgart, S. 47.

– Gentechnik
Die moderne Fundamentalunterscheidung von analog und digital geht quer durch den Menschen hindurch: ZNS und DNS sind digital, der Rest der Physiologie ist analog. Der Mensch zerfällt also in Physiologie und Datenverarbeitung. Ziffern und Figuren sind, wie Novalis zurecht befürchtete, Chiffren aller Kreaturen. Man braucht nicht viel Phantasie, um sich auszumalen, daß künftige Lebenskünstler die vier Buchstaben der Erbinformation A (Adenin), C (Cytosin), G (Guanin), T (Thymidin) ähnlich virtuos manipulieren werden wie Poeten den alphanumerischen Code. Wenn man aber Genetik als das Algorithmische des Lebens begreift, so lässt sich umgekehrt formulieren: »Evolution ist biologische Gentechnik.«[12]. Wäre es dann nicht menschlich, das Schicksal zu sabotieren, das für einige Menschen darin bestehen soll, mit einem unglücklichen Gensatz versehen zu sein?

– Posthistoire
Der von Zarathustra verkündete »letzte Mensch«, der am längsten lebt, ist unser Zeitgenosse. Er hat das Glück erfunden und seine Lüstchen für Tag und Nacht. Geschichte endet im Museum, Natur, diese kulturelle Antithese zur Kultur, endet im Botanischen Garten, der Sinn des Lebens im High Life und die Erinnerung im Souvenir.[13]

Aber auch auf der viel handfesteren Ebene medizinischer und biotechnischer Praxis wird »Der Mensch« geviertelt, nämlich durch
– das Klonen embryonaler Stammzellen;
– die illegale, aber straffreie Abtreibung;
– die lebensverlängernde Apparatemedizin;
– die stillschweigende, aber in manchen »fortschrittlichen« Staaten nun auch schon juristisch geregelte Sterbehilfe.

In all diesen Bereichen findet der Humanismus seine Rückzugsposition im Slippery Slope Argument: Wehret den Anfängen – bei Klonen, Sterbehilfe und Präimplantationsdiagnostik. Was konkret droht, ist, daß auch noch die wichtigsten Lebensentscheidungen verstaatlicht werden: die Sorge für die Gesundheit der Kinder und die Würde des eigenen Sterbens.
  Freundlicher lässt sich die geistige Situation der Zeit wohl nicht schildern. Ein Abgrund tut sich auf. Da kann es den Vertigo des Blicks in die

---

12 Hubert Markl (1986): Evolution, Genetik und menschliches Verhalten. Zur Frage wissenschaftlicher Verantwortung, München, S. 19.
13 Für eine ausführliche Darstellung der Posthistoire-These vergl. Norbert Bolz, Auszug aus der entzauberten Welt.

Tiefe geben (Vorbild: Pascal), oder aber den Entschluß, eine Brücke zu bauen (Vorbild: Leonardo), also Selbstbehauptung. Angesichts der gewaltigen Errungenschaften in Biologie und Informatik lautet die große Frage: »Why not seize this power?«[14] Daß wir so große Schwierigkeiten bei der Beantwortung dieser Frage haben, liegt wohl daran, daß wir alle Bürger dreier Zeitwelten sind. Der Anthropologe Lionel Tiger hat immer wieder darauf hingewiesen, dass der moderne Mensch durch sein archaisches Erbe, eine pastorale Moral und die technischen Innovationen gleichsam trianguliert ist. Das Begehren des alten Adam passt nicht in die Affektmodulationswelt der Moderne, und die christliche Ethik ist nicht komplex genug, um der postmodernen Lebensstilvielfalt gerecht zu werden. Aber auch mit der Eigenlogik der autopoietisch operierenden sozialen Systeme und der Geschwindigkeit der Technikevolution können Menschen nicht mehr Schritt halten; die Systeme rechtfertigen sich durch ihr bloßes Funktionieren, und der technische Wille ist ohne Grund. Dagegen behauptet sich das posthistorische Individuum dann als gefrorene Kontingenz.

Einen Ausweg aus der Krise des Humanismus kann nur eine Reflexion auf die unübersteigbaren Grenzen des Menschen weisen. Das betrifft vor allem das Gedächtnis, die Aufmerksamkeit, die Informationsverarbeitung und die Kontaktfähigkeit. Angesichts der gigantischen Speicherkapazitäten unserer Computer ist der Mensch gut beraten, umgekehrt auf die Kraft des Vergessens zu setzen – das Vermögen der Selektion. So liefert das Auge ca. 8 Millionen bit pro Sekunde. Das Bewußtsein verarbeitet nur 40 bit pro Sekunde. Es muß deshalb Informationen vernichten, fressen. »Bewußtsein, und mehr noch Selbstbewußtsein, sind Informationsraffer«[15]. Zumal die technische Kommunikation ja eine Optionsvielfalt eröffnet, die in keinem Verhältnis mehr zu unseren Zeitressourcen steht: die virtuellen, vielen möglichen Welten – denen aber das *eine* Leben, das man hat, gegenübersteht. Deshalb scheint es durchaus lebensklug, Lebens-Ptolemäer zu bleiben. Denn die einzige Einheit, die es heute gibt, ist die des einen Lebens, das ich habe.

Die Reflexion auf die unüberschreitbaren Grenzen des Menschen führt zu der Einsicht, dass er biologisch indisponiert und deshalb metaphorisch konstituiert ist. Der Mensch versteht sich nur, indem er sich technisch wiederholt und sich ein physisches Bild von seinen Bewußtseinsakten

---

14 Lee Silver (1998): Remaking Eden, New York, S.277.
15 Gotthard Günther, »Kritische Bemerkungen«, in: *Soziale Welt* 19 (1968), S.338. Zu den Grenzen der Informationsverarbeitung einige weitere Zahlen: Bei der Wahrnehmung eines bewegten Objekts verschaltet das Gehirn 3 1/2 Milliarden Neuronen. Das Verhältnis von Sensorik, neuronaler Datenverarbeitung und Motorik ist 1:100000:1. Die Information des Universums schätzt ein Wissenschaftshumorist auf 10 hoch 93 bit.

macht¹⁶. Menschen müssen sich deuten, können sich aber nicht aus sich selbst deuten. Sie haben kein Biogramm und brauchen deshalb Identitätsformeln. Es gibt keinen direkten Weg des Menschen zu sich selbst; er muß sich mit einem Nicht-Ich gleichsetzen, von dem er sich zugleich unterscheidet – das gilt für den Totemismus genau so wie für den Turing-Test.

Diese Unvermeidlichkeit des Metaphorischen zeigt sich in jeder bedeutsamen Etappe der Kulturgeschichte immer dann, wenn sich der Mensch mit seiner avantgardistischsten Maschine vergleicht. Heute könnte man sagen: Der Mensch ist eine Maschine, deren Algorithmus man nicht kennt. Genauer noch: eine Maschine, die von der Kultur so programmiert wurde, daß sie sich nicht als solche erkennt. Und es könnte ein Anpassungsvorteil für die Menschen sein, sich über ihre eigene Natur zu täuschen. »It was not man who made the myths, but the myths, or the archetypical substance they reveal, which made man.«¹⁷ Götter und Maschinen sind uns näher als die Tiere.

Nirgendwo ist das Dilemma des Humanismus, mit jedem Versuch, einen Ausweg aus seiner Krise zu finden, sich um so tiefer in sie zu verstricken, deutlicher ablesbar, als an der Plazebo-Formel aller Unternehmensleitbilder und politischen Sonntagsreden: Der Mensch steht im Mittelpunkt. Aus dieser Sackgasse kann auch die Soziologie nicht befreien, solange sie sich noch, wie zuletzt eindrucksvoll bei Max Weber, als Wissenschaft vom Menschen versteht. Erst Niklas Luhmann hat es gewagt, eine Soziologie ohne Menschen zu konzipieren, deren Gegenstand gerade die Differenz von Gesellschaft und Menschen ist. Aus dieser Perspektive wird der Mensch als Umweltproblem der Gesellschaft erkennbar. *In* der Gesellschaft ist kein Platz für einen »ganzen« Menschen – der gerade deshalb von der Moral mit ihrem Code Achtung/Mißachtung so erfolgreich adressiert werden kann. Zeitgemäße Soziologie dagegen ersetzt die Poesie des »ganzen Menschen« durch die Prosa der strukturellen Koppelungen.

Mit anderen Worten, Menschen sind in Systeme verstrickt, nicht aber selbst die Elemente der Gesellschaft. Am Anfang ist die Bindung: »Nicht das Recht auf Selbstbestimmung, sondern das Faktum konkret festlegender Selbstverstrickung in den sozialen Prozeß ist die ›Natur‹ des Menschen – das von selbst ihm Zuwachsende.«¹⁸ Daß soziale Systeme nichts

---

16 Eine Maschine kann zwar kein Bewußtsein haben, aber sie kann Bewußtseinsfunktionen leisten.
17 Owen Barfield (1977): The Rediscovery of Meaning, Middletown, Conn., S. 137.
18 Niklas Luhmann, »Institutionalisierungs-Funktion und Mechanismus im sozialen System der Gesellschaft« in: Schelsky, Helmut (Hg.) (1970): Zur Theorie der Institution, Bielefeld, S. 37.

mit »ganzen« Menschen anfangen können, ist aber gerade die moderne Bedingung von Freiheit. Und aus der Perspektive der sozialen Systeme betrachtet, heißt das: Der Mensch ist die Transzendenz der Gesellschaft. Er geht in sie nur mit seinen konkreten Operationen ein – getrieben von Neugier, Begehren, Unbehagen und Sensibilität. Diese Instabilität und Unruhe des Menschen ist Bedingung der Stabilität der Gesellschaft. Wie alle dynamischen Systeme zeigen auch die sozialen eine »holistic dependence on fallible elements«[19], d.h. sie stabilisiert sich durch Variation. Das ist für moderne Lebensverhältnisse typisch: Sicherheit durch zirkulierende Unsicherheit.

Auch die Gesellschaft hat also mehr Ähnlichkeit mit einem Computer als mit einem Organismus. Charakteristisch sind die lose Verknüpfung der Elemente und die große rekombinatorische Freiheit. Jeder Schritt in Richtung Moderne ist deshalb auch einer der Desanthropomorphisierung der sozialen Systeme. Sie sind operativ geschlossen und strukturell gekoppelt. Vom »unaufhebbaren Fürsichsein« der Systeme[20] spricht der ironische Hegelianer Luhmann einmal sehr schön. Und gerade deshalb sind wir kompensatorisch angewiesen auf Anthropomorphismen als Algorithmen der alltäglichen, lebensweltlichen Weltorientierung.

Je komplexer ein System, desto unmöglicher seine bewußte Lenkung. Man könnte deshalb den *Structural Drift* der modernen Gesellschaft auf einen einfachen Nenner bringen: Kontrollschwund. Chaos funktioniert auch hier als Zufallsgenerator, der die Anpassung eines Systems an veränderte Umweltbedingungen ermöglicht. Was kann Steuerung dann aber überhaupt noch heißen? »Control is and must be opportunism riding the shoulders of structure«[21]. Es gibt informationell geschlossenen Systemen gegenüber nur drei Einflußmöglichkeiten: Man kann bestärken, stören oder zerstören. Sowohl bei der Affirmation der Eigenwerte, als auch bei der Irritation von außen, auf die das System mit Eigenfrequenzen reagiert (Innovation), und erst recht bei der Destruktion bleibt *eine* Einflussmöglichkeit ausgeschlossen: die Instruktion. So wendet sich die Frage nach der Steuerung des Systems in die Einsicht R. Glanvilles: *The control's control is the system.*

Es ist die Dynamik dieser Selbstorganisation, die die philosophische Tradition mit dem Namen »Geist« ansprach. Seine Elemente sind die Ver-

---

19 Donald T. Campbell (1988): Methodology and Epistemology for Social Science, Chicago, S. 478.
20 Niklas Luhmann (1997): Die Gesellschaft der Gesellschaft, Frankfurt am Main, S. 107.
21 Robert G. Eccles/Harrison C. White, »Firm and Market Interfaces of Profit Centre Control«, in: S. Lindenberg u.a. (1986): Approaches to Social Theory, New York, S. 148.

knüpfungen von Verhaltensweisen: »To connect *is* to mind.«[22] Das idealistische Selbstbegründungsproblem ist damit natürlich nicht gelöst, sondern nur neu beschrieben. Es bleibt dabei: Jede Erklärung eines geistigen Prozesses ist selbst ein geistiger Prozeß und muß sich also selbst erklären. Der Geist entdeckt heute seine eigene Evolution – und dieser Entdeckungsprozeß tritt funktionsgenau an die Stelle seiner Hegelschen Phänomenologie. Die ersten drei Kapitel der postidealistischen Selbsterklärung von »Geist« lassen sich schon schreiben. Der Behaviorismus behandelte den Geist als Black Box. Der Turing-Test beschrieb dann die genaue Prozedur eines *Whitening of the Black Box*. Und heute beschert uns *Emergent AI* eine neue Opazität.

All diese Erklärungsmodelle teilen die Grundkonzeption von Geist als virtueller Maschine: ein System aus Systemen. Dem entspricht die neue, computergestützte intellektuelle Technologie des Programmierens, der Systemanalyse, der Kybernetik, sowie der Spieltheorie und der Simulation. Das sind die Standardwerkzeuge der Artificial Intelligence, die von Wissenssoziologen vermutlich als Nachfolger von Taylors Scientific Management gehandelt werden wird – nämlich dessen Anwendung auf Geist. Auch hier warten große humanistische Kränkungen: Die Maschine ist geistvoller als der Arbeiter, die Dinge sind kultivierter als die Menschen. Dieser »objektive Geist« ist also durchaus immanent, nicht transzendent; aber er ist nicht dem Menschen immanent, sondern dem Netzwerk der Weltkommunikation. Und Ereignisse in Netzwerken kann man nur statistisch erfassen.

Vor dem Hintergrund dieser Reflexionen auf die unübersteigbaren Grenzen des Menschen können wir noch einmal die von Alan Turing provozierte Ausgangsfrage wiederholen: What computers can't do? Immerhin lassen sich schon einige Unterscheidungen treffen, die eine Antwort orientieren können. Da wäre zunächst eine Unterscheidung, die sich aus einer Nichtunterscheidung ergibt:

– Information unterscheidet nicht zwischen Sinn und Unsinn. Information ist deshalb kein Maß für den Wert einer Botschaft. Informationsquantität hat nichts mit *information richness* zu tun. Der hier unverzichtbare Begriff der »Nützlichkeit« ist ein anthropozentrischer Begriff, der sich nicht mathematisch formalisieren, sondern lediglich in der Utility-Function der Ökonomen anschreiben lässt. »Nützlichkeit« bringt das Maß des Menschen ins Informationsspiel, und zwar durch Akte der Filterung und Selektion.

---

22 Karl E. Weick (2001): Making Sense of the Organization, Oxford, S. 275.

– Computer können nicht zwischen Information und Mitteilung unterscheiden. Denn Mitteilung heißt: reden – als unterschieden von der Option zu schweigen. Genau so wenig können Computer verstehen, denn verstehen heißt: eine Kommunikation annehmen – als unterschieden von der Option, sie abzulehnen.
– Computer haben keinen »effort after meaning« (Bartlett). Die grandiosen Leistungen maschineller Datenverarbeitung reichen doch niemals an sinnhafte Erlebnisverarbeitung heran. Hermeneutik lässt sich nicht auf Algorithmen bringen.
– Computer können nicht vergessen, sondern nur Gespeichertes löschen. Vergessen ist aber die Kraft, die Informationsverarbeitung in interessantes Denken verwandelt. Wer verstehen will, muß Informationen vernichten.
– Die Instantanität der Datenprozesse kennt war Rechenzeit, aber keine Zeit des Denkens. Besonnenheit hat hier so wenig eine Chance wie die Überraschung eines interessanten Gedankens. *Computers are antiserendipitous*, sagt Sir Bernard Lovell zurecht.

Diese Liste von Hinweisen zur Beantwortung der Frage, was Computer nicht können, ist natürlich erweiterungsbedürftig. Es zeichnet sich aber schon die Grundstruktur des Arguments ab, wenn wir die Welt des Programms von der des Risikos unterscheiden. Computer operieren in der Welt des Programms. Dort herrscht völlige Übereinstimmung über das Problem und vollständiges Wissen – es waltet ein technisches Kalkül. Robert Kowalski hat das auf die prägnante Formel gebracht: Algorithm = Logic + Control. Menschen dagegen leben in der Welt des Risikos: man weiß nicht genug und ist uneinig über die Folgen. Und hier gibt es nur politische Entscheidungen darüber, was »zählt«. Das mag Humanisten trösten: Aristoteles dixit.

Friedemann Schrenk

Afrika – Wiege der Menschheit?

Zusammenfassung

Afrika war die Wiege der Menschheit. Hier lebten seit ca. 6 Millionen Jahren die aufrecht gehenden Vormenschen, deren Gehirn noch kaum größer war als das der Menschenaffen, seit etwa 2,5 Millionen Jahren die Urmenschen. Die Frühzeit des Menschen war geprägt durch gravierende Klimaänderungen, die seit ca. 9 Millionen Jahren zu einer deutlichen Veränderung der Lebensräume in Afrika führten. Hierdurch änderten sich die Tier- und Pflanzenwelt und die Nahrungsgrundlagen für die frühen Menschen. Ein auf paläoökologischen Untersuchungen basierendes Szenario macht deutlich, wie und warum in Afrika vor ca. 2,5 Millionen Jahren unter dem Einfluss von Umweltänderungen die Gattung Mensch entstand. Die Klimaverschiebungen resultierten auch in Wanderungsbewegungen großen Ausmaßes innerhalb von Afrika, bevor schließlich vor mehr als 2 Millionen Jahren die erste Auswanderung der Frühmenschen aus Afrika stattfand.

Einleitung

Bereits 1871 hatte Charles Darwin die Wiege der Menschheit in Afrika vermutet, jedoch wurden fossile Hominiden lange Zeit nur in Europa[1] und in Asien[2] gefunden. Erst 1924 gelang es, seine These zu belegen: In Taung, Südafrika (Abb. 1) bargen 1924 Steinbrucharbeiter einen fossilen Kinderschädel (Abb. 2). Dieser wurde von Raymond Dart als *Australopithecus africanus* (= südlicher Affe aus Afrika)[3] der eher kritisch eingestellten Fachwelt vorgestellt. Das ca. 2 Mio. Jahre alte »Taung-Baby« ließ erkennen, dass das Lebewesen zwar bereits aufrecht gehen konnte, jedoch sein Gehirn nicht größer gewesen sein konnte als das von Schimpansen. Allerdings waren die Eckzähne im Vergleich zu Menschenaffen sehr re-

---

[1] Fuhlrott, C. (1859): Menschliche Ueberreste aus einer Felsgrotte des Düsselthals. Ein Beitrag zur Frage über die Existenz fossiler Menschen. *Verh. Nat.hist. Ver. preuss. Rheinl. u. Westf.* 16 (n.F. 6), 131-153.
[2] Dubois, E. (1894): Pithecanthropus erectus. Eine menschliche Uebergangsform aus Java. 40 S. Batavia.
[3] Dart, R.A. (1925): *Australopithecus africanus*: the man-ape of South Africa. *Nature* 115, 195-199.

Abb. 1: Wichtige Hominiden-Fundstellen in Afrika
• Frühe Hominiden (Vor- und Urmenschen)
* Homo erectus (Frühmenschen)
x archaischer und früher moderner Homo sapiens

duziert, ein Zeichen für ein starkes Anwachsen des Sozialverhaltens. Der feindlichen Umwelt konnte nicht mehr mit den geeigneten Waffen entgegen getreten werden. Zum damaligen Zeitpunkt der Forschung stieß diese Interpretation insgesamt zunächst auf Ablehnung und Ignoranz[4]. Die grundlegenden Resultate der Forschung Darts wurden seither durch eine große Anzahl weiterer Funde im südlichen, östlichen und kürzlich auch

---

4 Lewin, R. (1987): Bones of Contention. Controversies in the Search for Human Origins. 348 S. New York.

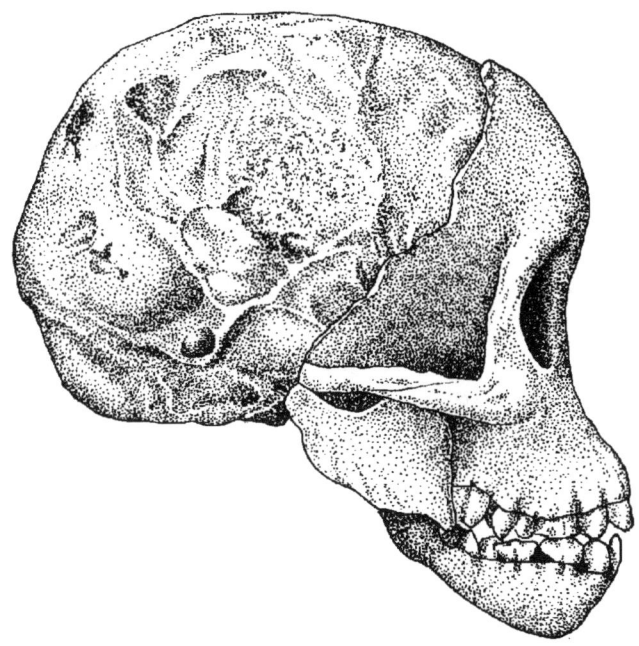

Abb. 2: Australopithecus africanus »Taung-Baby« aus Taung, Südafrika (Alter ca 2 Mio.J.)

im westlichen Afrika bestätigt. Mit jedem neuen Fund nimmt damit die Wahrscheinlichkeit zu, dass die Wiege der Hominiden (Gattungen *Sahelanthropus, Orrorin, Ardipithecus*), der Vormenschen (Gattung *Australopithecus*) der Urmenschen (Gattung *Homo*) und der Frühmenschen (*Homo erectus*) in Afrika gestanden haben muss. In der gegenwärtigen Diskussion nimmt nun vor allem die Frage nach der Rolle des Klimas in der Menschwerdung einen breiten Raum ein[5].

1. Vom Ursprung der Hominiden

Die geographische Verbreitung der afrikanischen Menschenaffen war ursprünglich begrenzt auf die Regenwälder im tropischen Afrika. Die Lebensräume waren nur so lange relativ stabil, bis die mittel- bis spätmiozäne

---

[5] Bromage, T. & Schrenk, F. (Eds.) (1999): African Biogeography, Climate Change and Early Hominid Evolution. S. 1-498, New York.

globale Abkühlung zu einschneidenden Umweltveränderungen führte[6]. Diese klimatischen Bedingungen führten im Zusammenhang mit den Auswirkungen der Entwicklung des afrikanischen Grabensystems[7] zu einer starken Abnahme der ehemals großen Waldgebiete. Vor ca. 9-8 Mio. Jahren bestand daher im östlichen Afrika ein hoher Anteil an offenen Grasgebieten[8]. Die Verschiebung der tropischen Waldgebiete begünstigte wiederum das Entstehen von Baumsavannen[9], was somit zu einer stärkeren Diversität der Lebensräume führte[10]. Als sich die klimatischen Bedingungen im ausgehenden Miozän weiter verschlechterten, fanden sich einige Menschenaffenpopulationen an der östlichen Peripherie entlang der reichen Uferzonen-Habitate im Regenschatten des sich entwickelnden afrikanischen Grabens wieder. Veränderungen des Lebensraumes führten zu hohen Speziations- bzw. Aussterberaten bei Menschenaffen und anderen Säugergruppen, z.B. Boviden[11]. Somit kann angenommen werden, daß die Trennung der Linien der Menschenaffen und der Hominiden am Rande des tropischen Regenwaldes stattfand. Hier muss auch der noch unbekannte letzte gemeinsame Vorfahre gelebt haben. Diese frühesten Vorfahren des Menschen gehörten wohl zu einer Linie von Menschenaffen, die mit der Fortbewegung am Boden experimentierten.

Wie dies genau passierte war bis vor kurzem ein Rätsel, für dessen Lösung es nicht den geringsten fossilen Hinweis gab. Das ist um so erstaunlicher, als aus den jüngeren Zeiten Hunderte von Vor-, Früh- und Urmenschen-Resten in Afrika gefunden wurden. In diese dunklen Tiefen des Stammbaums der Menschen fiel Ende 2000 ein erster Lichtstrahl, als in sechs Millionen Jahre alten Schichten Kenias der aufrecht gehende Millenium Mensch (*Orrorin tugenensis*)[12] entdeckt wurde. Kurz darauf

---

6 Brain, C.K., (1981): The evolution of man in Africa: Was it a consequence of Cainozoic cooling? Geol. Soc. S. Afr. 84, 1-19.
7 Pickford, M. (1991): Growth of the Ruwenzoris and their impact on palaeoanthropology. In: Ehara, A., Kimura, T., Takenaka, O. & Iwamoto, M. (Hrsg.): Primatology Today, S.513-516. Amsterdam.
8 Cerling, T.E., Quade, J., Ambrose, S.H. & Sikes, N.E. (1991): Fossil soils, grasses and carbone isotopes from Fort Ternan, Kenya: grassland or woodland. *J. hum. Evol.* 21, 295-306.
9 Andrews, P. (1981): Hominoid habitats of the Miocene. *Nature* 289, 749.
10 Retallack, G.J., Dugas, D.P. & Bestland, E.A. (1990): Fossil soils and grasses of a middle Miocene East African grassland. Science 247, 1325-1328.
11 Vrba, E.S. (1985): Ecological and adaptive changes associated with early hominid evolution. In: Delson, E. (Hrsg.): Ancestors: The Hard Evidence, S. 63-71. New York; Vrba, E.S. (1987): Ecology in relation to speciation rates: Some case histories of Miocene-Recent mammal clades. *Evol. Ecol.* 1, 283-300.
12 Senut, B., M. Pickford, D. Gommery, P. Mein, K. Cheboi, & Y. Coppens (2001): First hominid from the Miocene (Lukeino Formation, Kenya). *Comptes Rendus de l'Académie de Sciences*, 332, 137-144.

kamen in Äthiopien bis 5,8 Millionen Jahre alte Funde von *Ardipithecus ramidus* zum Vorschein[13]. Diese unerwarteten Belege aus der Anfangszeit der Vormenschen bekamen jüngst spektakulären Zuwachs: Michel Brunet und das Team der Mission Paléoanthropologique Franco Tchadienne« (MPFT) entdeckten die mit ca. 6 bis 7 Millionen Jahren bislang ältesten Hominidenreste (Sahelanthropus tchadensis) im Tschadbecken[14]. Auch wenn Brunet et al. 2002 den Fund für das langgesuchte missing link halten, so beweist er bei näherer Betrachtung genau das Gegenteil: es gab kein missing link sondern eine Verflechtung unterschiedlicher geographischer Varianten der ersten Vormenschen in Zeit und Raum entlang der Grenzen des schrumpfenden tropischen Regenwaldes.

Bereits seit 1992 wurden bei Aramis in Äthiopien (Abb. 1) zahlreiche Schädel- Kiefer- und Skelettfragmente entdeckt, die ca. 4,4 Mio. Jahre alt waren und von insgesamt 17 Individuen stammen[15]. Anfänglich wurden diese fossilen Fundstücke als *Australopithecus ramidus* beschrieben. Nach weiteren Funden musste diese Annahme jedoch revidiert werden: Der Fund eines nahezu vollständigen Skeletts, konnten die Fossilien der neuen Gattung *Ardipithecus* («Bodenaffe») zugeordnet werden[16]. *Ardipithecus* unterscheidet sich von den Menschenaffen vor allem durch seine relativ kleinen Eckzähne und weniger scharfkantige Prämolaren. Hauptsächlich differiert *Ardipithecus* zu *Australopithecus* durch die relativ kleinen und wenig kompliziert gebauten Molaren mit recht dünnem Zahnschmelz und die menschenaffenähnlichen Vorbackenzähne. Ungeklärt bleiben müssen allerdings noch immer die verwandtschaftlichen Beziehungen zu den frühen Australopithecinen (s.u.). Offensichtlich lebte *Ardipithecus* am Rande eines tropischen Regenwaldes, wie aus der Begleitfauna zu schließen ist[17].

Bei späteren Hominiden ist zwischen der Gattung *Australopithecus* und der Gattung *Homo* zu unterscheiden. Die wichtigsten Merkmale beider Gattungen sind:

---

13 Haile-Selassie, Y. Late Miocene hominids from the Middle Awash, Ethiopia. *Nature* 412, 178-181 (2001)
14 Brunet, M. et al. (2002) : A new hominid from the Upper Miocene of Chad, Central Africa. *Nature*, 418, 145-151, (2002).
15 White T.D., Suwa G. & Asfaw B. (1994): *Australopithecus ramidus*, a new species of early hominid from Aramis, Ethiopia. *Nature* 371, 306-312.
16 White, T.D., Suwa, G., & Asfaw, B. (1995): *Australopithecus ramidus*, a new species of early hominid from Aramis, Ethiopia. Corrigendum. *Nature* 375, 88.
17 Wolde Gabriel, G., White, T.D., Suwa, G., Renne, P., de Heinzelen, J., Hart, W.K. & Heiken, G. (1994): Ecological and temporal placement of early Pliocene hominids at Aramis, Ethiopia. *Nature* 371, 330-333.

	Australopithecus (ca. 4,5 – 1 Mio. J.)	*Homo* (seit 2,5 Mio. J.)
Gehirngröße	vergleichbar mit Menschenaffen	stark zunehmend
Werkzeugkultur	keine	vorhanden
Nahrungsverarbeitung	auf Backenzähne angewiesen	Backenzähne verlieren an Bedeutung
Fortbewegung	zweibeinig und kletternd	dauernd zweibeinig

2. Die Vormenschen (Australopithecinen)

Insgesamt kann man für die Vormenschen der Gattung *Australopithecus* drei Gruppen mit folgender Fundlage (Abb. 1) feststellen:

Australopithecinen-Stammgruppe:
Australopithecus anamensis (4,2 – 3,8 Mio. Jahre): Kanapoi, Allia Bay (Kenya)
Australopithecus afarensis (3,7 – 2,9 Mio. Jahre): Laetoli (Tanzania), Hadar, Maka (Äthiopien)

Spätere geographische Varianten:
westliches Afrika: *Australopithecus bahrelgazali* (3,5 – 3,2 Mio. Jahre): Bahr el gazal (Tschad)
nordöstliches Afrika: *Australopithecus garhi* (ca. 2,5 Mio. J.): Äthiopien
südliches Afrika: *Australopithecus africanus* (3 – 2 Mio. Jahre): Taung, Sterkfontein, Makapansgat, Gladysvale (Südafrika)
robuste Australopithecinen («*Paranthropus*»):

Australopithecus aethiopicus (2,6 – 2,3 Mio. Jahre): Omo (Äthioipen), Lomweki (Kenya)
Australopithecus boisei (2,4 bis 1,1 Mio. Jahre): Olduvai Gorge, Peninj (Tanzania), Koobi Fora (Kenya), Omo, Konso-Gardula (Äthiopien), Malema (Malawi)
Australopithecus robustus (1,8 – 1,3 Mio. Jahre): Kromdraai, Swartkrans, Drimulen (Südafrika)

2a. Australopithecinen-Stammgruppe:

Australopithecus anamensis

Die ältesten bekannten Funde der Australopithecinen sind knapp über 4 Mio. Jahre alt. Sie stammen aus Kanapoi und Allia Bay (Abb. 1) aus dem Turkana-Becken in Nord-Kenya[18]. *Australopithecus anamensis* unterscheidet sich deutlich von dem etwas älteren *Ardipithecus ramidus*, zugleich jedoch auch vom späteren *Australopithecus afarensis*. Die Zahnreihen im Ober- und Unterkiefer sind fast parallel angeordnet. Die Eckzähne des Unterkiefers stehen schräg zur Kaufläche und sind wie die Molaren sehr groß. Bei zahlreichen neuen Funden aus Allia Bay gibt es deutliche Größenunterschiede im Gebiss, was darauf hinweist, dass Männchen und Weibchen unterschiedlich ausgesehen haben müssen. Während der Schädel eher menschenaffenähnlich wirkt, ist der Bau der Extremitäten kaum von dem des modernen Menschen zu unterscheiden. Im Gegensatz zu *Australopithecus afarensis* war der aufrechte Gang bei dem früheren *Australopithecus anamensis* offenbar schon voll entwickelt. Das gibt zur Vermutung Anlass, dass die in Kanapoi gefundenen Oberschenkelknochen vielleicht doch nicht zu *Australopithecus anamensis* gehören, oder aber dass die ersten Angehörigen der Gattung *Homo* möglicherweise schon auf *Australopithecus anamensis* zurückführbar sind.

Als am Ende des Miozäns die saisonalen Trockenzeiten länger und ausgeprägter wurden, ernährten sich die frühen Hominiden von Bodenfrüchten wie Knollen und Speicherwurzeln, während in den Regenzeiten weiterhin Früchte, Kerne und Hülsen der Waldgebiete als Nahrung zur Verfügung standen[19]. Die baumbestandene Savanne bot neue Lebensräume. Bei den hier lebenden Populationen lag der Selektionsvorteil in der Entwicklung eines verhaltens- und morphologieabhängigen Bewegungsrepertoires zur Überwindung der ausgedehnten baumlosen Zwischengebiete. Eine dieser Strategien ist der zweibeinige, aufrechte Gang, und die damit verbundene Entwicklung des »Gehens«[20]. Vorteile brachte das aufrechte Gehen ebenfalls bei intensiver Sonnen- und Bodenabstrahlung in offenen Gebieten[21].

---

18 Leakey, M.G., Feibel, C.S., McDougall, I. & Walker A.C. (1995): New four-million-year old hominid species from Kanapoi and Allia bay, Kenya. *Nature* 376, 565-571.
19 Peters, C.R., O'Brien, E.M. & Box, E.O. (1984): Plant types and seasonality of wild-plant foods, Tanzania to southwestern Africa: Resources for models of the natural environment. *J. hum. Evol.* 13, 397-414.
20 Jablonski, N.G. & Chaplin, G. (1993): Origin of habitual terrestrial bipedalism in the ancestor of the Hominidae. *J. hum. Evol.* 24: 259-280.
21 Wheeler, P.E. (1991): The thermoregulatory advantages of hominid bipedialism in open equatorial environments: The contribution of increased convective heat loss and cutaneous evaporative cooling. *Journal of Human Evolution* 21, 107-115.

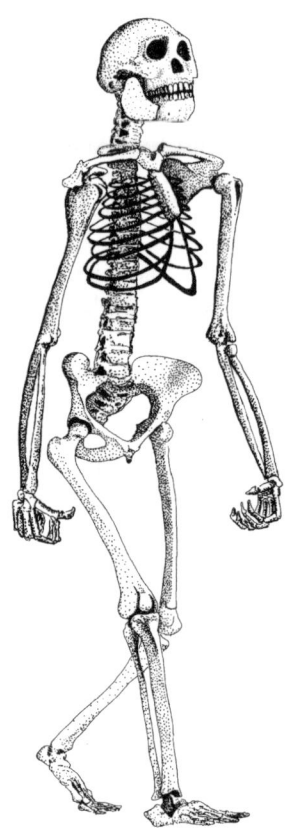

Abb. 3: Rekonstruktion von Lucy (Australopithecus afarensis) (Größe ca. 1,20m)

Die Hitzeeinstrahlung ist durch eine verringerte Körperoberfläche nicht mehr so hoch wie im Falle der vierbeinigen Fortbewegung.

Australopithecus afarensis
Die berühmtesten Skelettreste eines Hominiden gehören einem vielleicht weiblichen Wesen, das 1974 im äthiopischen Hadar (Abb. 1) gefunden wurde[22]. Es ist die legendäre »Lucy«, deren Skelett fast zu 40 Prozent vollständig erhalten war (Abb. 3), als man es fand. Fossile Fußabdrücke aus Laetoli (Abb. 4), die vor 3,6 Mio. Jahren durch Vulkanasche-Regen konserviert worden waren, belegen ausserdem, dass der dauernde auf-

---

22 Johanson, D.C. & Taieb, M. (1976): Plio-pleistocene hominid discoveries in Hadar, Ethiopia. *Nature* 260, 293-297.

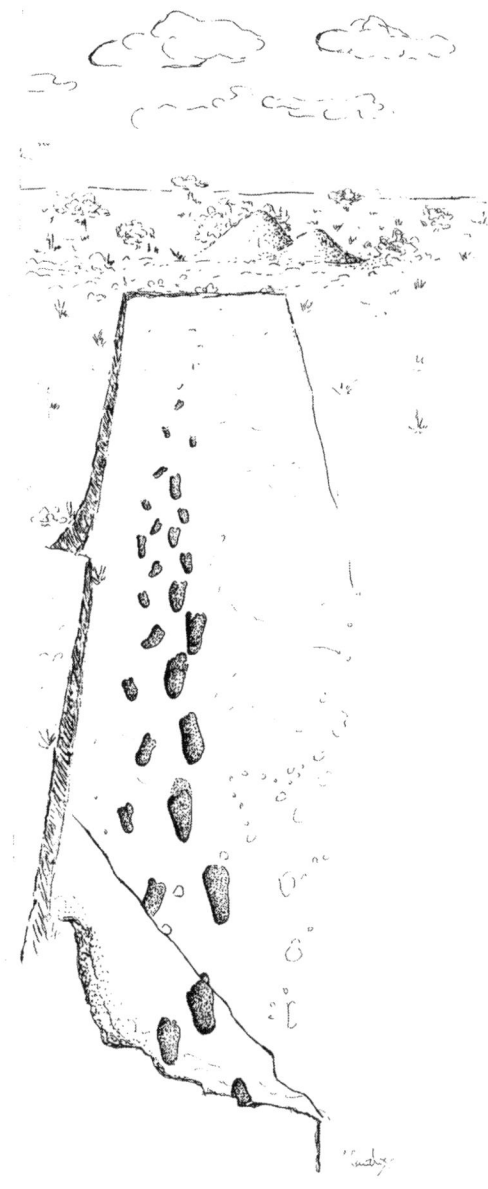

Abb. 4: Älteste Fußabdrücke der Vormenschen von Laetoli, Tanzania (Länge der Strecke ca. 20 m, Alter 3,6 Mio. J.)

rechte Gang bereits früh entwickelt war[23]. Australopithecinen-Funde aus Laetoli und Äthiopien wurden der Beschreibung von *Australopithecus afarensis* zugrundegelegt[24]. Dabei ist es durchaus möglich, dass es sich jedoch auch hierbei um zwei verschiedene Arten handelt. Das Alter der Funde liegt zwischen 3,7 und 2,9 Mio. Jahren.

Wie sah nun *Australopithecus afarensis* aus, was kann man aus bisherigen Rekonstruktionen schließen? Wahrscheinlich war er ca. 30 bis 50 kg schwer und höchstens 1,20 m groß. Die relative Hirngröße entspricht der heutiger Schimpansen, vor allem die Backenzähne sind deutlich größer als bei Schimpansen ähnlicher Körpergröße zu erwarten wäre. Diese Tatsache läßt auf die Verarbeitung relativ grober Nahrung schließen. Diese ist hauptsächlich in den an den tropischen Regenwald anschließenden Savannengebieten zu finden. Aus der Anatomie der Schulterblätter und der Arme kann man ausserdem den Schluss ziehen, daß eine gewisse Fähigkeit zum Klettern und zur vierbeinigen Fortbewegung noch vorhanden war. Allerdings wurden die Füße nicht wie beim modernen Menschen nach vorne abgrollt, sondern es wurden leicht rotierende Bewegungen im Hüft- und im Kniegelenk ausgeführt.

Das Verhaltensrepertoire von *Australopithecus afarensis* war darauf ausgerichtet, eine enge Verbindung zu den breiten Uferzonen-Habitaten beizubehalten. Dies war über kurze geologische Zeiträume eine lokale Tendenz, dennoch hatte sich *A. afarensis* vor ca. 4 Mio. Jahren im Bereich des afrikanischen Rifts ausgebreitet. Man nimmt an, dass der Nahrungserwerb relativ unspezialisiert gewesen sein muß: Früchte, Beeren, Nüsse, Samen, Sprösslinge, Knospen und Pilze standen den frühen Menschen zur Verfügung. Aber auch Wasser- und bodenlebende kleine Reptilien, Jungvögel, Eier, Weichtiere, Insekten und kleine Säugetiere wurden verzehrt. Durch jahreszeitliche Witterungsänderungen stand natürlich nie das gesamte Nahrungsspektrum ständig zur Verfügung. So ist davon auszugehen, dass *Australopithecus afarensis* Strategien entwickelte, um das vielfältige Nahrungsangebot entsprechend der Verfügbarkeit in einem saisonalen Lebensraum bestmöglich auszunutzen.

---

23 Leakey, M.D. & Hay, R.L. (1979): Pliocene footprints in the Laetoli Beds, northern Tanzania. *Nature* 278, 317-323.
24 Johanson, D.C., White, T.D. & Coppens, Y. (1978): A new species of the genus *Australopithecus* (Primates: Hominidae) from the Pliocene of Eastern Africa. *Kirtlandia* 28, 1-14.

2b. Spätere Geographische Varianten:

Westliches Afrika: *Australopithecus bahrelgazali*
Ein Fund aus dem Tschad (Bahr el gazal, Abb. 1)[25] sorgt für ein verändertes Bild der bisherigen Forschungen: Der Verbreitungsgrad von *Australopithecus* dürfte in Afrika rund um den Bereich des heutigen tropischen Regenwaldes beträchtlich groß gewesen sein. Vor ungefähr 3,5 Millionen Jahren entstehen die ersten geographischen Varianten. Der fossile Fund aus dem Tschad unterscheidet sich sowohl von *A. anamensis* als auch von *A. afarensis*: Der Unterkiefer weist zusammen mit menschenähnlichen Merkmalen der Backenzähne möglicherweise noch auf eine weitere zumindest potenzielle Ursprungsgruppe für die Gattung *Homo* hin.

Nordöstliches Afrika: *Australopithecus garhi*
Auch im nordöstlichen Afrika entwickelte sich eine geographische Variante der Australopithecinen. Die Funde von *Australopithecus garhi*, erstmals 1999 aus Hata, Äthiopien beschrieben[26], sind ca. 2,5 Millionen Jahre alt. *A. garhi* stammt von *Australopithecus afarensis* ab, und könnte durchaus dem Ursprung der Gattung *Homo* nahestehen. Eine direkte Beziehung zu *Homo rudolfensis* wurde jedoch bislang nicht untersucht. In der Nähe des Fundortes der Schädel- und Zahnfragmente wurden auch Steinwerkzeuge entdeckt, deren Zuordnung zu den Australopithecinen jedoch fraglich ist.

Südliches Afrika: *Australopithecus africanus*
Als vor ca. 3,5 Mio. Jahren eine Verlagerung der angestammten Habitate und die Ausbreitung in weiter entfernt liegende Flussufer- und geschlossene Seeuferhabitate begann, behielt *A. afarensis* die Bindungen an bewaldete Lebensräume bei. Besonders war dies der Fall in gemäßigteren Klimaten und in relativer geographischer Isolation am äußersten Rand des Verbreitungsgebietes. Dies führte schließlich zur Entstehung von *Australopithecus africanus* als Teil der Faunen des südlichen Afrika vor etwas mehr als 3 Mio. Jahren.
Seit des bereits beschriebenen Fundes des Taung-Babys (Abb. 2) wurden über tausend Fragmente der Art *A. africanus* aus dem südlichen Afrika bekannt (Abb 5). Durch eine Neuuntersuchung von Fußknochen aus einer alten Sammlungskiste und die anschliessende Entdeckung der

---

25 Brunet, M., Beauvilian, A., Coppens, Y., Heintz, E., Moutaye, A.H.E. & Pilbeam, D. (1996): *Australopithecus bahrelgazali*, une nouvelle espèce d'Hominidé ancien de la région de Koro Toro (Tchad). *C.R. Acad. Sci. Paris*, t. 322, série Iia, 907-913.
26 Asfaw, B., White, T., Lovejoy, O., Latimer, B., Simpson, S. & Suwa, G. (1999): Australopithecus garhi: A New Species of Early ominid from Ethiopia. *Science* 284, 629-635.

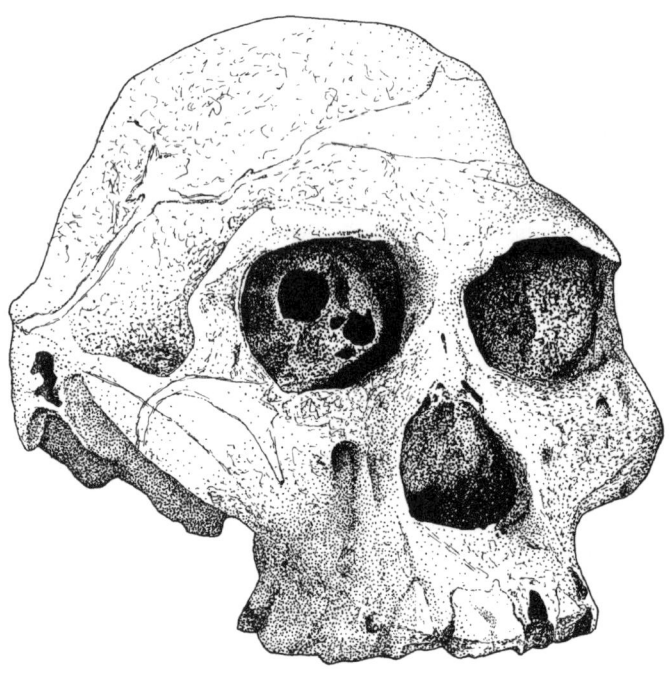

Abb. 5: Australopithecus africanus »Mrs. Ples«, Schädel STS 5 aus Sterkfontein, Südafrika (Alter ca. 2,5 Mio. J.)

ursprünglichen Fundstelle in Sterkfontein gelang 1998 der Fund des ersten vollständigen Skeletts mit dazugehörigem Schädel eines Vormenschen überhaupt[27]. *Australopithecus africanus* unterscheidet sich morphologisch allerdings nur im Detail von *Australopithecus afarensis*. Die Stirn ist wenig, der Überaugenwulst deutlich entwickelt. Die seitlichen Jochbeine sind kräftig ausladend, der Kiefer ist robust, ein Kinn fehlt. Charakteristisch ist die Kombination eines kleinen Gehirnschädels (ca. 450 ccm), in der Größe vergleichbar mit dem der Menschenaffen, mit einem Gebiss, in dem vor allem die Schneide- und die Eckzähne fast winzig erscheinen, die Backen- und Vorbackenzähne aber doppelt so groß sind wie beim heutigen Menschen.

---

27 Clarke, R. (1998): First ever discovery of a well-preserved skull and associated skeleton of Australopithecus. *South African Journal of Science* 94, 460-463.

2c. Von robusten Australopithecinen

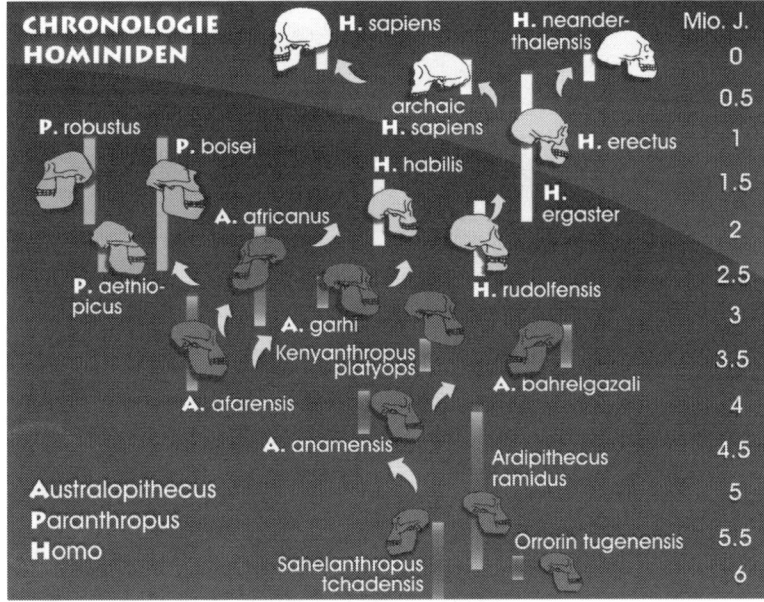

Abb. 10: Hominiden-Chronologie und Verwandtschafts-Hypothesen auf biogeographischer Grundlage

Vor ungefähr 2,5 Mio. Jahren spaltete sich der bis dahin – von geographischen Varianten abgesehen – einheitliche Homindenstamm in zwei Linien auf, deren Wurzel *Australopithecus afarensis* war. Die Koexistenz zweier Linien ist vor ca. 2 Mio. Jahren aus Olduvai Gorge, aus Koobi Fora und aus Kordo-Gonsula bekannt. Der älteste Nachweis hierfür (2,6 – 2,4 Mio. Jahre) gelang jedoch erst 1996 in Nord-Malawi[28]. Die eine Linie führt zum *Homo sapiens*, die andere starb mit den robusten Australopithecinen vor ca. 1 Mio. Jahren aus (Abb. 10). Allen robusten Australopithecinen sind wesentliche Merkmale in der Konstruktion des Schädels und der Bezahnung gemeinsam: Der Gesichtsschädel ist sehr breit. Die Jochbögen sind sehr kräftig und weit ausladend. Am auffälligsten in der Betrachtung der fossilen Überreste ist allerdings die Ausbildung eines Scheitelkammes

---

28 Schrenk, F. & Bromage, T.G. (1999): Climate change and survival strategies of early *Homo* and *Paranthropus* in the Malawi Rift. In: Ullrich, H. (Hrsg.): Lifestyle and survival strategies in Pliocene and Pleistocene hominids, pp. 72-88, Gelsenkirchen.

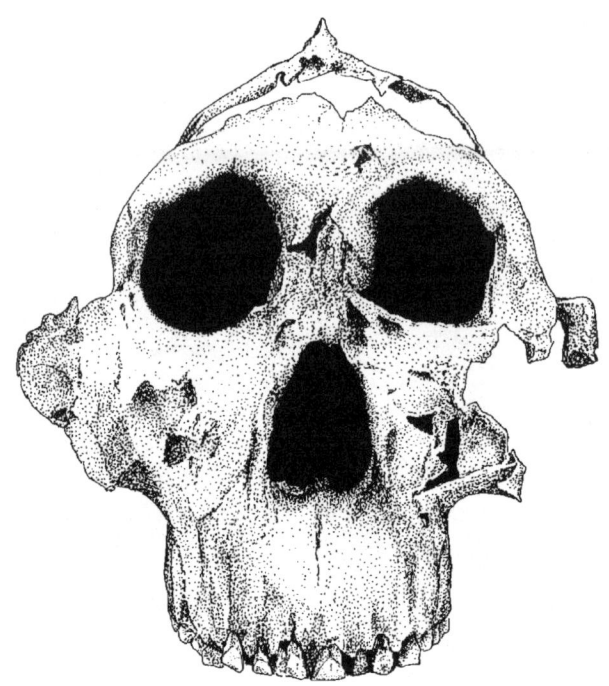

Abb. 6: »Zinjanthropus«, Schädel OH5 aus Olduvai Gorge, Tanzania (Alter ca. 1,8 Mio. J.), Australopithecus boisei

an der Oberseite des Schädels aufgrund stark vergrößerter seitlicher Kaumuskulatur. Diese Merkmale und auch die megadonte Bezahnung deuten darauf hin, daß vor allem harte und grobe Nahrung pflanzliche Nahrung, zum Beispiel Samen und harte Pflanzenfasern zerkaut wurden.

Australopithecus aethiopicus ist im Zeitraum zwischen 2,5 und 2,3 Mio. Jahren bekannt[29]. Der Schädel KNM-WT 17000 besitzt den größten und massivsten Scheitelkamm, der je bei Hominiden gefunden wurde. Das Gehirn ist mit ca. 410 ccm relativ klein, das breite flache Gesicht und der Kiefer wirken äußerst massiv.

Australopithecus boisei übertraf zum Zeitpunkt seiner Entdeckung[30] (»Zinjanthropus«, Abb. 6) an Robustheit alle bis dahin bekannten Aus-

---

29 Walker, A., Leakey, R.E.F, Harris, J.M. & Brown, F.H. (1986): 2.5-Myr *Australopithecus boisei* from west of Lake Turkana, Kenya. *Nature* 322, 517-522.
30 Leakey, L.S.B. (1959): A new fossil skull from Olduvai. *Nature* 184, 491-493.

tralopithecinen. Die Gehirngröße liegt mit 530 ccm leicht über der von *A. aethiopicus*. Das Gesicht ist sehr massiv, der Knochenkamm kräftig ausgeformt. Die Backenzähne sind teilweise über 2 cm breit. Die jüngsten Funde, die auch gleichzeitig geologisch ältesten Reste dieser Art sind, stammen aus Nord-Malawi. Ein in Malema (Abb. 1) 1996 ausgegrabenes Oberkieferfragment ist ca. 2,6 – 2,5 Mio. Jahre alt[31].

Australopithecus robustus wurde erstmals aus Kromdraai[32] beschrieben. Über 10 Jahre später jedoch auch aus Swartkrans[33]. Seither kamen viele weitere Fragmente hinzu. Darunter besonders bemerkenswert ist ein fast vollständiger Schädel von Drimulen, einer neuen Fundstelle in Südafrika. All diese Funde sind zwischen 1,8 und 1,3 Mio. Jahre alt. Im Gegensatz zu *A. aethiopicus* und *A. boisei* ist bei ihnen der Scheitelkamm schwächer ausgebildet, auch wenn er an den meisten Schädeln deutlich zu erkennen ist. Zumindest für *A. robustus* ist nachzuweisen, daß sie Knochenwerkzeuge zum Ausgraben unterirdischer pflanzlicher Speicherorgane wie von Knollen und Wurzeln benutzten[34]

Die für die robusten Australopithecinen charakteristische massive Schädelbau entstand wahrscheinlich im Zusammenhang mit einer Phase zunehmender Trockenheit in Afrika vor ca. 2,8 und 2,5 Mio. Jahren. Die offenen Lebensräume mit einem höheren Anteil an trockenresistenten, hartfaserigen und hartschaligen Pflanzen dehnten sich aus, die verbleibenden Bänder von üppigen Flussauewäldern wurden schmaler. Der Selektionsdruck dieser Habitatänderung erhöhte die Chancen für Säugetiere mit großen Mahlzähnen, die sich das härtere Nahrungsangebot der Savannen erschließen konnten. Dies galt nicht nur für frühe Hominiden, sondern ebenso für zahlreiche andere afrikanische Säugetiere, zum Beispiel Antilopen, vor ca. 2,5 Mio. Jahren[35]. Dieser Druck war groß genug, um eine phyletische Spaltung von *Australopithecus afarensis* in *Paranthropus* und *Homo* vor ca. 2,5 Mio. Jahren hervorzurufen[36]. Die robusten

---

31 Kullmer, O., Sandrock, O., Abel, R., Schrenk, F., & Bromage T.G. (1999): The first *Paranthropus* from the Malawi Rift. *Journal of Human Evolution* 37, 121-127.
32 Broom, R. (1936): A new fossil anthropoid skull from South Africa. – *Nature* 138, 486-488.
33 Broom, R. (1949): Another new type of fossil ape man. *Nature* 163, 57.
34 Brain, C.R., Churcher, C.S., Clark, J.D., Grine, F.E., Shipman, P., Susman, R.L., Turner, A., & Watson, V. (1988): New evidence of early hominids, their culture and environment from the Swarkrans Cave, South Africa. *S. Afr. J. Sci.* 84, 828-835.
35 Turner, A. & Wood, B. (1993): Taxonomic and geographic diversity in robust australopithecines and other African Plio-Pleistocene larger mammals. *Journal of Human Evolution* 24, 147-168.
36 Vrba, E.S. (1988): Late Pliocene climatic events and human evolution. – In: Grine, F.E. (Hrsg.): Evolutionary History of the »Robust« Australopithecines, S. 405-426. New York.

Australopithecinen, vor allem *A. aethiopicus* hielten Verbindung zu den früchtereichen wasserführenden Zonen. Dies besonders während den Trockenzeiten. Sie waren jedoch ebenso in der Lage, mit ihrer postcaninen Bezahnung jene härtere Nahrung aufzuschließen, die in den offenen Habitaten während den günstigeren Jahreszeiten reichlich zur Verfügung stand. Den robusten Australopithecinen ging wahrscheinlich nie die ursprüngliche Verbindung zu den geschlosseneren Habitaten seines Lebensraumes verloren[37], da diese Bereiche nach wie vor Schutz, Schlafplätze und ein gewisses Maß an Nahrung bereithielten.

4. Der Ursprung der Gattung *Homo*

Die Suche nach den Wurzeln des modernen Menschen ist unweigerlich mit der Suche nach den Wurzeln der Gattung *Homo* verbunden. Bislang wurden in Afrika fast 200 Hominidenfragmente gefunden, die im weitesten Sinne zu den frühesten Nachweisen der Gatung *Homo* zu rechnen sind (Omo, Olduvai Gorge, Chemeron, Uraha, Swartkrans, Sterkfontein, Abb. 1). Es handelt sich hierbei um die Größenordnung von etwa 40 Individuen. Trotz oder auch wegen der vielen neuen Funde ist der Ursprung der Gattung *Homo* immer noch stark umstritten.

Vor allem die Interpretation der Anatomie des Bewegungsapparates und der Hand als »modern«[38] unterstützte die Ausdeutung von *Homo habilis* als frühen aber fähigen Menschen im Gegensatz zu den »grobschlächtigen« Australopithecinen. Skelettfunde in Olduvai Gorge (OH 62)[39], zeigten jedoch, dass das Skelett von *Homo habilis* tatsächlich aber weitgehend dem von *Australopithecus* entspricht. Als wichtigster Unterschied zu den Australopithecinen bleibt das absolut und auf das Körpergewicht bezogen auch relativ höhere Gehirnvolumen von *Homo habilis*. Die Stirn ist steiler und ein Überaugenwulst nur schwach ausgebildet. Während die anatomischen Merkmale dieser Form in Olduvai Gorge recht einheitlich sind, entzündete sich die Diskussion um die Gattung *Homo* immer wieder an zwei extrem unterschiedlichen Schädeln aus Koobi Fora: KNM-ER 1813[40]

---

37 Shipman, P. & Harris, J.M. (1988): Habitat preference and palaeoecology of Australopithecus boisei in eastern Africa. In: Grine, F.E. (Hrsg.): Evolutionary History of the »Robust« Australopithecines, S. 343-381. New York.
38 Leakey, L.S.B., Tobias, P.V. & Napier J.R. (1964): A new species of the genus Homo from Olduvai Gorge. *Nature* 202, 7-10.
39 Johanson, D.C., Masao, F.T., Eck, G.G. et al: (1987): New partial skeleton of Homo habilis from Olduvai Gorge, Tanzania. *Nature* 327, 205-209.
40 Leakey, R.E. (1973b): Further evidence of lower pleistocene hominids from east rudolf, north Kenya. *Nature* 248, 653-656.

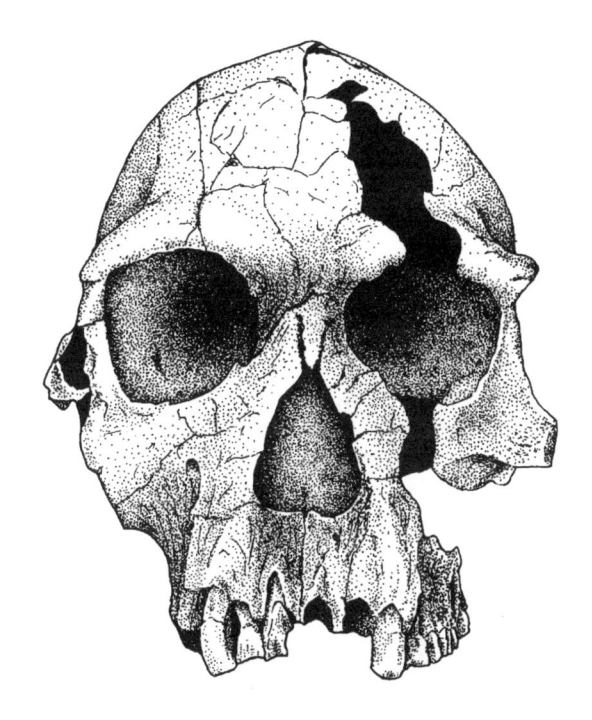

*Abb. 7: Schädel KNM-ER 1813 aus Koobi Fora, Kenya
(Alter ca. 1,9 Mio. J.), Homo habilis*

(Abb. 7) und KNM-ER 1470 [41] (Abb. 8). Bei Einbeziehung aller »*Homo habilis*«-Funde aus Koobi Fora in eine umfassende Merkmalsanalyse stellte Bernard Wood[42] fest, dass die Unterschiede nicht nur in den typischerweise geschlechtsspezifisch variierenden Merkmalen auftreten, sondern quer durch den gesamten Bauplan vorkommen.

So sind zwei Gruppen zu unterscheiden. Der Grundtypus der einen Gruppe ist der Schädel 1813 (Abb. 7), die der ursprünglichen Beschreibung von *Homo habilis* aus Olduvai Gorge nahekommt. Die neue Gruppe wird von dem Schädel KNM-ER 1470 (Abb. 8) repräsentiert, für die es in Olduvai Gorge keine vergleichbaren Funde gibt. Zusammen mit dem Schädel KNM-ER 1813 wurde etwa die Hälfte des Homo-Fundmaterials aus

---

[41] Leakey, R.E. (1973a): Evidence for an advanced plio-pleistocene hominid from east rudolf, Kenya. *Nature* 242, 447-450.
[42] Wood, B.A. (1991): Koobi Fora Research Project, Volume 4: Hominid Cranial Remains. 466 S., Oxford.

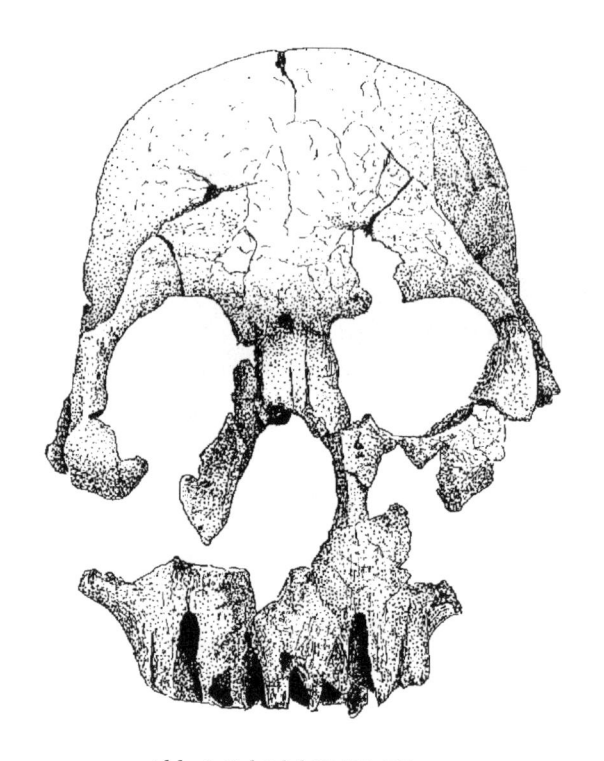

Abb. 8: Schädel KNM-ER 1470
aus Koobi Fora, Kenya (Alter ca. 1,9 Mio. J.), Homo rudolfensis

Koobi Fora in der Art *Homo habilis* belassen, die andere Hälfte bildet den Grundstock für die Definition der neue Art *H. rudolfensis*[43]. Auch der Unterkiefer UR 501 aus Uraha in Malawi[44] gehört zur Art *Homo rudolfensis* und ist das älteste bekannte Fragment der Gattung *Homo*.
Auszugehen ist also von der Existenz zweier früher Homo-Typen: *Homo rudolfensis* vor 2,5 – 1,8 Mio. Jahren aus Malawi, Chemeron, Koobi Fora und Omo, sowie *Homo habilis* vor 2,1 – 1,5 Mio. Jahren aus Koobi Fora, Olduvai Gorge und aus dem südlichen Afrika. Verwirrend ist die Vermischung von Australopithecinen und *Homo*- Merkmale bei beiden Arten. Während *Homo rudolfensis* ein eher ursprüngliches Gebiss aufweist, dafür aber im Fortbewegungsapparat schon *Homo*-ähnlich erscheint, zeigt *Homo*

---

43 Alexeev, V.P. (1986): The Origin of the Human Race. Progress Publishers: Moskau.
44 Schrenk, F., Bromage, T.G., Betzler, C.G., Ring, U. & Juwayeyi, Y. (1993a): Oldest *Homo* and Pliocene biogeography of the Malawi-Rift. *Nature* 365, 833-836.

habilis mit reduzierten Zahnwurzeln ein fortschrittlicheres Gebiss, ist aber im Skelettbau eher den Menschenaffen ähnlich als den Menschen.

Wesentlich ist, daß die Anfänge der *Homo* Linie, repräsentiert durch *Homo rudolfensis*, vor ungefähr 2,5 Mio. Jahren, geprägt waren durch ihre Abstammung von *Australopithecus afarensis* (oder den diskutierten geographischen Varianten). Das gleiche gilt für *Paranthropus aethiopicus*. Aus diesem Grunde teilte *Homo rudolfensis* mit den robusten Australopithecinen einige auf den Kauapparat bezogene Schädel- und Zahnmerkmale[45], die den frühen Hominiden die Aufnahme der härteren Frucht- und Pflanzennahrung der Savanne ermöglichte. Da sie eine funktionelle Anpassung an zunehmend trockeneres Klima darstellen, zeigen sie, dass *Homo rudolfensis* in der Ernährungsweise recht konservativ blieb und wohl überwiegend Pflanzenfresser war.

Aus der Gleichzeitigkeit der Entstehung der robusten Australopithecinen und der Gattung *Homo* kann deshalb der Schluss gezogen werden, dass es zur Entwicklung des Kauapparates der robusten Australopithecinen eine Alternative gab, die ebenfalls dazu geeignet war, der bei steigender Trockenheit zunehmend härteren Nahrung entgegenzuwirken. Mit dieser Alternative beginnt die Geschichte der Werkzeugkultur: Die ältesten Steinwerkzeuge sind aus Äthiopien und Tanzania bekannt. Wenig östlich der Hominidenfundstellen von Hadar in Äthiopien (Abb. 1), bei Gona, wurden sehr ursprüngliche Geröllwerkzeuge entdeckt, die ca. 2,6 Mio. Jahre alt sind[46]. Auch neue Funde am Westufer des Turkana-Sees bestätigen, dass vor ca. 2,5 Mio. Jahren die erste Werkzeugkulturen etabliert waren – zeitgleich mit der Entstehung der Gattung *Homo*. Im Middle Awash Gebiet Äthiopiens wurden 1994 Steinwerkzeuge zusammen mit frühem *Homo* gefunden[47].

Werkzeuge im Sinne von Hilfsmitteln sind im Tierreich und vor allem bei den höheren Primaten allerdings weit verbreitet. Unter dem Druck der Umweltveränderungen vor 2,5 Mio. Jahren war es gerade die Fähigkeit der Hominiden zu kulturellem Verhalten, die die Gattung *Homo* entstehen ließ. Im Gegensatz zu den robusten Australopithecinen, ist der Vorteil der Gattung *Homo* die Beibehaltung eines eher unspezialisierten

---

45 Wood, B.A. (1992): Origin and evolution of the genus *Homo*. *Nature* 355, 783-790.
46 Harris, J.W.K. (1986): Découverte de materiel archéologique oldowayen dans le rift de l'Afar. – *L'Anthropologie* 90: 339-357.
47 Kimbel, W.H., Walter, R.C., Johanson, D.C., Red, K.E., Aronson, J.L., Assefa, Z., Marean, C.W., Eck, G.G., Bobe, R., Hovers, E., Rak, Y., Vondra, C., Yemane, T., York, D., Chen, Y., Evensen, N.M. & Smith, P.E.B. (1996): Late Pliocene Homo and Oldowan Tools from the Hadar Formation (Kada Hadar Member), Ethiopia. *Journal of Human Evolution* 31, 549-562.

Körperbaus in Kombination mit einer beginnenden kulturellen Spezialisierung. Für die Entwicklung zum heutigen Menschen war eine Vielzahl weiterer Faktoren ausschlaggebend. Doch war neben der Entstehung des aufrechten Ganges vor ca. 5 Mio. Jahren ohne Zweifel das einschneidendste Ereignis in der Geschichte der Menschwerdung der erste Beginn der Abkoppelung aus Umweltabhängigkeiten vor ca. 2,5 Mio. Jahren. Die zunehmende Unabhängigkeit vom Lebensraum führt zu zunehmender Abhängigkeit von den dazu benutzten Werkzeugen, bis heute ein charakteristisches Merkmal des Menschen.

Vor allem durch sein Verhalten zeigte *Homo rudolfensis* eine große Flexibilität. Seine Anpassung an die klimatischen Veränderungen ging einher mit der Entwicklung eines größeren und leistungsfähigeren Gehirns und der Entwicklung zum Allesfresser[48]. Die sich entwickelnde Werkzeugkultur überdeckte die Auswirkungen des Klimawechsels bis zu dem Punkt, als *Homo rudolfensis* andere Nahrungsquellen besser als jede andere Hominidenart jemals zuvor nutzen konnte. Die Benutzung von Steinwerkzeugen zum Hämmern harter Nahrung zeigte bald Vorteile in unvorstellbarem Ausmaß: Zufällig entstehende scharfkantige Abschläge wurden als Schneidewerkzeuge eingesetzt: eine Revolution in der Fleischbearbeitung und der Zerlegung der Kadaver. Für spezialisierte Pflanzenfresser wie die robusten Australopithecinen hätte jedoch der Einsatz von Steinwerkzeugen keinen unmittelbaren Vorteil gebracht. Solange beide Ernährungsstrategien erfolgreich waren, also mehr als 1 Mio. Jahre lang, existierten verschiedene Hominiden-Gattungen und Arten nebeneinander.

5. *Homo habilis*: Das Schicksal des *A. africanus*

Der Rückgang der Waldgebiete und die gleichzeitige Ausdehnung des offenen Graslandes riefen nicht nur evolutive Veränderungen als Anpassung an das Leben in den Savannen des tropischen Ostafrika hervor, sondern hatten auch eine nordwärts gerichtete Ausbreitungstendenz von Faunen im südlichen Afrika zur Folge. Bis zu dieser Zeit war die Zambezi-Ökozone ein keilförmiges Gebiet zwischen der tropischen und der gemäßigten Zone mit hohem Anteil an süd- und ostafrikanischen Endemiten[49]. In der gemäßigten Zone stellten sich ausgeprägte Jahreszeitenextreme ein,

---

48 Robinson, J.T. (1962): The origin and adaptive radiation of the australopithecines. In: Kurth, G. (Hrsg.): Evolution und Hominisation, S. 120-140. Stuttgart.
49 Klein, R.G. (1984): The large mammals of southern Africa: Late Pliocene to Recent. In (R.G. Klein, Ed.) South African Prehistory and Paleoenvironments, pp. 107-146. Rotterdam.

und viele Organismen behielten ihre Präferenz für schwache jahreszeitliche Änderungen und Vegetation des subtropischen Klimas dadurch bei, dass sie äquatorwärts migrierten. Darunter war auch *Australopithecus africanus*, der in dem temperierten Klima des südlichen Afrikas lebte. Die geeigneten Lebensräume hatten sich nach einer halben Million Jahre kontinuierlicher Zunahme der Trockenheit und Abkühlung nach Norden, dem afrikanischen Rift-Valley zu, verlagert.

Einige Populationen konnten durch ihr Habitat, die bewaldeten Gebiete, als Lebensraum beibehalten und verbreiteten sich entlang des Uferzonen-Korridors nach Norden. Im Verlauf dieser Ausbreitung in Richtung auf den ostafrikanischen tropischen Bereich war die Selektion auf verstärkte Flexibilität des Verhaltens ausgerichtet und an die Diversität nicht-vegetarischer Nahrung gekoppelt. Der hierbei entstehende *Homo habilis* etablierte sich rasch als eindeutiger Allesfresser, der durch die Entwicklung einer Werkzeugkultur sich nicht nur gezielt Vorteile bei der Nahrungsbeschaffung sichern, sondern auch vor Umweltveränderungen schützen und dadurch Habitatgrenzen leichter überwinden konnte. *Homo habilis* ist somit auf *Australopithecus africanus* des südlichen Afrika zurückzuführen (Abb. 10). Erst vor ungefähr 2 Mio. Jahren begann in Afrika eine Umkehrentwicklung vom relativ kühlen und trockenen Klima weg zu etwas wärmeren und humideren Verhältnissen[50]. Die Folge waren Migrationsbewegungen vom Äquator weg. *Homo habilis* breitete sich in das südliche Afrika aus, ebenso *Australopithecus boisei*.

6. Die ersten Frühmenschen *Homo erectus*

Vor ca. 2 Mio. Jahren begann in Afrika die Entwicklung zu Hominidentypen mit kräftigerem und größerem Skelett und massivem Knochenbau im Schädel, den typischen Merkmalen von *Homo erectus*. Diese Frühmenschen breiteten sich von Afrika bis nach Asien und Europa aus. Drei Formenkreise sind zu unterscheiden:

Früher Homo erectus (2 – 1,5 Mio. Jahre) aus Kenya (Abb. 9) (wird z.T. als *Homo ergaster* bezeichnet), Äthiopien, Java und China

---

50 Shackleton, N.J., Backman, J., Zimmerman, H., Kent, D.V., Hall, M., Roberts, D.G., Schnitker, D., Baldauf, J.G., Desprairies, A., Homrighausen, R., Huddlestun, P., Keene, J.B., Kaltenbach, A.J., Krumsieck, K.A.O., Morton, A.C., Murray, J.W. & Westberg-Smith, J. (1984): Oxygen isotope calibration of the onset of ice-rafting and history of glaciation in the North Atlantic region. *Nature* 307, 620-623.

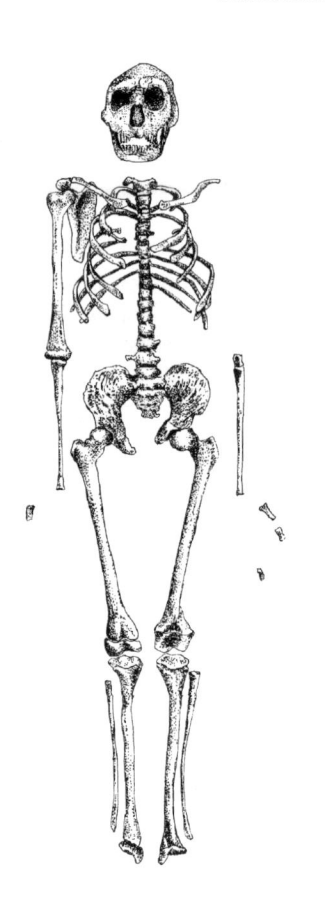

Abb. 9: früher afrikanischer Homo erectus (Homo ergaster) »Turkana Boy«, Skelett KNM-WT 15000 aus Nariokotome, West-Turkana, Kenya (Alter ca. 1,6 Mio. J.)

Später afrikanischer und asiatischer Homo erectus (1,5 Mio. – 300.000 Jahre) aus Südafrika, Tanzania, Kenya, Tschad, Algerien, Äthiopien, Java, China, Israel, Indien und Vietnam.
Europäischer Homo erectus (z.T. *Homo heidelbergensis* genannt) (800.000 – 400.000 Jahre) aus Spanien, Deutschland (Bilzingsleben, Mauer), Frankreich und England.

Der Ursprung von *Homo erectus* war wahrscheinlich *Homo rudolfensis*, ein relativ robuster Typus, der 1/2 Mio. Jahre zuvor im östlichen Afrika entstanden war. Die Abstammung von *Homo habilis* ist fraglich, da jene Form zeitlich parallel erst aus *Australopithecus africanus* des südlichen Afrika hervorging. Gegenüber *Homo rudolfensis* zeigen sich bei *Homo erectus* Körpermerkmale, die eine progressive Entwicklung andeuten. Hierzu gehört vor allem die Vergrößerung des Hirnschädelvolumens, die Veränderung der Proportionen des Hirn- und Gesichtsschädels, die Verstärkung der Schädelbasisknickung, die tiefere Lage der Öffnung der Schädelunterseite und der rundlicheren Zahnbogenform. Kennzeichnend ist ebenso eine recht niedrige Stirn und die Ausbildung von kräftigen Augenüberwülsten, über deren Funktion man bis heute rätselt. Vor allem die Hüften, und die Bein- und Fußknochen sehr kräftig ausgebildet. Der massive Knochenbau läßt darauf schließen, daß *Homo erectus* hohe Kraft und Ausdauer beim Tragen von Material und Nahrung zu den Wohnorten aufbrachte.

Bei *Homo erectus* ist eine Zunahme des Gehirnvolumens feststellbar. Es beträgt bei den ältesten Schädeln (knapp 2 Mio Jahre alt) ca. 800 – 900 ccm. Vor einer Mio. Jahren werden Werte von ca. 900 – 1000 ccm erreicht und vor 0,5 Mio. Jahren Werte von über 1100 – 1200 ccm. Sowohl die Fähigkeit, das Feuer zu nutzen, als auch entwickelte Jagdtechniken waren wichtige Voraussetzungen, Afrika zu verlassen. Möglicherweise war die Jagd eine wichtige Triebkraft, um in entfernteren Gebieten nach Beute zu suchen und den Lebensbereich langsam auszudehen.

Die ältesten Nachweise der Besiedlung Javas und Chinas gehen bis ca. 1,8 Millionen Jahre zurück[51]. In Südspanien (Orce) wird ein ebenso hohes Alter vermutet[52], gefolgt von Dmanisi in Georgien[53] und Ubeideja[54] in Israel. Aus Nord-Israel stammen Steinwerkzeuge mit einem Alter von sogar fast 2,4 Millionen Jahren[55]. Spätestens vor 2 Millionen Jahren verließ demnach der frühe *Homo erectus* («*Homo ergaster*») oder ein später *Homo rudolfensis* zum ersten Mal den afrikanischen Kontinent. Dies stimmt gut überein mit klimageographischen Daten, die für die Zeit um 2 Millionen Jahren die Ausdehnung der an Nahrung reichen Lebensräume belegen, die zunächst zu einer passiven Mitwanderung einiger Hominidenpopulationen geführt haben dürfte, bevor eine weitere Ausbreitung stattfand. Vor spätestens ca. 500.000 Jahren war *Homo erectus* außer in Afrika auch in Ostasien, Südostasien sowie in Mittel- und Südeuropa weit verbreitet.

---

51 Swisher, C.C., Curtis, G.H., Jacob, T., Getty, A.G. Suprijo, A. & Widiarmoro (1994): Age of the earliest known Hominids in Java, Indonesia. *Science* 263, 1118-1121.
52 Gibert, J. (Hrsg.) (1992): Proyecto Orce-Cueva Victoria (1988-1992). Presencia humana en el Pleistoceno inferior de Graada y Murcia. Granada.
53 Gabunia, L.K. (1994): Der menschliche Unterkiefer von Dmanisi (Georgien, Kaukasus). *Jahrbuch RGZM* 39 (1992).
54 Bar-Yosef, O. & Vandermeersch, B. (1991): Premier hommes modernes et Neanderthaliens au Proche-Orient: chronologie e culture. In: Hublin, J.J., Tillier, M.A. (Hrsg.): Aux Origines d'Homo sapiens, S. 217-250. Paris: Presses Universitaires.
55 Brunnacker, K., Boenigk, W., Bruder, G., Hahn, G., Ronen, A. & Tillmanns, W. (1989): Artefakte im Altquartär von Obergaliläa (Nordisrael). *Eiszeitalter und Gegenwart* 39, 109-120.

Zwar verhinderten die klimatischen Bedingungen der Eiszeiten in Europa eine frühe Besiedlung des gesamten Kontinents, jedoch wurde Südeuropa schon von den ersten Auswanderungen aus Afrika erreicht. Sicher nachgewiesen ist bislang nur die Ausbreitungsroute über den Nahen Osten. Einige faunistische Ähnlichkeiten zwischen Fundstellen von Marokko und Südspanien legen jedoch den Verdacht nahe, dass auch eine Verbreitung über Gibraltar schon zu einem sehr frühen Zeitpunkt vorstellbar ist. Da von Nordafrika aus das gegenüberliegende Ufer sichtbar ist, erscheint dies wohl auch für *Homo erectus* leicht zu bewerkstelligen gewesen zu sein. Eine solche Nordwestafrika-Westeuropa-Route ist jedoch eine Hypothese, die noch durch zukünftige Geländearbeit untermauert werden muss. Hierbei könnte aber letztlich der Nachweis gelingen, dass bereits vor knapp zwei Millionen Jahren die ersten Frühmenschen Afrika per Floß verließen. Vielleicht begann also die fast endlose Geschichte der immer wieder neuen Auswanderungen aus Afrika nicht nur in der Levante. Möglicherweise lassen sich auch in Nordwest-Afrika die Wurzeln der europäischen Variante des *Homo erectus* finden, der als *Homo heidelbergensis* seit fast 700.000 Jahren in Mitteleuropa wohlbekannt ist.

Danksagung

Ich danke dem HCRP-Team, Oliver Sandrock, Ottmar Kullmer, Tim Bromage und dem Malawi Department of Antiquities für die Unterstützung bei den Geländearbeiten. Die Abbildungen verdanke ich Marisa Blume (Abb. 1 und 10) und Claudia Schnubel (Abb. 2 – 9). Die Arbeiten wurden gefördert von der Deutschen Forschungsgemeinschaft (DFG).

Günter Bräuer

Die Neandertaler und der Ursprung des modernen Menschen

Einleitung

Seit der Entdeckung des namensgebenden Fundes 1856 im Neandertal bei Düsseldorf (Abb. 1) sind Hunderte weiterer Überreste von Neandertalern in ganz Europa und Westasien hinzugekommen. So kennen wir nicht nur ihre geographische Verbreitung sondern Dank moderner chemisch-physikalischer Datierungsverfahren auch die Dauer ihrer Existenz recht genau. Sie entstanden in Europa vor rund 200.000 Jahren aus den Ante- oder Präneandertalern, und ihre letzten Spuren verlieren sich auf der Iberischen Halbinsel und in Zentraleuropa vor etwa 28.000 Jahren (Bräuer und Reincke 1999, Smith et al. 1999). Da die Neandertaler ihre Toten häufig begruben, liegen von ihnen auch relativ vollständige Skelette vor und nicht nur isolierte Schädel oder Einzelknochen, wie dies im allgemeinen aus noch früheren Zeitperioden der Fall ist. So kennen wir ihre Anatomie besser als die jeder anderen ausgestorbenen Menschenform. Wir wissen zum Beispiel, dass ihre Arme und Beine an das kalte eiszeitliche Klima angepasst waren, indem – ähnlich wie bei den heutigen Inuit («Eskimos») – die Unterarme und besonders die Unterschenkel zur Verminderung der Wärmeabstrahlung relativ kurz waren. Ihre dickwandigen Beinknochen spiegeln Stärke und Ausdauer wider, und auch ihre markanten Muskelansatzstellen an Arm- und Fingerknochen sowie am Schulterblatt zeigen, dass sie wahre Kraftpakete waren.

Angesichts der vorhandenen Erkenntnisse über die Anatomie der Neandertaler, aber auch über ihre Kultur und inzwischen sogar über ihre Erbsubstanz DNA, worauf später noch einzugehen sein wird, sollte man vermuten, dass unter den Forschern weitgehender Konsens über ihren Platz in der Entwicklungsgeschichte des Menschen und über ihre Beziehung zum modernen Menschen besteht. Verfolgt man aber die Debatte der letzten Jahre, so kann davon keine Rede sein. Natürlich geht es heute nicht mehr wie in der ersten Hälfte des 20. Jahrhunderts darum, ob die Neandertaler noch sehr primitive affenähnliche Merkmale aufwiesen oder nicht. So ist seit langem unstritten, dass es sich um hoch entwickelte Menschen mit einem großen Gehirn handelte, die nicht nur ihre Toten begruben, sondern auch Kranke und Verletzte pflegten und eine recht komplexe

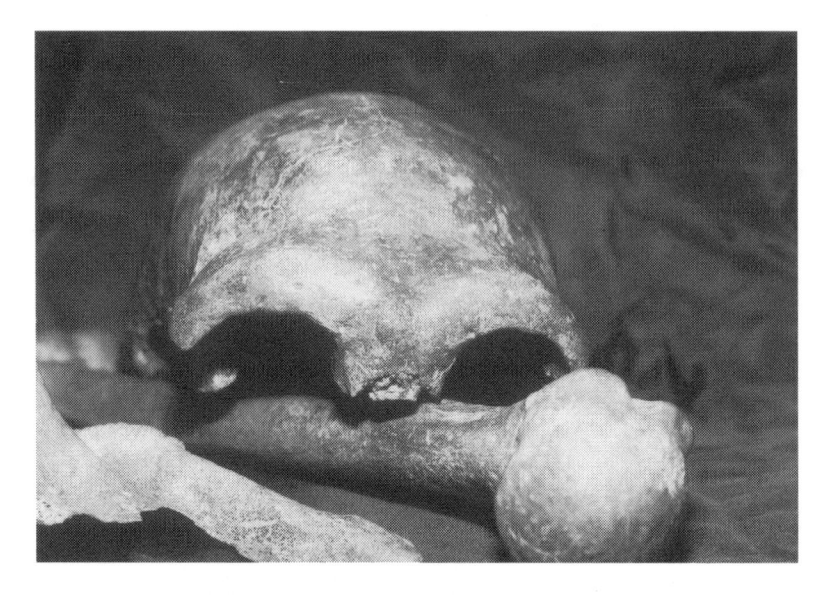

Abb. 1: Schädeldach und Skelettüberreste des 1856 in der Kleinen Feldhofer Grotte bei Düsseldorf entdeckten Neandertalers

Kultur besaßen (Bräuer 1992a). Vielmehr kreist die Debatte während der letzten beiden Jahrzehnte vor allem darum, ob die Neandertaler die Ahnen der nachfolgenden modernen Europäer waren bzw. wesentlich zu deren Genpool beigetragen haben, oder ob die Neandertaler durch die Ausbreitung der in Afrika entstandenen modernen Menschen zum Aussterben verurteilt waren. Damit hängt die Stellung der Neandertaler von der heftig umstrittenen Frage nach dem Ursprung des modernen Menschen ab.

Wettstreit der Modelle

Die verschiedenen Vorstellungen zum Ursprung des modernen Menschen können trotz einiger sich geringfügig unterscheidender Varianten im wesentlichen auf zwei Modelle reduziert werden, das Multiregionale Evolutionsmodell und das Out-of-Africa-Modell. Beide Modelle wurden in den frühen 1980er Jahren formuliert (Bräuer 1982, 1984 a,b, Wolpoff et al. 1984), obwohl einzelne ihrer Aspekte weiter zurückreichen. Das Multiregionale Modell geht davon aus, dass die modernen Menschen in Afrika, Europa, Ostasien und Australasien durch regionale Entwicklungen entstanden, deren Anfänge bis auf die erste Ausbreitung des frühen *Homo*

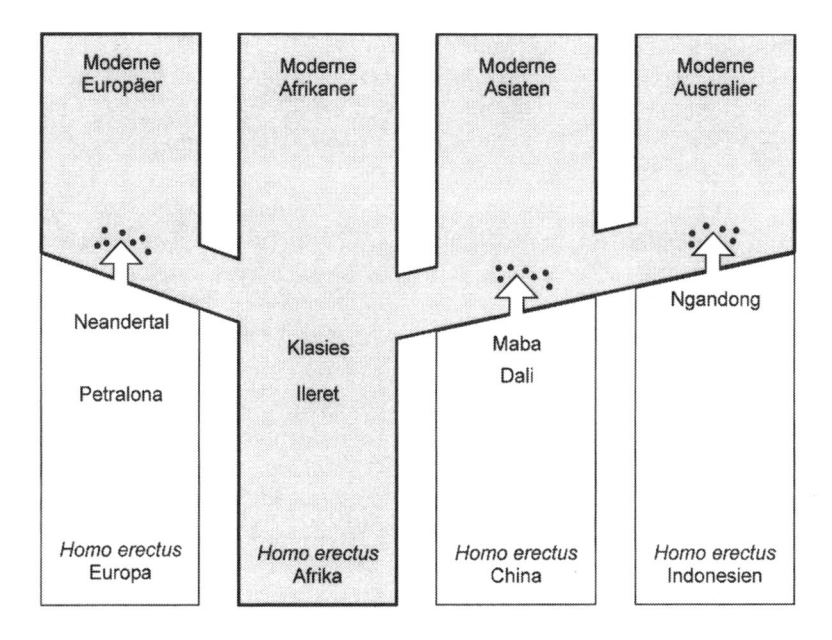

```
Moderne          Moderne          Moderne          Moderne
Europäer         Afrikaner        Asiaten          Australier

                                                   Ngandong
Neandertal       Klasies          Maba
                                  Dali
Petralona        Ileret


Homo erectus     Homo erectus     Homo erectus     Homo erectus
Europa           Afrika           China            Indonesien
```

Abb. 2: Out-of-Africa-Modell

erectus vor knapp zwei Millionen Jahren zurückgehen. Diese lange multiregionale Evolution hätte jeder Linie quasi ihren Stempel aufgedrückt und zu einer regionalen Identität geführt, obgleich die Regionen durch Genfluss miteinander verbunden waren (Thorne und Wolpoff 1992, Frayer et al. 1993). Das alternative Out-of-Africa-Modell (Abb. 2) nimmt dagegen an, dass nur die Entwicklung in Afrika bis zum anatomisch modernen Menschen führte, während die europäische Linie in den Neandertalern mündete und die fernöstlichen Entwicklungen in anderen archaischen Menschenformen. Von Afrika breitete sich danach der moderne Mensch über den Nahen Osten nach Europa und Ostasien aus, wo er die dort ansässigen Bevölkerungen verdrängte und schließlich ersetzte. Während der viele Jahrtausende dauernden Koexistenz dürfte es nach dem Out-of-Africa-Modell auch zu Vermischungen zwischen modernen und archaischen Gruppen in regional unterschiedlichem, wohl aber insgesamt eher geringem Ausmaß, gekommen sein (Bräuer 1984a, 1992b, s. auch Stringer und Bräuer 1994).

Nach Einführung dieser Modelle und einigen Jahren kontroverser Debatte erschien dann im Jahre 1987 die Pionierarbeit von Rebecca Cann und Koautoren über die menschliche DNA der Mitochondrien (mtDNA), den Kraftwerken der Zelle (Cann et al. 1987), die für eine gemeinsame junge

Wurzel der heutigen Menschheit vor rund 200.000 Jahren in Afrika sprach und damit das Out-of-Africa-Modell stützte. Obgleich keine stark abweichende alte mtDNA bei den untersuchten heutigen Menschen gefunden wurde, hielten Cann (1992, 17) wie auch andere Molekularbiologen (z.B. Wilson et al. 1987, Cavalli-Sforza 1989) Vermischungen archaischer und moderner Menschen während der Ablösungsperiode für wahrscheinlich. Cann stellte dazu fest, dass wir einfach 30.000 Jahre zu spät leben, um noch bei heutigen Menschen mitochondriale DNA-Linien der Neandertaler zu finden.

Diese und weitere molekularbiologischen Ergebnisse der späten 1980er Jahre führten aber nicht zu einer Beilegung des Streits der Modelle. Die Multiregionalisten versuchten vielmehr die Schwächung ihrer Position in eine Schwächung des Out-of-Africa-Modells umzukehren, indem sie nun behaupteten, dass nach diesem Modell jeglicher Genfluss auszuschliessen sei. Obwohl diese extreme Interpretation von den Hauptvertretern des Out-of-Africa-Modells abgelehnt wurde, konzentrierten sich die Vertreter der Multiregionalen Evolution dennoch auf die Kritik dieser sogenannten »Eva-Theorie«, erhofften sie sich nämlich, dass bei anzunehmendem Ausschluss von Genfluss jedes mögliche Indiz für regionale Kontinuität außerhalb Afrikas ausreiche, das Out-of-Africa-Modell zu widerlegen (Clark 1992, Frayer et al. 1993). Obwohl diese Argumentation irreführend war und praktisch dem Errichten eines »Strohmannes« gleich kam (Stringer und Bräuer 1994), führte sie doch zu einer künstlichen Polarisierung der Diskussion über weitere Jahre und sorgte für manche Verwirrung, besonders in populärwissenschaftlichen Darstellungen. Inzwischen haben aber Erwiderungen und Richtigstellungen verdeutlicht, dass sich sowohl die Hauptvertreter des Out-of-Africa-Modells wie auch Molekularbiologen grundsätzlich für die Möglichkeit von Genfluss aussprechen (s. Bräuer 1992b, Stringer und Bräuer 1994, Bräuer und Stringer 1997, Bräuer 2001a, Stringer 2001). Die molekularbiologische Sicht wurde kürzlich von Gibbons (2001, 1052) folgendermaßen zusammengefasst: »No one can rule out the possibility that some of us could have inherited nuclear DNA from Neandertal or *H. erectus* stock...Detection of an archaic lineage is so difficult that many geneticists despair that they will ever be able to prove – or disprove that replacement was complete. Says Oxford University population geneticist Rosalind Harding: ›There's no clear genetic test. We're going to have to let the fossil people answer this one‹«. Außerdem bekräftigen die molekularbiologischen Studien der letzten 15 Jahre an der mitochondrialen DNA sowie auch an der DNA des Zellkerns den afrikanischen Ursprung des modernen Menschen (Deka et al. 1998, Nei 1998, Jorde et al. 2000, Ke et al. 2001).

Somit geht es in Wirklichkeit nicht um die Widerlegung der Strohmann-Hypothese der Multiregionalisten, d.h. der Eva-Theorie, sondern vielmehr darum, ob, wie die Multiregionalisten behaupten (z.B. Frayer 1992, Thorne und Wolpoff 1992), eine lange evolutionäre Kontinuität bis hin zum modernen Menschen innerhalb und außerhalb Afrikas nachzuweisen ist, oder ob diese Kontinuität nach Vorstellung des Out-of-Africa-Modells nur in Afrika zu beobachten ist, während in den übrigen Regionen der Welt Diskontinuität, also eine morphologische Kluft, zwischen archaischen Formen wie den Neandertalern und den frühesten modernen Menschen besteht. Dabei mögen aber einzelne anatomische Details durchaus auf ein gewisses Maß an Genfluss hindeuten.

Regionale Kontinuität oder Diskontinuität

Entwicklung in Afrika

Ausgehend von diesen zentralen Annahmen der beiden Modelle soll im Folgenden die Faktenlage in den verschiedenen Teilen der Welt mit besonderer Berücksichtigung des Schicksals der Neandertaler betrachtet werden. Schon Anfang der 1980er Jahre haben wir aufgrund einer detaillierten Untersuchung der afrikanischen Hominidenfunde der letzten 600.000 Jahre einen graduellen Entwicklungsverlauf vom archaischen zum modernen *Homo sapiens* zeigen können (Bräuer 1981, 1984a). Während der nachfolgenden Jahre wurde dieser Verlauf durch zahlreiche Ergebnisse grundsätzlich bestätigt und in einigen Details durch neue Datierungen modifiziert (Bräuer 2001b). Drei Entwicklungsgrade der Art *Homo sapiens* können danach unterschieden werden (Abb. 3): ein noch recht ursprünglicher, früh – archaischer Grad, der vor etwa 600.000 bis 300.000 Jahren existierte, ein modernerer, spät-archaischer Grad zwischen 300.000 und 150.000 Jahren und schließlich der frühe anatomisch moderne Mensch, der schon vor ca. 150.000 Jahren auftrat. Von den zahlreichen Ergebnissen, die diesen graduellen Modernisierungsprozeß in Afrika immer weiter bestätigten (Bräuer 2001b), sei hier nur auf die besonders wichtige spät-archaische Phase, also die Periode unmittelbar vor dem Auftreten des anatomisch modernen Menschen, etwas näher eingegangen.

1992 hatten wir einen interessanten neuen Schädelfund von Ileret auf der Ostseite des Turkana-Sees im Norden Kenias beschrieben (Bräuer et al. 1992), dessen Datierung allerdings aufgrund der geologischen Verhältnisse recht unklar war. Unserer morphologischen Analyse zufolge war dieser Fund mit der Inventarnummer KNM-ER 3884 nicht vollständig

50   GÜNTER BRÄUER

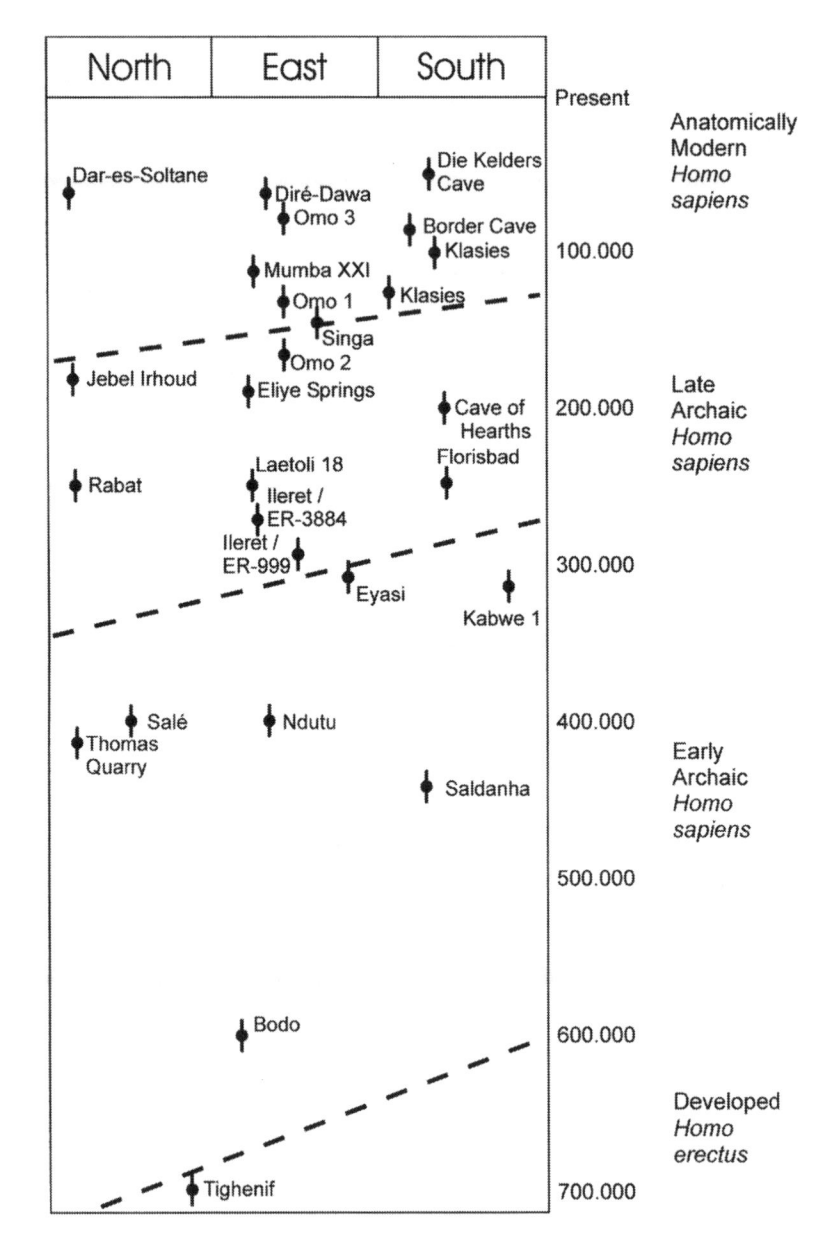

North	East	South		
			Present	
		Die Kelders Cave		Anatomically Modern *Homo sapiens*
Dar-es-Soltane	Diré-Dawa			
	Omo 3	Border Cave		
		Klasies	100.000	
	Mumba XXI			
	Omo 1	Klasies		
	Singa			
	Omo 2			
Jebel Irhoud	Eliye Springs			Late Archaic *Homo sapiens*
		Cave of Hearths	200.000	
		Florisbad		
Rabat	Laetoli 18			
	Ileret / ER-3884			
	Ileret / ER-999		300.000	
	Eyasi	Kabwe 1		
			400.000	
Salé	Ndutu			Early Archaic *Homo sapiens*
Thomas Quarry		Saldanha		
			500.000	
	Bodo		600.000	
				Developed *Homo erectus*
	Tighenif		700.000	

Abb. 3: Schema der Homo sapiens-Evolution in Afrika

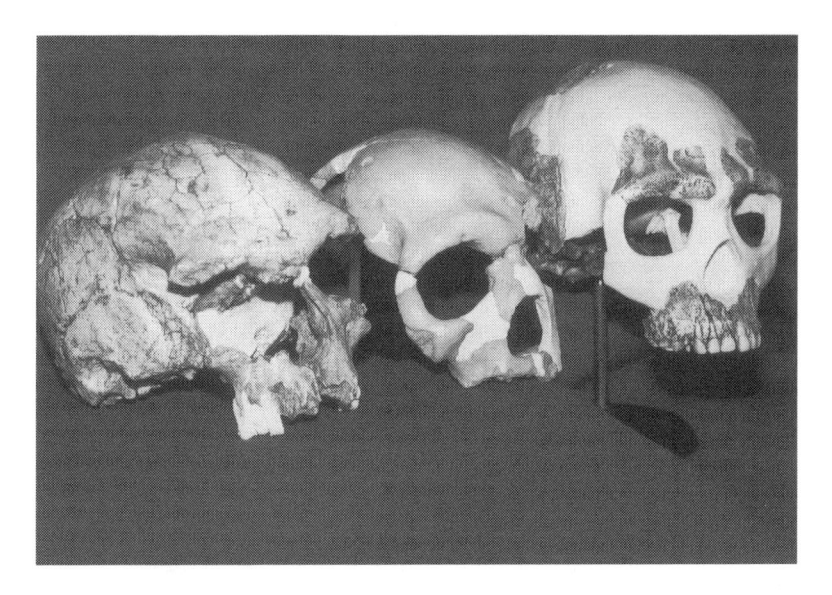

*Abb. 4: Vertreter des spät-archaischen Homo sapiens aus Afrika:
Laetoli H 18, Florisbad, Ileret (KNM-ER 3884) (von links nach rechts)*

anatomisch modern, sondern besaß einige Merkmale, insbesondere in der Überaugenregion, die ihn eher als einen spät-archaischen Vertreter auswiesen (Abb. 4) und somit ein Alter von mehr als 100.000 Jahren nahelegten. Erst 1996 war es schließlich möglich, das Fossil direkt mittels der Uranium-Thorium-Methode zu datieren; es ergab sich ein erstaunlich hohes Alter von ca. 270.000 Jahren (Bräuer et al. 1997). Noch im gleichen Jahr sollte eine so frühe Existenz dieser fast-modernen Anatomie eine wichtige Stütze erhalten. Mittels der Elektronenspinresonanz-Methode war es nämlich gelungen, den schon in den 1930er Jahren entdeckten spätarchaischen Schädel von Florisbad aus Südafrika direkt auf ca. 250.000 Jahre zu datieren (Grün et al. 1996). Wieder andere Verfahren ergaben schließlich für einen bedeutenden tansanischen Fund von Laetoli, der morphologisch ebenfalls dicht an der Schwelle zum modernen Menschen steht (Bräuer 1989), ein Alter von mehr als 200.000 bis 300.000 Jahren (Manega 1995). Auf diesen somit zeitlich wie auch morphologisch gut dokumentierten, fast-modernen *Homo sapiens* (Abb. 4), der noch durch eine Reihe weiterer Fossilien repräsentiert ist, folgte dann der anatomisch vollständig moderne Mensch vor rund 150.000 Jahren mit Funden aus Singa (Sudan), der Omo Kibish Formation (Äthiopien) und den Klasies River Mouth-Höhlen (Südafrika). Damit ist für Afrika nicht nur die anatomische Modernisierung gut belegt, sondern ebenso das sehr frühe Erscheinen des modernen Menschen. Dieser hatte sich dann schon vor 100.000 Jahren bis in den angrenzenden Nahen Osten verbreitet, wie die zahlreichen Fossilien aus der Skhul- und der Oafzeh-Höhle in Israel belegen.

Europa und das Ende der Neandertaler

Läßt sich auch in Europa eine evolutionäre Kontinuität bis zum modernen Menschen nachweisen? Frayer (1992, 49) bejahte diese Frage, indem er feststellte, dass es nun endlich an der Zeit sei, die Neandertaler als Ahnen der modernen Europäer des Jungpaläolithikums anzusehen (s. auch Frayer et al. 1993). Doch inzwischen wird eine solche Auffassung selbst von den meisten Multiregionalisten kaum mehr favorisiert. Neuere Forschungsergebnisse haben früher vorgebrachte Indizien für eine solche Kontinuitätsannahme immer problematischer werden lassen. So galt das südliche Zentraleuropa bei Multiregionalisten lange als eine mögliche Region evolutionärer Veränderungen vom Neandertaler zum modernen Menschen. Insbesondere in den Neandertalerresten von Vindija in Kroatien glaubte man eine mögliche Kontinuität zu frühen modernen Menschen dieser Region, wie etwa von Velika Pećina, zu sehen. Doch neueste direkte Datierungen mittels der C14-Beschleunigermethode ergaben, dass der moderne Stirnbeinfund von Velika Pećina nicht wie bislang angenommen ca. 34.000 sondern nur 5.000 Jahre alt ist, und dass die jüngsten Neandertaler aus der Vindija-Höhle nur rund 28.000 Jahre alt sind (Smith et al. 1999). Damit existierten Neandertaler zu dieser späten Zeit nicht nur in Südwesteuropa (Hublin et al. 1995), sondern auch in Zentraleuropa. Anatomisch vollständig moderne Menschen lebten aber in diesem Raum bereits vor mindestens 35.000 Jahren, wie etwa die Funde von Mladeč aus der Tschechischen Republik (Svoboda et al. 2002) oder der wahrscheinlich annähernd gleich alte Schädel von Vogelherd/Stetten belegen. Aufgrund der mit dem modernen Menschen verbundenen fortschrittlicheren, jungpaläolithischen Kultur des Aurignacien, das in Zentral- und Westeuropa schon vor ca. 40.000 Jahren auftrat, nehmen viele Forscher an, dass moderne Menschen schon so früh über Europa verbreitet waren (z.B. Mellars 1999, Klein 2000, Bolus und Conard 2001, Conard 2002). Damit ergäbe sich nach heutigem Kenntnisstand eine Dauer der Koexistenz beider Menschenformen von mehr als 10.000 Jahren.

Wie eingangs erwähnt, sind durch die Vielzahl vorhandener Neandertalerfunde ihr Aussehen und ihre morphologischen Eigenschaften sehr gut bekannt. Neben den Anpassungen im Körperbau besitzen die Neanderta-

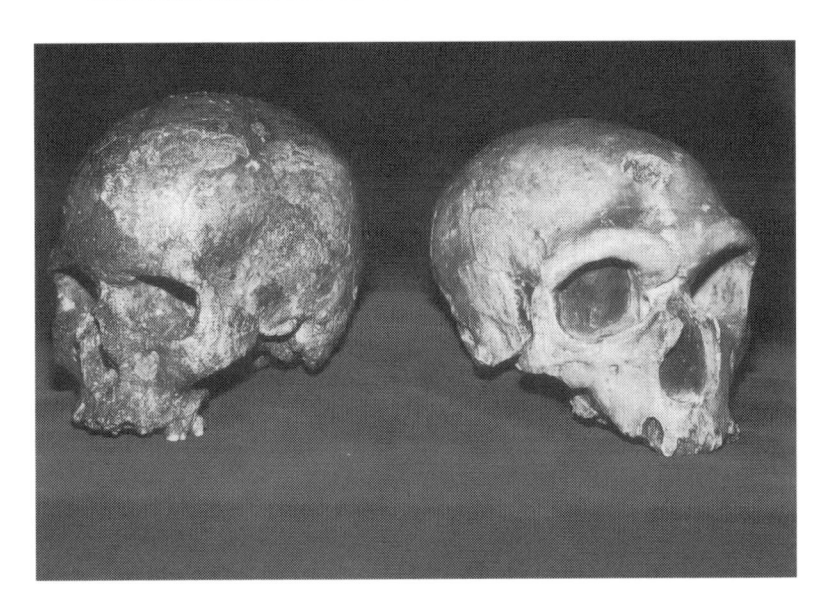

Abb. 5: Neandertaler von La Chapelle-aux-Saints, Frankreich (rechts) und früher moderner Mensch von Mladeč, Tschechische Republik

ler eine ganze Anzahl spezieller Merkmale an ihrem Schädel (Abb. 5). Hierzu zählen u. a. der charakteristische Überaugenwulst, die sehr starke Abflachung des hinteren Schädels, verbunden mit einer haarknotenförmigen Vorwölbung des Hinterhaupts (Chignon), ein schmaler, horizontal verlaufender Wulst an der oberen Grenze des Nackenmuskelfeldes und darüber eine breite, annähernd querovale Mulde (Fossa suprainiaca), gerundete Seitenwände des Hirnschädels und ein vorspringendes Gesicht ohne Wangengrube (Bräuer und Reincke 1999). Diese und weitere Merkmale werden als spezialisierte Eigentümlichkeiten angesehen, die nahezu ausschließlich bei den Neandertalern und z.T. bei deren Vorläufern vorkommen. Stellt man dem Neandertalerschädel den eines frühen modernen Menschen gegenüber, so ist die große morphologische Kluft offensichtlich (Abb. 5). Aufgrund dieser großen Unterschiede und der zeitlichen Überlappung stellt sich somit kaum mehr die Frage nach einer evolutionären Kontinuität in Europa, sondern nur die nach dem möglichen Ausmaß von Vermischungen zwischen Neandertalern und sich nach Europa ausbreitenden modernen Bevölkerungen während der Jahrtausende dauernden Periode der Koexistenz.

Wenn es ein bedeutendes Ausmaß an Vermischung gab, dann sollten sich zahlreiche Neandertalermerkmale bei den frühen modernen Funden nachweisen lassen. Um diese Frage näher zu untersuchen, wählten wir die sehr frühen, etwa 35.000 Jahre alten tschechischen Schädel von Mladeč (Bräuer und Broeg 1998), zumal Frayer (1986) gerade in diesen modernen Fossilien gute Belege für eine graduelle Evolution von den Neandertalern sah. Das Ergebnis der Neuanalyse zahlreicher Merkmale fiel aber selbst für mich, der ich Vermischung immer für möglich und wahrscheinlich gehalten habe und immer noch halte, überraschend aus. Nicht ein einziges eindeutiges Neandertalermerkmal konnte in dieser bedeutenden und gut erhaltenen frühen modernen Stichprobe aufgespürt werden (Bräuer und Broeg 1998). Selbst das besonders robuste männliche Individuum Mladeč 5 zeigt ein vollständig modernes Muster der Überaugenmorphologie ohne durchgehenden Wulst wie bei Neandertalern. Auch Vergleiche der Profilkurven ergaben, dass die leichte Vorwölbung des Hinterhauptsbeins bei Mladeč 5 sich deutlich vom »Chignon« der europäischen Neandertaler unterscheidet und größere Ähnlichkeiten zu Vorwölbungen besitzt, wie sie z. B. auch in Afrika und im Nahen Osten vorkommen. So weisen etwa Smith et al. (1995, 201) auf die Ähnlichkeiten in dieser Hinsicht zu archaischen Sapiensfunden Nordafrikas hin. Insgesamt sprechen die neueren Ergebnisse eher für ein geringes Ausmaß von Genfluß zwischen Neandertalern und frühen modernen Bevölkerungen, geringer noch als ich selbst vor 10 oder 15 Jahren angenommen habe. Daran ändern auch die gegenwärtig stark diskutierten Befunde an einem ca. 24.500 Jahre alten Kinderskelett von Lagar Velho in Portugal wenig, sei es, dass die relativ kurzen Unterschenkel und einige weitere Merkmale wirklich auf Vermischungen mit Neandertalern zurückzuführen sind oder nicht (Duarte et al. 1999; Tattersall und Schwartz 1999). Angesichts der heutigen Faktenlage akzeptieren selbst ehemalige Befürworter einer regionalen Evolution in Europa die Out-of-Africa-Vorstellung, wonach der anatomisch moderne Mensch in Afrika entstand und sich dann über den Nahen Osten nach Europa ausbreitete (Churchill and Smith 2000).

Gegen eine evolutionäre Kontinuität in Europa sprechen aber auch jüngste spektakuläre Befunde anhand der mitochondrialen DNA aus Knochen verschiedener Neandertaler. Die Basensequenz der DNA-Abschnitte zeigt deutliche Unterschiede zu den Sequenzen heutiger Menschen, woraus auf eine beginnende Trennung der Linien zu den Neandertalern und den Modernen vor 300.000 bis 800.000 Jahren geschlossen wurde (Krings et al. 2000, Ovchinnikov et al. 2000). Diese getrennten Entwicklungen bedeuten aber nicht, dass in dieser Zeit notwendigerweise verschiedene biologische Arten entstanden (Bräuer 2000) und Vermischungen zwischen beiden Menschenformen nicht möglich waren (s. auch Klein 2000, Stringer 2001).

Wenn aber die Neandertaler – wie die anatomischen Daten nahelegen – nur wenige Spuren bei den sich nach Europa ausbreitenden modernen

Menschen hinterlassen haben, so stellt sich die Frage nach den Ursachen und der Art und Weise ihres Aussterbens. War es im wesentlichen ihre kulturelle Unterlegenheit? Wie kann man sich das Aufeinandertreffen dieser unterschiedlichen Menschen vorstellen? Diese Fragen regen schon seit langem die Phantasie besonders von Wissenschaftsjournalisten an. So betitelte z. B. das Magazin »DER SPIEGEL« (12/2000) einen entsprechenden Artikel mit »Todeskampf der Flachköpfe«. Doch nahmen die Neandertaler wirklich ein blutiges Ende, oder war ihr Aussterben eher ein undramatischer, allmählicher Prozess?

Tragen wir einige wesentliche Fakten hierzu zusammen. Zunächst können wir, wie oben ausgeführt, mit großer Wahrscheinlichkeit davon ausgehen, dass beide Menschenformen über mindestens 10.000 Jahre in weiten Teilen Europas koexistierten, bevor die letzten Neandertaler endgültig von der Bühne abtraten. Von einem raschen Aussterben kann also kaum die Rede sein.

Zudem war die Besiedlungsdichte der Neandertaler im eiszeitlichen Europa sehr gering; man schätzt, dass zu ihren besten Zeiten höchstens 100.000 Neandertaler in ganz Europa und Westasien lebten. Von daher werden moderne Gruppen bei ihrer Ausbreitung eher selten auf die aus etwa 10 bis 20 Personen bestehenden Neandertaler-Clans getroffen sein, am ehesten noch in wildreichen Gebieten. Es ist kaum anzunehmen, dass diese kleinen Gruppen der Neandertaler den besser organisierten und ausgerüsteten (siehe weiter unten) Modernen nachhaltig Widerstand leisten konnten. So dürften die Neandertaler in der Konkurrenz um gute Jagdgebiete und Wohnhöhlen von den auch zahlenmäßig überlegenen Gruppen der Modernen mehr und mehr in weniger günstige Gebiete und Hochländer abgedrängt worden sein. Hier war es noch kälter und damit auch noch schwieriger, ausreichende Nahrung zum Überleben zu finden. Dabei mag sich der stämmige Körper der Neandertaler letztendlich sogar als nachteilig erwiesen haben, denn er erforderte eine sehr hohe Kalorienaufnahme. Nahrungsknappheiten, besonders in den langen, eisigen Wintern, verschlechterten die Situation der Neandertaler weiter. Dies lässt sich auch aus ihrem hohen Maß an Entwicklungsstörungen während der Zahnschmelzbildung schließen, die durch Hungersnöte oder Infektionskrankheiten im Kindesalter verursacht werden. Die leichter gebauten Modernen dagegen verstanden es, ihren geringeren Kalorienbedarf zusätzlich noch durch besser vernähte Kleidung und effizientere Wärmeausnutzung der Feuerstellen zu reduzieren.

Obwohl die Neandertaler kraftvolle und ausdauernde Jäger waren, war ihre Jagdtechnik, bei der sie wohl vorwiegend mit der Lanze auch größere Tiere wie Auerochsen oder Mammuts aus nächster Nähe erlegten, risikoreich und gefährlich. Selbst wenn sie auch Speere eingesetzt haben, so führten ihre Jagdmethoden offensichtlich sehr häufig zu Ver-

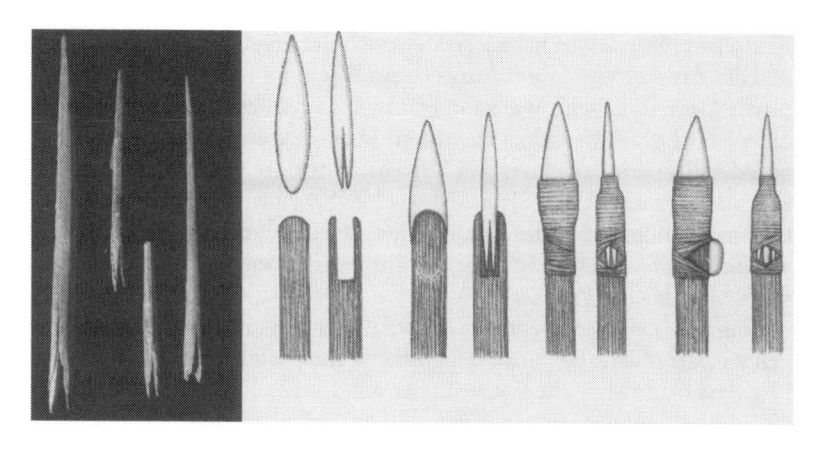

Abb. 6. Geweihspitzen mit gespaltener Basis aus dem frühen Aurignacien und Befestigung als Speerspitzen (aus: Knecht 1995, 162)

letzungen an Kopf, Hals, Rumpf und Armen, die nach den Beobachtungen von Berger und Trinkaus (1995) große Ähnlichkeiten mit den Verletzungsarten heutiger Rodeoreiter zeigen. Auch litten die Neandertaler stark unter Verschleißerscheinungen an den Gelenken, die auf ihr hartes Leben zurückzuführen sind. Die insgesamt große Krankheitsbelastung und der häufige Nahrungsmangel führten dazu, dass die Neandertaler früher starben als ihre Konkurrenten und nur selten ein Alter von 40 Jahren erreichten (siehe Bräuer und Reincke 1999). Zubrow (1989) konnte anhand demographischer Modellrechnungen zeigen, dass bereits ein geringer Unterschied von nur zwei Prozent in der Sterblichkeitsrate innerhalb weniger Jahrtausende zum Aussterben der Neandertaler geführt hätte.

Zu den genannten Nachteilen der Neandertaler dürften, wie sich aus den kulturellen Hinterlassenschaften schließen lässt, noch weitere hinzugekommen sein. Die modernen Menschen hatten mit dem Aurignacien, das sich vor rund 40.000 Jahren erstaunlich schnell über weite Teile Europas verbreitet hatte (Bolus und Conard 2001), auch eine deutlich fortschrittlichere Kultur entwickelt. Neben einer effizienteren Steinwerkzeugtechnologie, bei der lange, schmale Klingen von einem zylindrischen Steinkern abgetrennt und dann durch Retouchieren zu zahlreichen speziellen Werkzeugen verarbeitet wurden, finden besonders neue Rohmaterialien wie Knochen, Horn und Elfenbein Verwendung. So verbesserte z.B. die Entwicklung auswechselbarer Speerspitzen aus Geweih oder Knochen die Jagdtechnik (Abb.6) und ermöglichte schnelle Reparaturen

*Abb. 7: Skulpturen und Schmuck aus dem frühen Aurignacien
Südwestdeutschlands: Wildpferd und Mammut aus Elfenbein,
Vogelherdhöhle (links); durchbohrte Fuchszähne und Elfenbeinanhänger,
Geißenklösterle (rechts; aus: Hahn 1992)*

(Knecht 1995). Innovation und Kreativität dieser frühen modernen Menschen spiegeln sich aber besonders auch in den beeindruckenden Kunstwerken (Abb.7) wie Skulpturen, individuellem Schmuck, Felsbildern, Musikinstrumenten (Knochenflöten) und im Symbolismus wider und sprechen für eine vollständig moderne Verhaltenskapazität (Tattersall 1998).

Hinweise dafür, dass Neandertaler und moderne Gruppen tatsächlich längerfristige Kontakte hatten, sehen verschiedene Prähistoriker in der jungpaläolithischen Kulturstufe des Châtelperronien, die vor etwa 38.000 oder vielleicht schon vor etwas mehr als 40.000 Jahren auftrat und bis vor knapp 35.000 Jahren in Zentral- und Südwestfrankreich sowie den nordspanischen Pyrenäen existierte (Mellars 1999). Hinsichtlich der Steingeräte ähnelt das Châtelperronien zum Teil dem vorangehenden Moustérien, besitzt aber in der späteren Phase ausgesprochen jungpaläolithische Merkmale (Klein 1999; 2000, 30). So finden sich in Arcy-sur-Cure (Burgund) Klingen sowie zahlreiche Knochenwerkzeuge und Schmuck, darunter durchbohrte Zähne und Elfen-

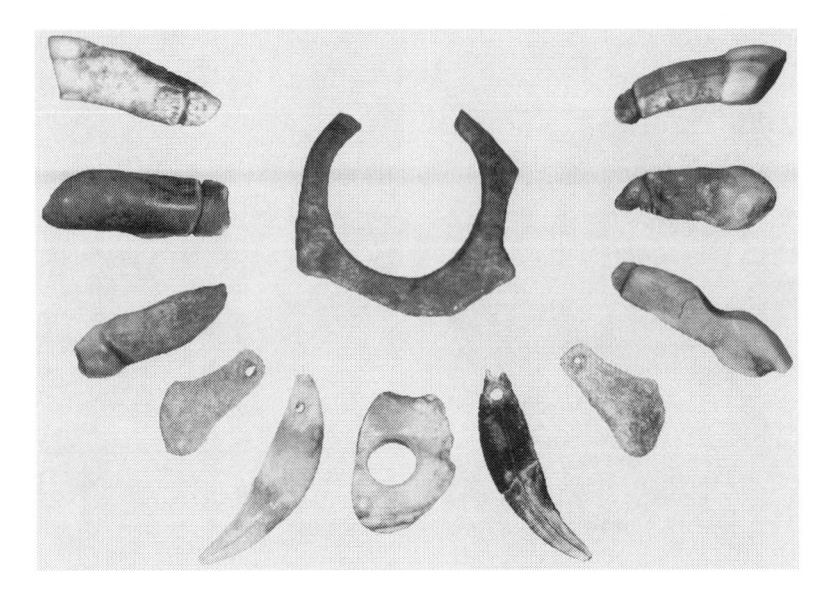

*Abb. 8: Schmuck aus dem Châtelperronien von Arcy-sur-Cure,
Frankreich (Foto: Mit freundlicher Erlaubnis von J.J. Hublin)*

beinringe, die als Anhänger oder Kettenglieder gedient haben dürften
(Abb. 8). Als Erklärung für das Auftreten dieser fortschrittlichen Elemente in der von Neandertalern getragenen Kultur werden Kontakte zwischen diesen und den frühen modernen Menschen des Aurignacien angesehen. Dabei gelangten die Neandertaler in den Besitz von solchen Werkzeugen und Schmuck benachbarter Gruppen oder ahmten deren Produktionsweise nach (Mellars 1999). Aber selbst wenn die Neandertaler diese sehr ähnlichen Technologiemuster und kulturellen Verhaltensweisen weitgehend eigenständig entwickelt haben sollten (D'Errico et al. 1998), was angesichts ihrer langen getrennten Evolution allerdings ein bemerkenswerter Zufall wäre, so konnte sie dies letztlich nicht vor ihrem Schicksal bewahren. Vielleicht waren sie doch an Grenzen ihres Leistungsvermögens gestoßen, vielleicht waren ihre Fähigkeiten zu abstraktem Denken und ihre Sprache etwas weniger entwickelt, aber darüber lässt sich nur spekulieren. Insgesamt ergibt sich aber ein Bild, wonach es zahlreiche demographisch relevante Faktoren waren, die in der Konkurrenz mit der anwachsenden modernen Bevölkerung das allmähliche Aussterben der Neandertaler verursachten. Für ein dramatisches Ende gibt es keine Belege.

In manchen Gebieten Europas erscheint es sogar wahrscheinlich, dass sich beide Menschenformen nur selten begegneten. Eine solche Region mag das Schwäbische Jura gewesen sein. Die dortigen Fundstellen einschließlich Vogelherd, Geißenklösterle und Hohlenstein-Stadel haben bisher keine Erkenntnisse für eine Koexistenz von Neandertalern und modernen Menschen geliefert. Vielmehr trennen sterile Ablagerungen die obersten mittelpaläolithischen Schichten von den tiefsten des Aurignacien (Conard und Bolus 2003). Das obere Danubetal einschließlich des Schwäbischen Jura scheint vor etwa 40.000 Jahren ein weitgehend unbesiedelter Korridor gewesen zu sein, auf dem sich die modernen Menschen rasch ins zentrale Europa ausbreiten konnten (Conard 2002).

Anatomische Merkmale und fossile Funde des Fernen Ostens

Nachdem in Europa keine evolutionäre Kontinuität bis zum modernen Menschen nachweisbar ist, möchte ich noch kurz die Situation für China und Australasien darlegen. Auch in diesen Regionen sehen Vertreter des Multiregionalen Modells eine gut belegte evolutionäre Kontinuität vom *Homo erectus* bis zu modernen Chinesen bzw. australischen Ureinwohnern (Wolpoff und Thorne 1991, Frayer et al. 1993). Doch die neueren Forschungen konnten auch hier wenig Unterstützung für diese Annahme liefern.

Die Hypothese regionaler Evolution im chinesischen Großraum basiert im wesentlichen auf der Annahme des besonders häufigen Vorkommens einer ganzen Anzahl morphologischer Merkmale (Weidenreich 1943, Wolpoff et al. 1984). Aber schon Groves (1989) hatte erhebliche Zweifel an den vorgeschlagenen Merkmalen geäußert, und auch Habgood (1992, 280) gelangte zu dem Schluß, dass von keinem der vorgeschlagenen »regionalen Merkmale« gesagt werden kann, dass es eine regionale Kontinuität in Ostasien belege, denn diese Merkmale finden sich gewöhnlich auch bei modernen Schädeln außerhalb dieser Region sowie durchgängig beim archaischen *Homo sapiens* und *Homo erectus* in der ganzen Alten Welt. Auch Lahr (1994) fand, dass fast alle der vorgeschlagenen regionalen Merkmale in rezenten Stichproben aus anderen Teilen der Welt häufiger vorkommen als in China. In einer neuesten Untersuchung haben wir uns besonders detailliert mit der Mittel- und Obergesichtsregion befasst, da hier die meisten ostasiatischen Merkmale zu finden sein sollen. Die Analyse konnte aber für keines der über 30 Merkmale die Erwartungen des multiregionalen Modells stützen (Koesbardiati und Bräuer in Vorb.); die meisten der Merkmale kommen in Afrika, Europa oder Australien häufiger vor als bei heutigen Chinesen.

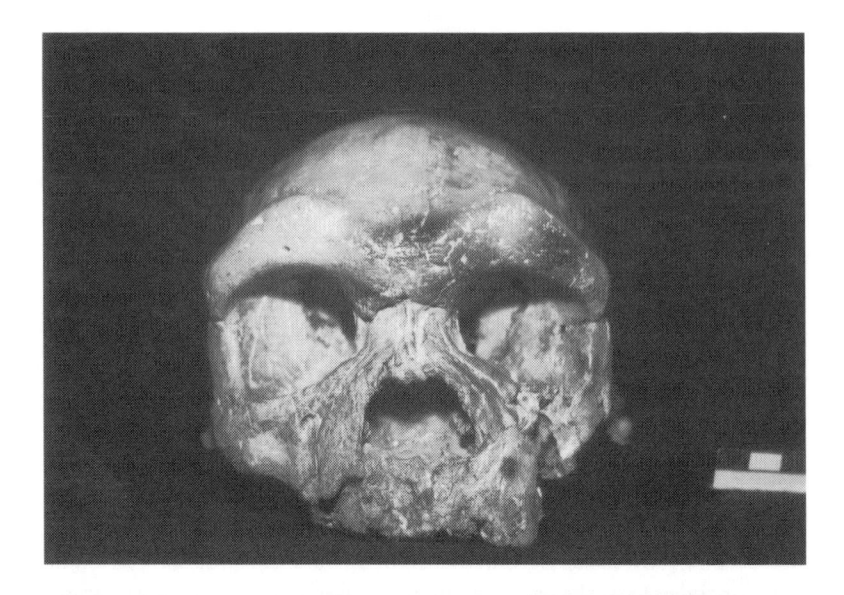

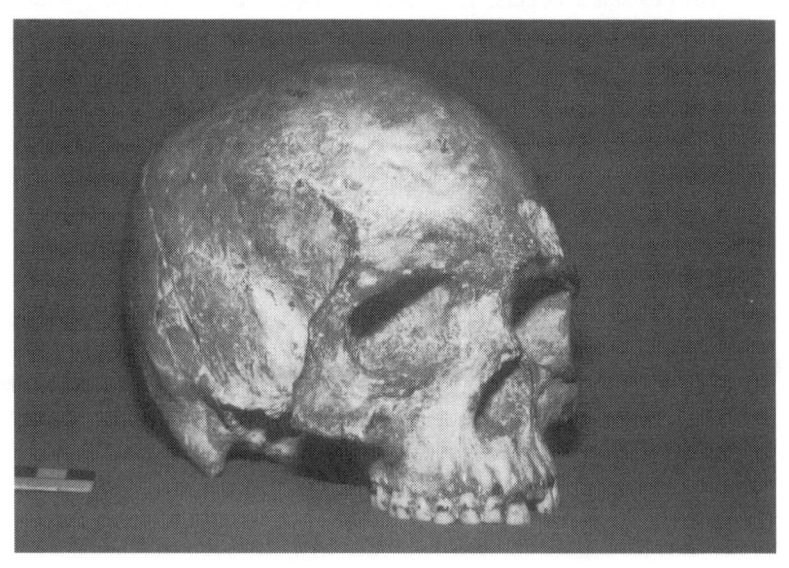

Abb. 9: Archaischer Schädel von Dali (oben) und früher moderner Fund von Liujiang, China

Auch die fossilen Hominidenfunde Chinas sind wenig geeignet, regionale Kontinuität zu belegen. Selbst bei den auf *Homo erectus* folgenden archaischen Funden des *Homo sapiens* fehlen die ohnehin problematischen Merkmale. So besitzt etwa der ca. 200.000 Jahre alte Schädel von Jinniushan weder ein »wenig vorspringendes« Mittelgesicht noch einen flachen Nasensattel. Eine Reihe weiterer Merkmale läßt Pope (1992) sogar daran zweifeln, daß dieser Hominid wie auch der von Maba in das Bild regionaler Evolution in China passen. Ebenso der 150.000 – 200.000 Jahre alte Dali-Schädel (Abb. 9) lässt mit seinem massiven Überaugenwulst und anderen archaischen Merkmalen keine besonderen Ähnlichkeiten zu modernen Chinesen erkennen. Wie ein nur 30.000 bis 40.000 Jahre altes Skelett von Laishui (Etler 1996, Lü pers. Mitt.) zeigt, existierten Menschen mit archaischen Merkmalen, wie etwa einem Überaugenwulst, noch zu dieser späten Zeit in China. Diese dürften dann von modernen Populationen, etwa repräsentiert durch die Schädel aus der Oberhöhle der Peking-Mensch-Fundstelle bei Zhoukoudian oder von dem Fundort Liujiang im südlichen China (Abb. 9), abgelöst worden sein. Bemerkenswert bei letzteren, 20.000 bis 30.000 Jahre alten modernen Funden (für Liujiang ist auch ein Alter von 60.000 Jahren nicht auszuschließen) ist, dass selbst diese in ihrer Schädelform noch nicht den heutigen Chinesen ähneln, sondern mehr heutigen Afrikanern und Europäern und besondere Ähnlichkeiten zu annähernd gleich alten Funden aus Afrika und Europa erkennen lassen (Bräuer und Mímisson 2003; Kamminga 1992; Howells 1995). Diese Befunde stellen somit keine Stütze einer langen regionalen Evolution in China dar, sondern sprechen vielmehr dafür, daß sich die Eigenheiten der Schädelform heutiger Chinesen erst in den letzten Jahrzehntausenden herausgebildet haben (s. auch Stringer 1999).

Auch für Australasien haben sich während der letzten Jahre zentrale Argumente der Multiregionalisten als nicht mehr haltbar erwiesen. So wurden Merkmale des Gesichtsschädels lange als Hinweise auf eine regionale Kontinuität angesehen (Thorne und Wolpoff 1981, Frayer et al. 1993) und dies trotz der Tatsache, dass zwischen dem einzigen *Homo erectus*-Exemplar mit gut erhaltenem Gesicht (Sangiran 17) und den ältesten modernen Australasiaten eine Lücke von mehr als einer Million Jahren klafft. Bei den angenommenen Kontinuitätsmerkmalen soll es sich besonders um den stark vorspringenden Kiefer, eine seitliche Ausstellung des Jochbeins und einen speziellen Höcker auf dem Jochbein handeln (Wolpoff et al. 1984). Gravierende Zweifel am Vorhandensein dieser Merkmale ergab eine kürzlich durchgeführte Neurekonstruktion des Schädels Sangiran 17. Dabei zeigte sich, dass die frühere, von Wolpoff (Thorne und Wolpoff 1981) vorgenommene, Rekonstruktion in den beiden genannten Formmerkmalen falsch ist: So springt der Kiefer wesentlich weniger nach vorn vor, und eine Ausstellung des

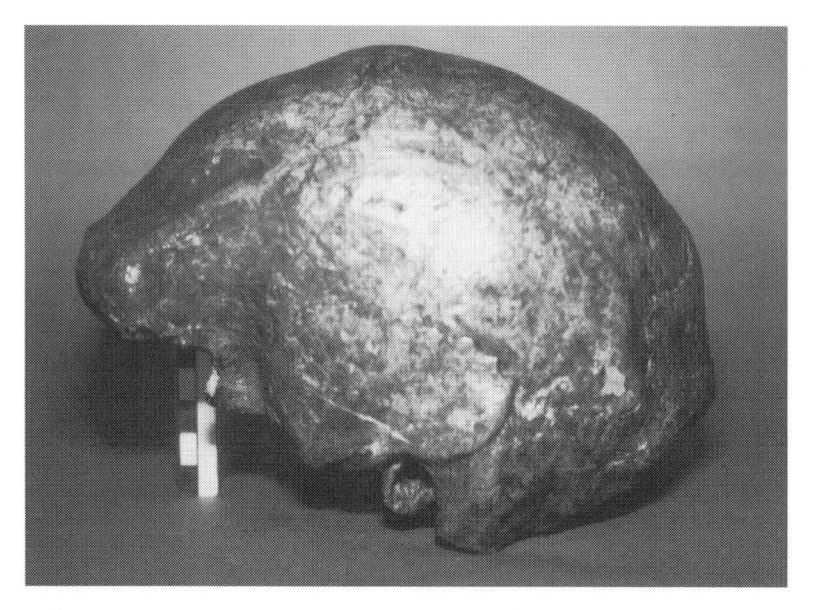

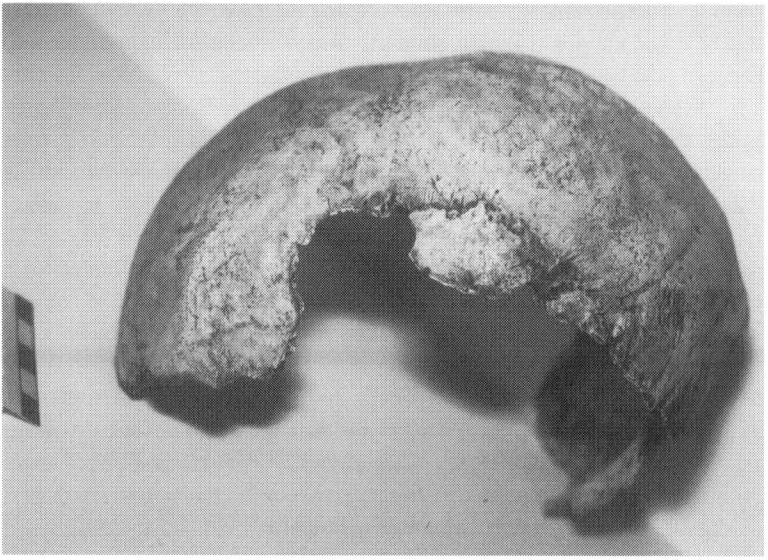

Abb.10: Später Homo erectus von Ngandong, Java (oben) und annähernd gleich alter früher moderner Fund vom Lake Mungo, Australien

äußerst massiven Jochbeins ist nicht vorhanden (Aziz et al. 1996). Überdies konnten weder Aziz et al. (1996, 20) wie zuvor auch Habgood (1989, 254) noch ich selbst bei der Untersuchung des Originals den besagten Höcker auf dem Jochbein oder dem Übergang zum Oberkiefer feststellen.

Weitere Argumente gegen eine regionale Evolution in Australasien lieferten Neudatierungen der meist zum späten *Homo erectus* gestellten Funde von Ngandong auf Java. Diese sehr archaischen Schädel (Abb. 10) sollen nach Elektronenspinresonanz -und Uranium-Thorium- Datierungen nur ca. 30.000 bis 50.000 Jahre alt sein (Swisher et al. 1996) und wären damit praktisch gleich alt wie ein vollständig modernes Skelett vom Lake Mungo (LM3) in Südaustralien (Abb. 10), für das verschiedene Datierungsverfahren 40.000 oder vielleicht sogar bis zu 60.000 Jahre ergeben haben (Bowler und Magee 2000, Thorne et al. 1999). Somit kann eine regionale Evolution zwischen dem späten javanischen *Homo erectus* und diesem frühen, zudem bemerkenswert grazilen, modernen Menschen Australiens praktisch ausgeschlossen werden. Nichtsdestotrotz weisen die sämtlich anatomisch modernen Funde Australiens eine erstaunliche Variabilität mit sehr robusten und grazilen Schädeln auf. Als mögliche Erklärung hierfür dürften Drift- bzw. Zufallseffekte bei der Besiedlung des Inselkontinents anzunehmen sein, aber auch Anpassungen an das zunehmend aridere Klima zum Maximum der letzten Eiszeit hin (Klein 1999, Bräuer 2001a). Ob Genfluss zwischen den Ngandong- Populationen und den sich ausbreitenden modernen Gruppen letztlich mit zur Variabilität der Australier beigetragen haben könnte, erscheint angesichts der gegenwärtigen Faktenlage recht fraglich.

Fazit

Insgesamt zeigen die neueren Ergebnisse, dass nach zwei Jahrzehnten heftiger Diskussionen zwischen Vertretern des Multiregionalen Modells und der Out-of-Africa-Hypothese, eine immer größere Zahl von Fakten aus allen Teilen der Welt zugunsten des letzteren Modells spricht (Bräuer 2001b). Somit dürften sich weder die modernen Europäer aus den Neandertalern entwickelt haben, noch die modernen Chinesen oder australischen Ureinwohner das Ergebnis langer regionaler Entwicklungen aus dem fernöstlichen *Homo erectus* darstellen. Vielmehr ist die Vielfalt der heutigen Menschheit erst vor weniger als 100.000 Jahren entstanden. Auch die genetischen Forschungen stützen die nur sehr geringen Unterschiede zwischen den Bevölkerungen weltweit. Die Verschiedenheit ist im wesentlichen eine Verschiedenheit der »Körperoberfläche«, wie Cavalli-Sforza und

Cavalli-Sforza (1994, 203) betonen: »Weil uns die Unterschiede zwischen weißer und schwarzer Haut oder zwischen den verschiedenen Gesichtsschnitten auffallen, neigen wir zu der Annahme, zwischen Europäern, Afrikanern, Asiaten usw. müsse es große Unterschiede geben. Tatsächlich aber haben sich die für diese sichtbaren Unterschiede verantwortlichen Gene nur infolge der klimatischen Einwirkungen verändert.«

Danksagung

Kurt Beiersdörfer und Andreas Münkel möchte ich für die Einladung zur Teilnahme an der Vortragsreihe im Heinz Nixdorf Museumsforum danken. Meinen Kollegen Michael Bolus und Jean-Jacques Hublin danke ich für verschiedene Hinweise und Abbildungen sowie Hermann Müller für seine technische Hilfe.

Literaturverzeichnis

Aziz, F./Baba, H. u. Watanabe, N. (1996): Morphological study on the Javanese Homo erectus Sangiran 17 skull based upon the new reconstruction, Geological Research and Developmental Centre Bandung, *Paleontology Series* 8, 11-25.
Berger, T. D. u. Trinkaus, E. (1995): Patterns of trauma among the Neandertals, *Journal of Archaeological Science* 22, 841-852.
Bolus, M. u. Conard, N.J. (2001): The late Middle Paleolithic and earliest Upper Paleolithic in Central Europe and their relevance for the Out of Africa hypothesis, *Quaternary International* 75, 29-40.
Bowler, J.M. u. Magee, J.W. (1999): Redating Australia's oldest human remains: a sceptic's view, *Journal of Human Evolution* 38, 719-726.
Bräuer, G. (1981): Current problems and research on the origin of Homo sapiens in Africa, *Humanbiologia Budapestinensis* 9, 69-78.
Bräuer, G. (1982): Early anatomically modern man in Africa and the replacement of the Mediterranean and European Neanderthals, I. Congrès International Paléontologie Humaine, Nice, Resumés: 112.
Bräuer, G. (1984a): A craniological approach to the origin of anatomically modern Homo sapiens in Africa and implications for the appearance of modern Europeans, in: Smith, F.H./Spencer, F. (Hg.): The origins of modern humans, New York, 327-410.
Bräuer, G. (1984b): The »Afro-European sapiens hypothesis« and hominid evolution in East Asia during the late Middle and Upper Pleistocene, Courier Forschungs-Institut Senckenberg 69, 145-165.
Bräuer, G. (1989): The evolution of modern humans: A comparison of the African and non-African evidence, in: Mellars, P., Stringer, C. (Hg.): The Human Revolution, Edinburgh, 124-155.
Bräuer, G. (1992a): 50.000 Jahre Zweisamkeit, *GEO Wissen* 2, 62-70.
Bräuer, G. (1992b): Africa's place in the evolution of Homo sapiens, in: Bräuer, G./ Smith, F.H. (Hg.): Continuity or Replacement – Controversies in Homo sapiens evolution, Rotterdam, 83-98.

Bräuer, G. (2000): In der Paläoanthropologie lässt es sich trefflich streiten (Interview), *Spektrum der Wissenschaft* (Dossier 3): Die Evolution des Menschen, 20-21.
Bräuer, G. (2001a): The Out-of-Africa-Modell and the question of regional continuity, in: Tobias, P.V./Raath, M.A./Moggi-Cecchi, J./Doyle, G.A. (Hg.): Humanity from African Naissance to Coming Millennia – Colloquia in Human Biology and Palaeoanthropology, Florence, 183-189.
Bräuer, G. (2001b): The KNM-ER 3884 hominid and the emergence of modern anatomy in Africa, in: Tobias, P.V./Raath, M.A./Moggi-Cecchi, J./Doyle, G.A. (Hg.): Humanity from African Naissance to Coming Millennia – Colloquia in Human Biology and Palaeoanthropology, Florence, 191-197.
Bräuer, G. u. Broeg, H. (1998): On the degree of Neandertal-modern continuity in the earliest Upper Palaeolithic crania from the Czech Republic: Evidence from non – metrical features, in: Omoto, K./Tobias, P.V. (Hg.): The Origins and Past of Modern Humans – Towards Reconciliation, Singapore, 106-125.
Bräuer, G. u. Stringer, C.B. (1997): Models, polarization and perspectives on modern human origins, in: Clark, G.A. u. Willermet, C.M. (Hg.): Conceptual Issues in Modern Human Origins Research, New York, 191-201.
Bräuer, G./Leakey, R.E. u. Mbua, E. (1992): A first report on the ER-3884 cranial remains from Ileret/East Turkana, Kenya, in: Bräuer, G./Smith, F.H. (Hg.): Continuity or Replacement – Controversies in Homo sapiens evolution, Rotterdam, 111-119.
Bräuer, G. u. Mímisson, K. (2003): Morphological affinities of late Pleistocene modern crania from China, in: Museo Arqueologico Regional (Alcalá de Henares) (Hg.): Homenaje Emiliano Aguirre, Madrid (im Druck).
Bräuer, G. u. Reincke, J. (1999): Der moderne Mensch – Ursprung und Ausbreitung, in: Brockhaus (Hg.): Vom Urknall zum Menschen, Leipzig/Mannheim, 623-671.
Bräuer, G./Yokoyama, Y./Falguères, C. u. Mbua, E. (1997): Modern human origins backdated, *Nature* 386, 337-338.
Cann, R. (1992): A mitochondrial perspective on replacement or continuity in human evolution, in: Bräuer, G./Smith, F.H. (Hg.): Continuity or Replacement –Controversies in Homo sapiens evolution, Rotterdam, 65-73.
Cann, R.L./Stoneking, M. u. Wilson, A.C. (1987): Mitochondrial DNA and human evolution. *Nature* 325, 32-36.
Cavalli-Sforza, L.L. (1989): The last 100.000 years of human evolution: the vantage points of genetics and archaeology, , in: Giacobini, G. (Hg.): Hominidae, Milano, 401-413.
Cavalli-Sforza, L. L. u. Cavalli-Sforza, F. (1994): Verschieden und doch gleich, München.
Churchill, S.E. u. Smith, F.H. (2000): Makers of the Early Aurignacian of Europe. Yearbook Physical Anthropolgy 43, 61-115.
Clark, G.A. (1992): Continuity or replacement? Putting modern human origins in an evolutionary context, in: Dibble, H./Mellars, P. (Hg.): The Middle Paleolithic: Adaptation, Behavior and Variability, Philadelphia, 183-205.
Conard, N.J. (2002): The timing of cultural innovations and the dispersal of modern humans in Europe. Terra Nostra 2002/6, 82-94.
Conard, N.J. u. Bolus, M. (2003): Radiocarbon Dating the appearance of modern humans and timing of cultural innovations in Europe: New results and new challenges: *Journal Human Evolution* (im Druck).
Deka, R./Shriver, M. D./Jin, L./Yu, L. M./Ferrell, R. E. u. Chakraborty, R. (1998): Tracing the origin of modern humans using nuclear microsatellite polymorphisms, in: Omoto, K./Tobias, P. V. (Hg.): The Origins and Past of Modern Humans – Towards Reconciliation, Singapore, 3-15.
D'Errico, F./Zilhao, J./Julien, M./Baffier, D./Pelegrin, J. (1998): Neanderthal acculturation in Western Europe?, *Current Anthropology* 39, 1-44.
Duarte, C./Mauricio, J./Pettitt, P.B./Souto, P./Trinkaus, E./Van der Plicht, H./Zilhao, J.

(1999): The early Upper Paleolithic human skeleton from the Abrigo do Lagar Velho (Portugal) and modern human emergence in Iberia, *Proceedings of the National Academy of Science* USA 96, 7604-7609.

Etler, D.A. (1996): The fossil evidence for human evolution in Asia. *Annual Review of Anthropology* 25, 275-301.

Frayer, D.W. (1986): Cranial variation at Mladeč and the relationship between Mousterian and Upper Paleolithic hominids, *Anthropos* (Brno) 23, 243-256.

Frayer, D. W. (1992): Evolution at the European edge : Neanderthal and Upper Paleolithic relationships, *Préhistoire Européenne* 2, 9-69.

Frayer, D.W./Wolpoff, M.H./Thorne, A.G./Smith, F.H./Pope, G. (1993): Theories of modern human origins: the paleontological test, *American Anthropologist* 95, 14-50.

Gibbons, A. (2001): Modern men trace ancestry to African migrants, *Science* 292, 1051-152.

Groves, C.P. (1989): A regional approach to the problem of the origin of modern humans in Australasia, in: Mellars, P.A./Stringer, C.B. (Hg.): The Human Revolution, Edinburgh, 274-285.

Grün, R./Brink, J.S./Spooner, N.A./Taylor, L./Stringer, C.B./Franciscus, R.G./Murray, A.S. (1996): Direct dating of Florisbad hominid, *Nature* 382, 500-501.

Habgood, P.J. (1989): The origins of anatomically modern humans in Australia, in: Mellars P./Stringer, C.B. (Hg.): The Human Revolution, Edinburgh, 245-273.

Habgood, P.J. (1992): The origin of anatomically modern humans in east Asia, in: Bräuer, G./Smith F.H. (Hg.): Continuity or Replacement – Controversies in Homo sapiens evolution, Rotterdam, 273-288.

Hahn, J. (1992): Eiszeitschmuck auf der Schwäbischen Alb, Ulm.

Howells, W. W. (1995): Who's who in skulls, Peabody Museum of Archaelogy and Ethnology, Harvard University, Cambridge/Mass.

Hublin, J.J./Ruiz, C.B./Lara, P.M./Fontugne M./Reyss J.L. (1995): The Mousterian site of Zafarraya (Andalucia, Spain): dating and implications on the palaeolithic peopling processes of Western Europe, *Comptes Rendus de l'Académie des Sciences*: Paris 321, sér. II a, 931-937.

Jorde, L./Watkins, W./Bamshad, M./Dixon, M./Ricker, C./Seielstad, M./Batzer, M. (2000): The distribution of human genetic diversity: a comparison of mitochondrial, autosomal, and Y-chromosome data, *American Journal Human Genetics* 66, 979-988.

Kamminga, J. (1992): New interpretation of the Upper Cave, Zhoukoudian, in: Akazawa, T./Aoki, k. u. Kimura, T. (Hg.): The Evolution and Dispersal of Modern Humans in Asia, Tokyo, 379-400.

Ke, Y./Su, B./Song, X./Lu, D./Chen, L./Li H./Qi, C./Marzuki, S./Deka, R./Underhill, P./Xiao, C./Shriver, M./Lell, J./Wallace, D./Spencer Wells, R./Seielstad, M./Oefner, P./Zhu, D./Jin, J./Huang, W./Chakraborty, R./Chen, Z./Jin, L. (2001): African origin of modern humans in East Asia: a tale of 12.000 Y chromosomes, *Science* 292, 1151-1153.

Klein, R.G. (1999): The Human Career, Second Edition, Chicago.

Klein, R.G. (2000): Archeology and the evolution of human behaviour, *Evolutionary Anthropology* 9, 17-36.

Krings, M./Capelli, C./Tschentscher, F./Geisert, H./Meyer, S./von Haeseler, A./ Grossschmidt, K./Possnert, G./Paunovic, M./Pääbo, S. (2000): A view of Neandertal genetic diversity, *Nature Genetics* 26, 144-146.

Knecht, H. (1995): Jagdspeere der jüngeren Altsteinzeit, in: Streit, B. (Hg.): Evolution des Menschen, Heidelberg, 160-165.

Lahr, M.M. (1994): The multiregional model of modern human origins: A reassessment of its morphological basis, *Journal of Human Evolution* 26, 23-56.

Manega, P.C. (1995): New geochronological results from the Ndutu, Naisiusiu and Ngaloba Beds at Olduvai and Laetoli in Northern Tanzania: their significance for evolution of modern humans, Bellagio Conference, Italy.

Mellars, P. (1999): The Neanderthal problem continued, *Current Anthropology* 40, 341-364.
Nei, M. (1998): Genetic studies on the origin of modern humans, in: Omoto, K./ Tobias, P.V. (Hg.): The origins and past of modern humans – towards reconciliation, Singapore, 27-41.
Ovchinnikov, I./Anders, G./Götherström, A./Romanova, G./Kharitonov, V./Liden, K./Goodwin, W. (2000): Molecular analysis of Neanderthal DNA from the northern Caucasus, *Nature* 404, 490-493.
Pope, G.G. (1992): Craniofacial evidence for the origin of modern humans in China, *Yearbook Physical Anthropology* 35, 243-298.
Smith, F.H. (1992): The role of continuity in modern human origins, in: Bräuer, G./ Smith, F.H., (Hrsg.): Continuity or Replacement – Controversies in Homo sapiens evolution, Rotterdam, 145-156.
Smith, F.H./Falsetti A.B. u. Simmons, T. (1995): Circum – Mediterranean biological connections and the pattern of late Pleistocene human evolution, in: Ullrich, H. (Hg.): Man and environment in the Palaeolithic, Liège, 167-179.
Smith, F.H./Trinkaus, E./Pettitt, P.B./Karavanic, I./Paunovic, M. (1999): Direct radiocarbon dates for Vindija G1 and Velika Pećina Late Pleistocene hominid remains, Proceedings of the National Academy of Science USA 96, 12281-12286.
Stringer, C.B. (1999): The origin of modern humans and their regional diversity, in: Recent Progress in the Studies of the Origins of the Japanese, *Interdisciplinary Study on the Origins of Japanese Peoples and Cultures News Letter* 9, 3-5.
Stringer, C.B. (2001): Modern human origins – Distinguishing the models. *African Archaeological Review* 18, 67-75.
Stringer, C.B. u. Bräuer, G. (1994): Methods, misreading and bias, *American Anthropologist* 96, 416-424.
Svoboda, J./Van der Plicht, J./Kuelka, V. (2002): Upper Palaeolithic and Mesolithic human fossils from Moravia and Bohemia (Czech Republic): some new ^{14}C dates, *Antiquity* 76, 957-962.
Swisher, C.C./Rink, W.J./Anton, S.C./Schwarcz, H.P./Curtis, G.H./Suprijo, A./ Widiasmoro (1996): Latest Homo erectus of Java: Potential contemporaneity with Homo sapiens in Southeast Asia, *Science* 274, 1870-1874.
Tattersall, I. (1998): Becoming human: Evolution and human uniqueness, New York.
Tattersall, I. u. Schwartz, J.H. (1999): Hominids and hybrids: The place of Neanderthals in human evolution, *Proceedings of the National Academy of Science* USA 96, 7117-7119.
Thorne, A.G. u. Wolpoff, M.H. (1981): Regional continuity in Australasian Pleistocene hominid evolution, *American Journal Physical Anthropology* 55, 337-349.
Thorne, A. G. u. Wolpoff, M. H. (1992): The Multiregional Evolution of humans, *Scientific American* 266, 28-33.
Thorne, A./Grün, R./Mortimer, G./Spooner, N.A./Simpson, J.J./McCulloch, M./ Taylor, L./Curnoe, D. (1999): Australia's oldest human remains: age of the Lake Mungo 3 skeleton, *Journal of Human Evolution* 36, 591-612.
Weidenreich, F. (1943): The skull of Sinanthropus pekinensis: A comparative study on a primitive hominid skull, *Palaeontologia Sinica*, n.s.D. 10.
Wilson, A.C./Stoneking, M./Cann R.L./Prager E.M./Ferris, S.O./Wrischnik, L.A./ Higuchi, R.G. (1987): Mitochondrial Clans and the age of our common mother, in: Vogel, F./Sperling (Hg.): Human Genetics. Proceedings of the 7th Intern. Cong. Hum. Gen. Berlin, Heidelberg, 158-164.
Wolpoff, M.H. u. Thorne, A.G. (1991): The case against Eve, *New Scientist* 130, 37-41.
Wolpoff, M.H./Wu, X. u. Thorne, A.G. (1984): Modern Homo sapiens origins: A general theory of hominid evolution involving the fossil evidence from East Asia, in: Smith F.H./Spencer, F. (Hg.): The origins of modern humans, New York, 411-483.
Zubrow, E. (1989): The demographic modelling of Neanderthal extinction, in: Mellars, P./Stringer, C. (Hg.): The Human Revolution, Edinburgh, 212-231.

Wolfgang Eßbach

Von Menschen und Unmenschen

Ein Unmensch »ist ein Mensch, der dem Begriffe des Menschen nicht entspricht«, heißt es bei Max Stirner, der den Titel Unmensch sich selbst als Ehrentitel zurechnete.[1] Wenn es möglich wäre, dass wir uns der Antwort auf die Frage »Was ist der Mensch?« schlicht verweigern, so könnte ein Diskurs über den Unmenschen vielleicht vermieden werden. Aber es ist zu bezweifeln, ob Menschen ohne einen Begriff von sich zu haben, überhaupt existieren können. So stecken wir in einem Dilemma. Hinzu kommt, dass den Begriffen vom Menschen stets eine schwer zu vereindeutigende Ambivalenz von Normativität und Faktizität mitgegeben ist. Dies hat zur Folge, dass Unmenschlichkeit als Verirrung des Menschen in die beiden Zonen des Nichtmenschlichen, sei es als Abgleiten ins Untermenschlich-Tierische oder Aufsteigen ins Übermenschlich-Göttliche aufgefasst werden kann, und es hat ebenfalls zur Folge, dass mit gleichem Recht davon gesprochen werden kann, dass auch in ihren furchtbarsten Erscheinungen Unmenschlichkeit immer im Bereich des Menschen gelegen hat und in diesem Sinne gerade als allzumenschlich aufgefasst werden kann. Ein untierisches Verhalten von Tieren etwa ist schwer vorstellbar.

Von Menschen und Unmenschen heute zu reden, fällt auch schwer, weil die Kriterien des Menschlichen von Jahrzehnt zu Jahrzehnt vager werden. Die Scheu, überhaupt noch eine anthropologische Aussage zu machen, ist groß. Noch nie wussten Menschen so viel von sich, von ihrer Biologie, ihrer Soziologie, ihrer Geschichte und ihrer Kultur, und selten waren die Stimmen so laut, die es sehr grundsätzlich ablehnen, eine Definition oder ein Maß oder gar irgendetwas anzugeben, das als schicksalhaftes Los des Menschen erscheinen könnte. Der enormen Menge positiven anthropologischen Wissens entspricht ein Verlangen nach negativer Anthropologie. Nicht nur zwischen Geburt und Tod soll alles offen sein, selbst Lebensanfang und Lebensende sollen frei verfügbar einem Wesen werden, das nicht festgelegt sein möchte. Was jenseits der beliebten Arbeitsteilung zwischen wissenschaftlichen und philosophisch-ethischen Menschdefinitionen gebraucht wird, ist eine anthropologische Formel, die beides zugleich begreifbar macht: die Offenheit, wozu Menschen im Guten wie im Bösen

---

1 Max Stirner (1972): Der Einzige und sein Eigentum, Stuttgart, S. 194; vgl. dazu auch meine Studie (1982): Gegenzüge, Frankfurt am Main.

künftig noch alles fähig sein werden, und die Einbeziehung verfügbaren positiven Wissens über Biologie, Sozialität und Kultur des Menschen. Wegweisend ist die anthropologische Formel, die Helmuth Plessner entwickelt hat. Plessner lebte von 1892 bis 1985. Er fing als Biologe an, parallel trieb er philosophische Studien. Im Köln der Zwanziger Jahre begründete er zusammen mit Max Scheler die Philosophische Anthropologie. Er verlor 1933 seine Professur und emigrierte. Nach 1945 kehrte er nach Deutschland zurück und wurde Soziologe an der Universität Göttingen. Plessner wurde Jahrzehnte nur in Fachkreisen gelesen. Seit 1989 hat eine aufregende Wiederentdeckung der Philosophischen Anthropologie begonnen.[2]

Plessners anthropologische Formel lautet »exzentrische Positionalität«. Ich werde zuerst diese Formel erläutern, damit wir einen systematischen Einstieg bekommen. Danach wird entwickelt, wie ein »Wir Menschen« in sozialen Gruppen zustande kommt, und schließlich werden die Richtungen vorgestellt, auf deren Logik in unserem Kulturkreis Unmenschen gedacht und auch entsprechend behandelt worden sind. Dabei werde ich mich jeweils nur auf sehr frühe Figurationen beziehen und die Linien bis in die Gegenwart nur in Andeutungen ziehen.

Exzentrische Positionalität

Positionalität ist der Begriff, mit dem bei Plessner Lebewesen, d.h. organische Dinge bezeichnet werden. Zentrische Positionalität ist bei Plessner ein besonderer Typus von Organismen, die im Bereich der Lebewesen ein Höchstmaß an Aktionsmöglichkeiten auszeichnet. Es sind dies Tiere. Exzentrische Positionalität bezeichnet die Möglichkeit, aus den Stufen des Organischen einen Begriff des Menschen zu entwickeln.[3]

---

[2] Vgl. Heike Kämpf (2001): Helmuth Plessner. Eine Einführung, Düsseldorf; Kai Haucke (2000): Plessner zur Einführung, Hamburg; Kersten Schüßler (2000): Helmuth Plessner. Eine intellektuelle Biographie, Berlin/Wien. Grundlegend zur Rekonstruktion Philosophischer Anthropologie ist Joachim Fischer (2000): Philosophische Anthropologie. Zur Bildungsgeschichte eines Denkansatzes, Phil. Diss. Göttingen; Gerhard Arlt (2001): Philophische Anthropologie, Stuttgart/Weimar. Zu Gründung und Rezeptionsgeschichte Philosophischer Anthropologie vgl. Wolfgang Eßbach, »Rivalen an den Ufern Philosophischer Anthropologie«, in: Max Scheler (2002): L'anthropologie philosophique en Allemange dans l'entre-deux-guerres, hg. v. Gérard Raulet, Paris: Ed. de la Maison des Sciences de l'Homme, S. 15-47.

[3] Helmuth Plessner, »Die Stufen des Organischen und der Mensch«, in: ders. (1981): Gesammelte Schriften, Bd. 4, hg. v. G. Dux, O. Marquard und E. Ströker, Frankfurt am Main, vgl. dazu auch meine Darstellungen: »Der Mittelpunkt außerhalb. Helmuth Plessners Philosophische Anthropologie«, in: Der Prozess der Geistesgeschichte, hg.

Zum Menschen gehört die Positionalität wie zu allen Lebewesen. Qua Positionalität gehört der Mensch zur Biosphäre. Zum Menschen gehört weiter die zentrische Positionalität. Im Unterschied zu Pflanzen, die in offener Form in das sie umgebende Medium hineinwachsen, flächig nach außen gerichtet, haben Tiere eine gleichsam nach innen gefaltete geschlossene Form, mit inneren Organen und einer Zentralinstanz für die Verarbeitung sensomotorisch gewonnener Information und motorischer Steuerung, mit assoziativem Gedächtnis und einer ziemlichen Wahlfreiheit zwischen Verhaltensalternativen.

Es ist charakteristisch für Plessner – aber auch für die gesamte Denkrichtung der Philosophischen Anthropologie im Zwanzigsten Jahrhundert – dass sie die Leistungen der Tiere stets sehr hoch angesetzt und den Kreis der menschlichen Monopole möglichst klein gehalten hat. Heutige Tierforschung bestätigt diesen Ansatz. Vieles, was noch vor fünfzig Jahren als menschliches Monopol galt: Werkzeuggebrauch, individuelles und kollektives Lernen, problemlösendes Verhalten, Kommunikation und Traditionsweitergabe, hat man im Tierreich gefunden. Philosophische Anthropologie ist auch nicht durch die Ergebnisse heutiger Molekularbiologie und Genforschung zu erschrecken, wenn herausgefunden wird, dass wir mit Mäusen oder Affen die meisten Gene gemeinsam haben.

Der Begriff des Menschen, den Plessner vorschlägt, ist vom Lebendigen im allgemeinen und vom Tier im speziellen her entwickelt. Der Körper des Menschen hat die tierische Struktur zentrischer Positionalität. Das Menschsein kommt nicht durch qualitativ andere Sonderorgane oder Sondergene zustande, sondern dadurch, dass Menschen von ihrem zentrischen Körper Abstand nehmen können und von einem Standort aus, der gar nicht existiert, auf sich zurückzublicken vermögen. Plessner hat das eminent Menschliche im Mensch-Tier-Vergleich, für das es ja viele Kataloge in der Geschichte gegeben hat, sehr bescheiden und unverschämt stolz zugleich definiert. Dem Tier fehlt der Sinn fürs Negative. Darum hat es nur Intelligenz, aber es partizipiert nicht an Dimensionen, die abwesend sind. Das Tier hat keine Theorie von dem, was nicht ist. Wenn es denn ein Privileg sein soll, so ist es dies, dass Menschen sich Dinge vorstellen können, die es gar nicht gibt. Menschen ist ein utopisches und negatives Verhältnis zum Positionsfeld möglich. Sie können nach Dingen suchen, die sie sich ausgedacht haben, sie können sich Götter basteln, Hinterwelten erfinden und ein randvolles Dasein für leer erklären. In po-

---

v. G. Dux und U. Wenzel (1994), Frankfurt am Main, S. 15-44; »Die exzentrische Position des Menschen«, in: Anthropologie als Natur- und Kulturgeschichte des Menschen, *Freiburger Universitätsblätter*, Heft 139, März 1998, S. 143-151.

sitiven Angelegenheiten haben wir keine großartigen Privilegien dem Tier voraus. Die Gans, die der Fuchs gestohlen hat, hätten wir auch nur zwischen die Zähne nehmen können, wenn man für den Moment einmal von Manieren, Küchentechnik und Geschirr absieht. Zu den exzentrischen Möglichkeiten gehört nicht zuletzt auch, dass Menschen aus der eigenen Haut fahren können und den Standpunkt eines anderen einnehmen können. Der Mensch ist das Tier, das sich an die Stelle eines anderen versetzen kann.[4] Wir können unsere Positionalitäten exzentrisch vertauschen und sagen: »Ich an Ihrer Stelle, Sie in meiner Stelle.«

Plessners Begriff des Menschen verdient heute besonderes Interesse, da er ihn einerseits im Biologischen fundiert, d.h. aus einer allgemeinen Theorie des Lebendigen hervorgehen lässt, aber andererseits im Unterschied zur Psychobiologie, Soziobiologie oder Humanethologie nicht ausschließlich, d.h. holistisch, auf das Kontinuum der Evolution des Lebens des Menschen setzt, sondern ebenso das Abheben und die Abgehobenheit menschlicher Lebensform, d.h. die Gebrochenheit der Evolution im Menschen reflektiert und herausstellt.

Das hat nun Konsequenzen für die drei Verhältnisse, in denen Lebewesen mit zentrischer Positionalität stehen. Wie Tiere auch leben Menschen in einer Umwelt, in der sie sich mehr oder weniger geschickt bewegen. Von ihrer exzentrischen Positionalität her können sie jedoch zusätzlich die aktionsrelevanten Feldverhalte wie z.B. andere Lebewesen, territoriale Gegebenheiten, Nahrung, Wetter und anderes mehr als Sachverhalte auffassen und behandeln. Sie können hinter die Dinge kommen. Menschen sind nicht nur umweltgebunden, sie sind auch zusätzlich weltoffen. – Wie Tiere auch empfinden Menschen einen Innenbereich der Emotionen, Erinnerungsbilder und Prävalenzen. Von ihrer exzentrischen Position her können sie jedoch zusätzlich ihr Erleben erleben und es zum Gegenstand machen. Sie können sogar im Vollzug von Gedanken, Gefühlen und Willen außerhalb ihrer selbst stehen. – Schließlich leben Menschen wie Tiere auch in Gruppen, zweigeschlechtlich zusammengesetzt, mit Alten und Jungen, meist auch in mehr oder weniger gelegentlichem Kontakt mit Gruppen der glei-

---

4 Das Theorem des generalisierten Anderen ist von George Herbert Mead in den zwanziger Jahren entwickelt worden und gehört zu den grundlegenden Einsichten des Symbolischen Interaktionismus in der Soziologie. Vgl. Hans Joas (1989): Praktische Intersubjektivität. Die Entwicklung des Werkes von George Herbert Mead, Frankfurt am Main. Eine gelungene Verbindung von Pragmatismus und Sozialphänomenologie, die konstruktivistische Überdrehungen vermeidet, findet sich bei Hans Paul Bahrdt (1996): Grundformen sozialer Situationen. Eine kleine Grammatik des Alltagslebens, hg. v. Ulfert Herlyn, München. Hilfreiche systemtheoretische Annäherungen an anthropologische Fragestellungen finden sich in: Peter Fuchs, Andreas Göbel (Hg.) (1994): Der Mensch – das Medium der Gesellschaft?, Frankfurt am Main.

chen Art. Von ihrer exzentrischen Position her können sie jedoch zusätzlich die soziale Umgebung als Mitwelt auffassen, in der die raumzeitliche Verschiedenheit der Standorte der Glieder der Gruppe entwertet wird. »Als Glied der Mitwelt steht jeder Mensch da, wo der andere steht.«[5] Menschen können sich vorstellen, auch irgendwo anders als Mensch geboren zu sein. In diesem Gedanken der Austauschbarkeit kann sich das Ich zum Wir transformieren. Als Einzelne können sich Menschen eine Seele, Intelligenz und Selbstbewusstsein zurechnen, in der Wir-Form rechnen sich Menschen eine Art Geistigkeit zu, eine Abstraktheit, die weder subjektiv noch objektiv ist. Der exzentrische Gesichtspunkt führt einen unlösbaren Widerspruch mit sich, nämlich den zwischen der faktischen Unersetzbarkeit der eigenen Lebenssubstanz und der Ersetzbarkeit im »Wir-Menschen«. Dieser Widerspruch ist für Plessner das Zentralproblem von Gesellschaft überhaupt.

Plessners anthropologische Formel hat den großen Vorteil, dass sie einen Begriff des Menschen formuliert, der sowohl eine geistvergessene Biologisierung des Menschenbildes wie eine naturverachtende Kulturalisierung des Menschenbildes in ihre Schranken verweist. Dies ist hochaktuell, denn beide Richtungen laufen heute möglicherweise Gefahr, ein unmenschliches Bild des Menschen zu zeichnen. Plessners anthropologische Formel kann aber auch helfen, die strukturellen Bedingungen aufzuzeigen, unter denen in der Geschichte sich Begriffe vom »Wir-Menschen« gebildet haben, die auf ihrer Rückseite die Kennzeichnungen des Unmenschlichen mit sich führten.

Die Wir-Form

Im Folgenden soll die Wir-Form genauer spezifiziert werden und wir fragen noch einmal zurück: Kennen Tier-Gruppen ein Wir? Die Frage ist nicht einfach zu beantworten, denn Gesellschaft im Sinne eines Kollektivs von Lebewesen ist kein Monopol des Menschen. Nicht nur haben Ameisenstaat und Hühnerhof immer wieder dazu herausgefordert, Vergleiche zur menschlichen Sozialorganisation zu ziehen, auch hat man ethisch-soziales Verhalten bei Tieren wiederzuerkennen geglaubt. Oft zitiert findet man den Pelikan, der sich in der Not mit seinem Schnabel die Brust aufreißt und seine Jungen mit dem eigenen Blut füttert, gleichsam ein Symbol christlicher Selbstaufopferung. Bewundert wurde auch die Geschicklichkeit, mit der Tiergruppen Angreifer gemeinsam in die Flucht schlagen. Andererseits lassen Beobachtungen der leichten Täuschbarkeit

---

5 Helmuth Plessner, »Die Stufen des Organischen und der Mensch«, a.a.O., S. 378.

von Tieren, wenn sie z.b. Attrappen, die nach ausgeklügelten Schlüsselreizen angefertigt sind, genauso wie Artgenossen behandeln, uns daran zweifeln, ob Tiere in ihrem Reaktionsverhalten auf ihresgleichen diese auch als eine Mitwelt haben. Es ist nämlich schwer zu erkennen, ob sie gegenüber Artgenossen einen Modus des Verhaltens ausbilden, der sich qualitativ vom allgemeinen Umweltverhalten unterscheiden lässt.

Viel spricht dafür, dass es sich beim tierischen Miteinander und Gegeneinander um sozial bedingte Reaktionsphänomene handelt, die wir Menschen qua zentrischer Positionalität auch kennen. Wir reagieren auf Drohgebärden, Imponiergehabe, wir kennen geruchliche Kommunikation, das Beschnuppern und taktile Reaktionen in Angstsituationen, das Sichaneinander-Festhalten, Anklammern etc. Unsere Mimik bei Freude und Erschrecken liegt bisweilen sehr nah bei der anderer Primaten. Man kennt Handausstrecken als Signal der Kontaktaufnahme bei Schimpansen und auch so etwas wie Freudentänze und kollektive Erregung. Aber ob man darin so etwas wie ein »Wir« in dem Sinne finden kann, dass jedes Einzelwesen sich als absolut vertretbar und ersetzbar weiß, dass ein Wissen darum vorhanden ist, dass sie im Grunde alle in all ihrer Verschiedenheit dieselben sind, wie sollte man das bei Tiergruppen feststellen können? Das »Wir« ist ja im Kern ein sprachlicher Ausdruck. Angehörige von Gruppen sagen: »Wir« oder »bei uns« und beziehen in dieses Wir die ein, an deren Stelle jeder stehen könnte. Empfindungen der Geborgenheit und des Schutzes in vertrauten Verhältnissen und Angstreaktionen in unvertrauten Begegnungen lassen sich bei Tieren beobachten, aber nicht das, was George Herbert Mead die Perspektive des generalisierten Anderen nennt.

Das Wir von Menschengruppen ist jedoch nicht nur an den sprachlichen Aussagen erkennbar, sondern prägnanter vielleicht zunächst noch in ihrem Verhalten zum Territorium. Auf der tierischen Ebene sind Nahrung, Sicherheit und die Einflussgrenzen zu den Territorien anderer Gruppen die entscheidende Dimension. Tiere verschaffen sich ihre Nahrung und bilden dabei ebenso Kompetenzen der Orientierung in ihrem Territorium aus wie beim Aufsuchen ihrer Schlaf-, Schutz- und Ruheplätze. Die Ökologie der Lebensgrundlagen reguliert die Verschiebung der Territorien. Bei ihren Wanderungen von Schlaf- zu Futterplätzen formiert sich die Tiergruppe typischerweise, indem sie um die Jung- und Muttertiere herum eine Art Schutzring von Adulttieren bildet.[6]

---

[6] Reiche Informationen zu tierischem Sozialverhalten finden sich bei Irenäus Eibl-Eibesfeldt (1987): Grundriss der vergleichenden Verhaltensforschung, 7. Auflage; Wolfgang Wickler, Uta Seibt (1977): Das Prinzip Eigennutz. Ursachen und Konsequenzen sozialen Verhaltens, Hamburg; Norbert Bischof (1989): Das Rätsel Ödipus. Die biologischen Wurzeln des Urkonfliktes von Intimität und Autonomie, München; sowie

Menschliche Siedlung, wo wir sie zu erkennen glauben, zeigt ein anderes Bild. Es handelt sich wiederkehrend um die Struktur eines Wohnraums, der gegen das Chaos der Umgebung abgegrenzt wird. Der französische Paläoanthropologe André Leroi-Gourhan schreibt: »In allen bekannten menschlichen Gruppen ist die Wohnstätte Ausdruck einer dreifachen Notwendigkeit; des Erfordernisses, eine technisch effiziente Umgebung zu schaffen, der Notwendigkeit, dem sozialen System einen Rahmen zu geben, und des Erfordernisses, im umgebenden Universum von einem Punkt her eine Ordnung zu schaffen.«[7]

Dieser Vermenschlichung des Raumes entspricht eine Vermenschlichung der Zeit, indem aus der Vielzahl natürlicher Rhythmen der Sterne, der Jahre, von Tag und Nacht, dem Rhythmus des Gehens, des Laufens, des Atmens und Herzklopfens symbolische Maße gewonnen werden, die die Zeit des Einzelnen mit der der Gruppe verknüpfen.

Wir können mit Leroi-Gourhan einen dynamischen und einen statischen Raum unterscheiden.[8] Ersterer folgt dem Modus der Wegstrecke. Viele überlieferte Mythen berichten von den Fahrten heroischer Vorfahren, die in einem von Monstren bevölkerten, chaotischen Universum Ordnung schaffen, indem sie die Ungeheuer besiegen, Berge und Flüsse fixieren und ihnen Namen geben. Reisen, wie sie Herakles im Mittelmeer unternahm, finden wir auch bei den Indianern Nordamerikas. Der statische Raum zeichnet sich prägnanter nach der neolithischen Revolution, dem Übergang von der Wildbeuter- zur Agrikultur ab. Menschliche Gruppen konstruieren hier den Raum in konzentrischen Kreisen um einen Mittelpunkt, der als ein heiliger Raum aus den profanen Gebieten ausgegrenzt ist. Ein solches imaginäres Weltzentrum kann ein heiliger Berg sein, ein Garten wie das Paradies, oder ein Baum, eine Weltachse, etwas Säulenartiges, das eine vertikale Öffnung zum Himmel und zur Unterwelt hat und die profane Fläche der Erdkruste aufreißt.[9] In städtischen Kulturen treten

---

die klassische Studie Jane van Lawick-Goodall (1971): Wilde Schimpansen. 10 Jahre Verhaltensforschung am Gombe-Strom, Reinbek.
7 André Leroi-Gourhan (1984): Hand und Wort. Die Evolution von Technik, Sprache und Kunst, 3. Auflage, Frankfurt a.M., S. 397; vgl. auch meine Studien: »Anthropologische Überlegungen zum Begriff der Grenze in der Soziologie«, in: Grenzgänger zwischen Kulturen. Identitäten und Alteritäten, Bd. 1, Hg. v. M. Fludernik, H.-J. Gehrke (1999), Würzburg, S. 85-98; und »Zur Anthropologie artifizieller Umwelt«, in: H.W. Alt, N. Rauschenberger (Hg.) (2001): Ökohistorische Reflexionen. Mensch und Umwelt zwischen Steinzeit und Silicon Valley, Freiburg, S. 171-195.
8 André Leroi-Gourhan, Hand und Wort, a.a.O., S. 402 ff.
9 Mircea Eliade (1957): Das Heilige und das Profane. Vom Wesen des Religiösen, Hamburg, S. 22; zur Praxis des Ziehens konzentrischer Kreise vgl. auch: Justin Stagl, »Grade der Fremdheit«, in: Herfried Münkler (Hg.) (1997): Furcht und Faszination: Facetten der Fremdheit, Berlin, S. 85-114.

Tempel, Heiligtümer oder heilige Städte an die Stelle des Nabels der Welt. Diese Orte gewähren Verbindungen zu einer kraftspendenden Oberwelt und schützen vor dem Einbruch der unheimlichen Unterwelt. Die Wir-Form hat einen Gehäusecharakter. Es gibt ein Nicht-Wir im Außen, eine ringförmige Zone der Dazugehörigkeit und einen imaginären Nabel der Welt, der zugleich paradoxerweise alles zusammenhält und zugleich Öffnungen ermöglicht, die das Alltägliche übersteigen.

Das konkrete Wir

Für das jeweils konkrete Wir, das historisch in zahlreichen Varianten nachzuweisen ist, ist lange Zeit die Art des religiösen Bewusstseins maßgeblich gewesen, in dem sich bis heute die Ambivalenz von Ohnmacht und Übermacht, von hilfsbedürftiger Abhängigkeit und kraftspendender Sicherheit artikuliert. »Tiere haben keine Religion«, so die These des Philosophen Ludwig Feuerbach, mit der er sein religionskritisches Buch *Das Wesen des Christentums* eröffnet.[10] Dem Mit- und Gegeneinander der Tiere in ihren sozialbedingten Reaktionen fehlt die exzentrische Positionsmöglichkeit der Öffnung ihrer Umwelt hin zu einem imaginären Weltgrund, zu einem Nabel der Welt, zu einem Mittelpunkt hinter, über, außerhalb oder jenseits der positionalen Sphäre. Damit ist ihnen die Chance der dauerhaften Konzentration der Kräfte der Gruppe verwehrt. Dass nämlich der Gläubige mehr Kraft spürt als der Ungläubige, ist oft bemerkt.

In der Soziologie von Emile Durkheim ist es die Tatsache der Versammlung an einem besonderen Platz, zu einer besonderen Zeit, die der Gruppe Kraft gibt. Das Leben der australischen Aborigines, das Durkheim modellhaft für einfache Gesellschaften untersucht hat, geht abwechselnd durch zwei verschiedene Phasen. »Entweder ist die Bevölkerung in kleinen Gruppen zerstreut, die unabhängig voneinander ihren Beschäftigungen nachgehen; jede Familie lebt allein, jagt, fischt, sucht sich, mit einem Wort, die notwendige Nahrung mit den Mitteln, über die sie verfügt. Oder im Gegenteil, die Bevölkerung versammelt und verdichtet sich eine Zeit, die zwischen einigen Tagen und mehreren Monaten liegen kann, an bestimmten Orten. (...) Diese beiden Phasen unterscheiden sich auf das deutlichste. In der ersten Phase herrscht die ökonomische Tätigkeit vor, die im allgemeinen sehr wenig intensiv ist. Das Sammeln von den notwendigen Körnern und Gräsern für die Nahrung, die Jagd oder der Fisch-

---

10 Ludwig Feuerbach, »Das Wesen des Christentums« (1841), in: ders., Werke, hg. v. Erich Thies (1976), Bd. 5, Frankfurt am Main, S. 17.

fang sind keine Beschäftigungen, die große Leidenschaften erwecken. Die Zerstreuung, in der die Gesellschaft lebt, macht das Leben vollends gleichförmig, schleppend und farblos. Aber wenn ein *corrobbori* stattfindet, dann ist alles anders. (...) Nun wirkt aber die Ansammlung allein schon wie ein besonders mächtiges Reizmittel. Sind die Individuen einmal versammelt, so entlädt sich aufgrund dieses Tatbestands eine Art Elektrizität, die sie rasch in einen Zustand außerordentlicher Erregung versetzt. Jedes ausgedrückte Gefühl hallt ohne Widerstand in dem Bewusstsein eines jeden wieder, das den äußeren Eindrücken weit geöffnet ist. Jedes Bewusstsein findet sein Echo in den anderen. Der erste Anstoß vergrößert sich auf solche Weise immer mehr, wie eine Lawine anwächst, je weiter sie läuft. Und da diese starken und entfesselten Leidenschaften nach außen drängen, ergeben sich allenthalben nur heftige Gesten, Schreien, wahrhaftes Heulen, ohrenbetäubendes Lärmen jeder Art, was wiederum dazu beiträgt, den Zustand zu verstärken, den sie ausdrücken.«[11] Durkheim beschreibt weiter, wie das Lärmen in eine vom Kollektiv getragene Rhythmik übergeht und wie diese durch Instrumente verstärkt wird. Ähnliche Szenen gemeinschaftlicher Festlichkeit finden sich häufig in ethnographischen Beschreibungen.

Es ist dies der Gruppenzustand, in dem sich das Gemeinschaftserleben zu einem gesteigerten Wir-Bewusstsein erhebt. Dass jeder und jede mitmacht, sich anstecken lässt, bildet eine Atmosphäre der gegenseitigen Ersetzbarkeit. Die Funktionen des Zauberers, Schamanen, Häuptlings, Vortänzers, falls sie gesellschaftlich schon ausdifferenziert sind, verdeutlicht dies noch einmal, wenn diese Masken des abstrakten Totemtiers oder des Geistes der Gruppe tragen.

Durkheim schreibt über das konkrete Wir einer menschlichen Gruppe, d.h. das gesellschaftliche Bewusstsein: »Damit die Gesellschaft sich ihrer bewusst werden kann und dem Gefühl, das sie von sich hat, den nötigen Intensitätsgrad vermitteln kann, muss sie versammelt und konzentriert sein. Dann bewirkt diese Konzentration eine Überschwänglichkeit des moralischen Lebens, die sich in einer Summe von idealen Vorstellungen äußert, in denen sich das neue Leben abzeichnet, das damit erwacht ist. Sie entsprechen diesem Zustrom von psychischen Kräften, die zu denen hinzutreten, deren wir uns für die alltäglichen Aufgaben der Existenz bedienen. Eine Gesellschaft kann nicht entstehen, noch sich erneuern, ohne

---

11 Emile Durkheim (1981): Die elementaren Formen des religiösen Lebens, Frankfurt, S. 295-297; vgl. auch Wolfgang Eßbach, »Durkheim, Weber, Foucault. Religion, Ethos und Lebensführung«, in: L'Ethique protestante de Max Weber et l'esprit de la modernité. Textes réunis par le Groupe de recherche sur la culture de Weimar, Paris: Ed. de la Maison des Sciences de l'Homme, 1997, S. 261-277.

gleichzeitig Ideales zu erzeugen. Diese Schöpfung ist für sie nicht irgendeine Ersatzhandlung, mit der sie sich ergänzt, wenn sie einmal gebildet ist, es ist der Akt, mit dem sie sich bildet und periodisch erneuert.«[12]

Richtungen und Stufen des Unmenschen

Nach dem Gesagten lässt sich die Frage, ›wie entsteht der Diskurs über den Unmenschen?‹ genauer beantworten. Definitionen des Menschen, so meine übergreifende These, hängen an der Formulierung »Wir Menschen«. Ich habe zunächst im Mensch-Tier-Vergleich die allgemeine Wir-Form, wie sie sich aus der exzentrischen Positionalität begründen lässt, vorgestellt. Dabei kam es mir auf die möglichen Anfänge an, wie sie sich in wiederkehrenden Raumstrukturen zeigen. Das konkrete Wir einer bestimmten Gruppe ist in einfachen, kleinen Gesellschaften in seiner Genese und periodischen Wiedergeburt am Leitfaden des religiösen Bewusstseins ein Stück weit gut zu entwickeln. Die Verhältnisse nun zwischen der allgemeinen Wir-Form, d.h. der Tatsache, dass sich bis heute alle Menschen, sei es glaubend oder wissend irgendwie als möglicher Verband und auch als grundsätzlich verschieden vom Tier definiert haben, und dem je konkreten Wir bestimmter Gesellschaften sind komplex. Aber es ist dies das Gelände, in dem der Unmensch als jemand, dem man etwas von dem abspricht, was jeweils dem Menschen wesentlich sein soll, auftaucht. Die Geschichte der einen Menschheit in der Vielfalt ihrer Einzelgesellschaften ist nicht auf einen Nenner zu bringen, denn die Konflikte und Verflechtungsprozesse von Menschengruppen weisen oft in entgegengesetzte Richtungen. Einerseits sieht man, wie das konkrete Wir-Menschen sich zahlenmäßig und geografisch ausdehnt, andererseits gewinnen auch die Ausschlüsse aus der jeweiligen Definition von Menschen, die Stigmatisierung von Unmenschen oder die Minderung des Status als Vollmensch an Schärfe.

Der Unmensch entsteht in der Zone zwischen der universalen Wir-Form und dem konkreten Wir. Denn der Unmensch ist nicht einfach ein Tier oder ein Dämon, er ist ein Mensch, aber er ist nicht unseresgleichen, so wie wir hier und jetzt sind. Auch hier können die Anfänge aus den Raumstrukturen entwickelt werden.

a) Aus der sozialen Konstruktion eines dynamischen menschlichen Raumes ergibt sich die Figur des Unmenschen, der dort haust, wohin der ordnungsstiftende Heros noch nicht gelangt ist. Es gibt die Peripherie-

---

12 Ebd., S. 565.

Unmenschen, die menschlichen Monstren, die so weit entfernt leben, dass man nur ein recht vages Verständnis von ihnen haben kann und sie sich fantasieren muss, die jedoch bisweilen unerwartet auch unter uns auftauchen.
b) Aus der sozialen Konstruktion eines statischen menschlichen Raumes ergibt sich die Figur des Unmenschen als eines minderwertigen Nachbarn.
c) Aus der inneren Trennung eines heiligen und eines profanen Bereichs ergibt sich die Figur des Unmenschen, der von einem bösen Geist als einem Anti-Wir besessen ist.

Monster-Mensch, minderwertiger Nachbar und Träger eines bösen Geistes sind nur grobe Typen, in der historischen Realität finden wir vielfältigste Kombinationen der drei Elemente. Und sie haben bis heute z.T. eine erschreckende Gegenwart.

Der Unmensch der Peripherie: Monstren

Zunächst wird man anerkennen müssen, dass das, was man heute Ethnozentrismus nennt, in frühen Phasen der Geschichte, als man noch keine globale Vorstellung von der Erde hatte, eine universale Erscheinung gewesen ist.[13] Jede menschliche Gruppe hat den Nabel der Welt auf ihrem Territorium. Mit den Nachbargruppen, die man kennt, hat man gute oder schlechte Erfahrungen gemacht. Je weiter man sich vom imaginären Zentrum entfernt, um so spärlicher ist das Wissen, um so mehr ist man auf die Berichte von Weitgereisten angewiesen, die glaubten, das Ende der Welt fast erreicht zu haben.

Generell gilt: bei den Peripherie-Unmenschen ist alles ganz anders als bei uns. Die Reiseberichte über die ordnungsstiftenden Züge Alexanders des Grossen sind über das ganze Mittelalter hinweg die zentrale Fantasiequelle für die Monstren am Erdrand. Bereits in der griechischen Antike mischen sich informierte exotische Wahrnehmungen mit Konstrukten, die eine extreme Abweichung vom maßgebenden ideellen Mittelpunkt markieren. Dabei rufen insbesondere die körperlichen Deformationen Inter-

---

13 Vgl. Klaus E. Müller, »Ethnicity, Ethnozentrismus und Essentialismus«, in: Wolfgang Eßbach (Hg.) (2000): wir/ihr/sie. Identität und Alterität in Theorie und Methode (Identitäten und Alteritäten Bd. 2), Würzburg, S. 317-344. Müller erinnert an Herodot: »Ließe man an alle Völker der Erde die Aufforderung ergehen, sich unter all den verschiedenen Sitten (nomous) die vorzüglichsten (kallistous) auszuwählen, so würde jedes, nach dem es alle geprüft, die seinigen allen anderen vorziehen. So sehr ist jedes Volk überzeugt, dass seine Lebensformen die besten sind.« Ebd. 328.

esse hervor: die Einbeinigen, Großohrigen, Sperlingsfüßler, Großlippigen, Einäugigen, Riesen, Zwerge usw. Oder es geht um extrem abweichende Lebensweisen wie z.B. die Apfelriecher, Fischesser, Menschenfresser, Familienlosen, Nackten, Nomaden, Höhlenbewohner usw. Schließlich geht es um das Bedrohliche und Unerreichbare der fremden Sprache, eben um Barbaren, d.h. Leute, die nicht richtig sprechen können. Über die Glaubwürdigkeit solcher Reiseberichte ist bei Griechen und Römern schon heftig gestritten worden.[14]

Mit dem Wissen um die Kugelgestalt des Planeten Erde, der Entstehung der Kolonialreiche, dem Anwachsen der ethnografischen Berichterstattung hat sich das Monströse auf den Mars und in den Weltraum zurückgezogen, das Exotische und Wilde ist Schritt für Schritt verharmlost und folklorisiert und in den multikulturellen urbanen Zentren unserer Tage wendet sich der ethnografische Blick zurück auf die eigene Kultur. Dabei ist vergessen, dass die Antwort auf die Frage, ob die von Kolumbus in Amerika entdeckten Wilden Menschen oder Tiere sind, seinerzeit nicht rasch entschieden werden konnte.

Wie kann man sich monströse Völker erklären? Der römische Gelehrte Plinius führt ihre Existenz auf die Macht der Natur zurück. »Dieses und Ähnliches erschuf nur aus dem Menschengeschlechte die erfinderische Natur, sich zum Spiel, uns aber zum Wunder.«[15]

Schon früh entsteht der Gedanke, dass Peripherie-Unmenschen so natürlich seien wie die Deformationen, die bisweilen bei von Geburt an Behinderten in der Gruppe auftauchen.[16] Auch bei Augustinus finden wir diesen Vergleich. Für ihn steht aber fest, dass alle Monstren, wenn es sie überhaupt gibt, so von Adam abstammen müssen, wie Behinderte von ihren Eltern. »Ebenso nun wie man die bei uns vorkommenden Missgeburten rechtfertigt, kann man auch etwaige missgestaltete Völker rechtfertigen. Gott ist der Schöpfer aller und weiß am besten, wo und wann es angebracht ist oder war, etwas zu schaffen; er versteht sich auch darauf, bald aus verschiedenen, bald aus gleichen Teilstücken das Teppichmuster des schönen Weltalls zu weben. Aber wer das Ganze nicht zu überschauen vermag, wird durch die vermeintliche Hässlichkeit eines Teilstücks beleidigt, weil er nicht erkennt, wozu es passt und worauf es sich

---

14 Marina Münkler, Werner Röcke, »Der ordo-Gedanke und die Hermeneutik der Fremde im Mittelalter: Die Auseindersetzung mit den monströsen Völkern des Erdrandes«, in: Herfried Münkler (Hg.) (1998): Die Herausforderung durch das Fremde, Berlin, S. 701-766.
15 Plinius Secundus, »Naturalis Historie«, zit. nach Marina Münkler, Werner Röcke, ebd., S. 727.
16 Vgl. Klaus E. Müller (1996): Der Krüppel. ethnologia passionis humanae, München.

bezieht.«[17] Dass die Monstrosität etwas indizieren könnte, was in der Zukunft liegt, findet sich nicht nur in heutiger Science Fiction, sondern bereits bei Isidor von Sevilla: »Manchmal aber will Gott durch gewisse unverständliche Geburten, wie durch Träume und Orakel, sowohl den Völkern als auch den einzelnen Menschen etwas über ihre unbekannte Zukunft vorhersagen und bedeuten; und das ist durch viele Erfahrungen belegt.«[18]

Bereits in der Spätantike und dann weitergehend im Mittelalter hat sich also ein exotisch-medizinischer Komplex gebildet, in dem fantastische Fabelwesen und körperliche Deformationen als Resultate entweder des eigenwilligen Spiels der Natur oder eines uns verborgenen Schöpfungsplanes gedeutet werden.

Der Unmensch in der Nachbarschaft: Sklaven

Nachbarschaft ist seit den frühesten Zeiten der menschlichen Geschichte der Normalfall. Eine ständig isolierte Gruppe kann man sich nur spekulativ als erste Urgemeinschaft vorstellen, die sich dann aufspaltet. Gefunden ist sie nicht. Leroi-Gourhan schreibt: »In der Regel steht eine Gruppe im Zusammenhang mit einem größeren Umfeld, das von mehreren Gruppen gebildet wird, mit denen sie auf mehreren Ebenen in Austauschbeziehungen steht, insbesondere in Bezug auf die Heirat.«[19] Heiratsbeziehungen sind darüber hinaus auch mit ökonomischen Transaktionen verbunden, so dass zwischen Nachbarstämmen arbeitsteilige und verwandtschaftliche Verflechtungen entstehen.

In solchen friedlichen Nachbarschaftsbeziehungen werden insbesondere die binnengemeinschaftlichen Organisationsprinzipien der Geschlechter gleichsam nach aussen gewendet. Generell gilt, dass die Organisation der Lebensalter von der Kindheit bis zum Greisenalter und die Organisation von Heirat zwei soziokulturelle Formungen der biologischen Prozesse von Wachstum, Reife, Alter sowie der Bisexualität darstellen, die in allen Gesellschaften einen ungeheuren Erfindungsreichtum sozialer Normen herausgefordert hat. Alle uns bekannten Gesellschaften haben die konsti-

---

17 Augustinus, »De Civitate Dei«, XVI, 8, zit. nach Marina Münkler, Werner Röcke, a.a.O., S. 731.
18 Isidor von Sevilla, »Ethymologie«, XI, III, 4, zit. ebd., S. 725.
19 Leroi-Gourhan, a.a.O., S. 97. Grundlegend dazu Claude Lévi-Strauss (1981): Die elementaren Strukturen der Verwandtschaft, Frankfurt am Main; vgl. auch Axel T. Paul (1996): FremdWorte. Etappen der strukturalen Anthropologie, Frankfurt am Main/New York.

tutionellen Unterschiede der menschlichen Gattung für alle möglichen Aspekte der Sozialorganisation genutzt. Was immer Frauen und Männern zugesprochen wurde, immer wurden Tätigkeit, Charaktermerkmal, Rechte und Pflichten verteilt. Die Ethnologin Margaret Mead resümiert: »Keine Kultur nimmt an, alle hervorstechenden Züge wie Dummheit und Klugheit, Schönheit und Hässlichkeit, Freundlichkeit und Feindseligkeit, Aktivität und Reaktionsbereitschaft, Mut und Geduld und Fleiß seien lediglich allgemein menschliche Eigenschaften. Wie unterschiedlich diese Eigenschaften bald diesem, bald jenem Geschlecht zugeschrieben werden, wie willkürlich dies auch gelegentlich erfolgt (denn es kann nun einmal nicht stimmen, dass die Köpfe der Frauen – zum Tragen von Lasten – sowohl absolut schwächer als auch absolut stärker sind, als die der Männer), wie willkürlich also so eine Aufteilung auch sein mag, es hat sie doch in jeder uns bekannten Gesellschaftsform von jeher gegeben.«[20] Und man kann hinzufügen, dass mit den Charakterzügen und Eigenschaften in den Altersstufen ebenso verfahren wurde, ob nun Kinder wie kleine Majestäten oder zu zähmende Tiere behandelt und ob Alte vertrieben oder wegen ihrer Weisheit verehrt wurden. Die Verteilung von Aufgaben und Eigenschaften – hier täusche man sich nicht – war nie gleichwertig, stets gab es geschlechts- und altersbezogene Diskriminierungen, meist zu Lasten der Frauen und Mädchen.[21]

In den nachbarschaftlichen Heiratsverpflichtungen wiederholen sich die Asymmetrien der Wertschätzung. Sich arbeitsteilig und über Frauentausch aneinanderbindende Stämme erreichen bisweilen zwar eine gewisse quasivertragliche Ebenbürtigkeit, worunter sich jedoch tief verankerte Gefühle und Einstellungen der Abwertung und Rangminderung der anderen Gruppe verbergen. Der Ausbruch von Feindseligkeiten zwischen Nachbarschaften ist, nach dem, was wir wissen, nicht nur der Ausgangspunkt für die Unterscheidung von Freund und Feind und die damit möglicherweise auch verbundene Klassifizierung des Feindes als Unmenschen, sondern ermöglicht auch, Menschen als Beute zu behandeln und zu versklaven.[22] »Der Krieg«, so das bekannte Wort von Heraklit,

---

20 Margaret Mead (1958): Mann und Weib. Das Verhältnis der Geschlechter in einer sich wandelnden Zeit, Hamburg, S. 10 f.
21 vgl. Günter Dux (1992): Die Spur der Macht im Verhältnis der Geschlechter. Über den Ursprung der Ungleichheit zwischen Frau und Mann, Frankfurt am Main.
22 vgl. R. W. Winks (Hg.) (1980): Slavery: A Comperative Perspective, New York; D. B. Davis (1966): The Problem Of Slavery in Western culture, Ithaca. Zur Bedeutung des Eroberungsgeschehens für die Profilierung binnengesellschaftlicher Differenzierung von Kollektiven vgl. Wolfgang Eßbach, »Elemente ideologischer Mengenlehren: Rasse, Klasse, Masse«, in: Wolfgang Reinhard (Hg.), Grenzen des Menschseins. Probleme einer Definition des Menschlichen, im Erscheinen.

»ist der Vater aller Dinge, die einen erweist er als Götter, die anderen als Menschen, die einen macht er zu Sklaven, die anderen zu Freien.«[23] Es ist bemerkenswert, wie hier das Verhältnis der Sklaverei mit der Gott-Mensch-Differenz parallel gesetzt wird. Die griechische Kultur, der wir so viel verdanken, ist zunächst die eines kriegerischen, beutemachenden Adels. Mit der Rechtsform der Sklaverei wird der Status des Sklaven als Mensch prekär, denn er ist Eigentum eines anderen, keine Person, sondern eine Sache. Man weiß in Griechenland, dass Sklaven Menschen sind, sie sind keine Monstren vom Erdrand, keine körperlich Deformierten. Die Minderung ihres Menschseins ist juridischer Natur, ihr Ursprung der Krieg. Die entscheidende Transformation ist die des Feindes in einen Sklaven.

Nun bedarf es, um die Feindestötung zu legitimieren, wegen des situativen Ausnahmecharakters des Krieges in der Regel weniger Aufwand als für eine Legitimation dauerhafter Sklaverei. Von daher beginnen schon bei den Griechen Versuche, juridische Sklaverei zusätzlich mit biologischen Argumenten zu legitimieren. Homer zufolge verliert der Mensch bei der Versklavung die Hälfte seiner Tüchtigkeit. Es ist der befehlende Herr, der den Sklaven wieder ganz und tüchtig macht.[24] Man fragt sich in der griechischen Sophistik, ob der im Krieg Besiegte nicht wegen seiner minderen Tüchtigkeit von Natur aus zur Sklaverei bestimmt sei. Auch für Platon und Aristoteles ist es ethnozentrisch selbstverständlich, dass besiegte Nichtgriechen als Unfreie von den siegreichen Polisbürgern als dem höherwertigen Wir radikal unterschieden werden müssen, weil es sich eben gezeigt hat, dass ihre Natur minderwertig ist.[25]

Die Geschichte der Sklaverei ist mit dem Verbot des Sklavenhandels 1838 im britischen, 1848 im französischen Kolonialreich, 1883 in den spanischen Kolonien nicht zu Ende. Auch die Freilassung der Sklaven, die der amerikanische Präsident Abraham Lincoln 1863 proklamiert, wird nur schleppend realisiert. Bezeichnend ist, dass eine Untersuchungskommission des Völkerbunds noch 1930 Sklavenhandel dort feststellt, wo man ihn kaum vermutet hatte, nämlich im von emanzipierten, rückgeführten Afroamerikanern 1847 gegründeten Freistaat Liberia. Bis heute ist Sklaverei in den verdeckten Formen der oft lebenslangen und die nachfolgende Generation mit einbeziehenden Schuldknechtschaft, der Zwangsprostitution und des Kinderhandels bis zu extremen Formen der Körperausbeutung in Organ-

---

23 Heraklit: VS 22, B53, zit. nach Egon Flaig, »Sklaverei«, in: Historisches Wörterbuch der Philosophie, hg. von J. Ritter und H. Gründer, Bd. 9, S. 976.
24 Homer, Odyssee, XVII, 322ff.
25 Vgl. die Angaben bei Egon Flaig, a.a.O.

spendefarmen in vielen Teilen der Welt eine barbarische, von Europäern allzu gern verdrängte alltägliche Wirklichkeit.[26]

Der Unmensch als Gottloser

Neben den Monstren und den Sklaven bildet sich aus den Wir-Menschen-Definitionen der alten Welt noch eine dritte Version des Unmenschen, die auf eigenartige Weise mit der Institution der Sklaverei zu tun hat.

»Wenn sich dein Bruder, ein Hebräer oder eine Hebräerin dir verkauft, so soll er dir sechs Jahre dienen; im siebenten Jahr sollst du ihn als frei entlassen. Und wenn du ihn frei gibst, sollst du ihn nicht mit leeren Händen von dir gehen lassen, sondern sollst ihm aufladen von deinen Schafen, von deiner Tenne, von deiner Kelter, so dass du gibst, womit dich der Herr, dein Gott, gesegnet hat, und sollst daran denken, dass du auch Knecht warst in Ägyptenland und der Herr, dein Gott, dich erlöst hat; darum gebiete ich dir solches heute. Wird er aber zu dir sprechen: ich will nicht fortgehen von dir, denn ich habe dich und dein Haus lieb – weil ihm so wohl bei dir ist – so nimm einen Pfriemen und durchbohre ihm sein Ohr am Pfosten der Tür und lass ihn für immer dein Knecht sein. Mit deiner Magd sollst du ebenso tun. Und lass dirs nicht schwerfallen, dass du ihn frei lässt, denn er hat dir sechs Jahre wie zwei Tagelöhner gedient; so wird der Herr, dein Gott, dich segnen, in allem, was du tust.«[27]

Es handelt sich hier um das die Sklaverei betreffende Gesetz, das Moses von Gott auf dem Berg Sinai empfangen hat. Wer an einen Sklaven gerät, muss ihn nach sieben Jahren großzügig entschädigt frei lassen. Sklaven, die nicht frei sein wollen, dürfen verknechtet werden. Das Gesetz ist einzigartig in der alten Welt. Gott gebietet den Juden die Freiheit. Ein Gottgläubiger kann kein Sklave sein. Die Erinnerung an den Auszug aus Ägypten als eines Exodus aus der Sklaverei in das gelobte Land der Freiheit haben Juden seit über 3000 Jahren gehütet.

Das emanzipative Freiheitsversprechen trennt Gläubige, die am Bund mit Jahwe festhalten, von den Ungläubigen, die einen anderen Menschenstatus bekommen. Israel ist ein von Gott auserwähltes Volk, es weiß sich im Besitz der göttlichen Wahrheit, die exklusiv ihm geoffenbart ist. Leo Baeck hat diesen Partikularismus treffend charakterisiert: »In dem *Gegensatz* zu den Völkern ringsumher hat Israel seinen Glauben immer deutli-

---

26 Vgl. Pino Arlacchi (2000): Ware Mensch. Der Skandal des modernen Sklavenhandels, München.
27 5. Buch Mose, 15.12-18.

cher begriffen, ihn immer sicherer erfasst, im Widerspruch zu ihnen hat es sich selber entdeckt. Dadurch, dass es allein und gegen alle die anderen zu sein vermochte, hat es der Schöpfer seines persönlichen Lebens werden können, ist es das ›eine Volk‹ geworden. ›Siehe ein Volk, das besonders wohnt und zu den Nationen sich nicht rechnet.‹ Mit der Betonung der Sonderart hat daher die Religion Israels immer wieder beginnen müssen; die prophetische Predigt musste die Scheidung von dem Leben der Nachbarvölker fordern, die mündliche Lehre den ›Zaun um die Thora‹ errichten.«[28]

Diese Ausschließlichkeit des Partikularismus unterscheidet Juden in der alten Welt von anderen religiös orientierten Zeitgenossen, die sich durchaus als zu mehreren Religionen gehörig bekennen konnten. So wird beispielsweise berichtet, dass Alexander Severus im spätantiken Rom die Bilder von Osiris, Christus, Abraham, Alexander dem Grossen und Orpheus in seiner Hauskapelle angebetet habe. Für diejenigen, die Angst hatten, einen Gott zu erzürnen, den sie noch nicht kannten, errichteten die Römer Tempel für den unbekannten oder den fremden Gott.[29] Verbindlich war in der Regel nur die Verehrung des politischen Lokalgottes oder der Kaiserkult.

Die jüdische Exklusivität ist ein komplexes Phänomen. Jude ist man von Geburt und durch die Erfüllung der Gebote, d.h. die Darstellung des Gesetzes in der alltäglichen Lebensführung. Dass man sich anderen Göttern als Jahwe nicht beugt oder unterwirft, zeigt man äußerlich und bestätigt es, wo immer es geht. Der Abfall von Gott ist eine permanente Gefahr. Zweierlei liegt in der Logik der Monotheismen, wie sie aus dem Judentum hervorgehen: Erstens werden andere Götter als Götzen, Dämonen oder Teufel klassifiziert, und es besteht zweitens eine Missionsaufgabe, die Anerkennung des einen Gottes bei allen Menschen durchzusetzen. Auserwählung und universalistischer Anspruch bedingen sich notwendig gegenseitig. »Dem *einen Gott* kann nur die *eine Religion* entsprechen, zu der alle Menschen berufen sind, und die darum ihre geschichtliche Erfüllung erst dann gefunden haben kann, wenn sich alle Menschen in ihr vereinen.«[30]

Die Propheten stellen den Gläubigen diese Zukunftsvision in Aussicht und sie beschwören das göttliche Strafgericht über die Sünder, mögen sie nun als Heiden leben oder, schlimmer noch, als an die Heidenwelt assimilierte, ihrem Gott untreu gewordene Juden. Die glühenden Bilder der Propheten, in denen Zorn und Strafe Gottes über die Gottlosen be-

---

28 Leo Baeck (1988): Das Wesen des Judentums, 8. Aufl., Wiesbaden, S. 64.
29 Adolf von Harnack (1921): Marcion. Das Evangelium vom fremden Gott. Eine Monographie zur Geschichte der Grundlegung der katholischen Kirche, Leipzig.
30 Leo Baeck, Das Wesen des Judentums, a.a.O., S. 67.

schworen werden, sind Zeugnisse von Gewaltfantasien eines extremen Hasses. Bibelleser werden keine Schwierigkeiten haben, zahllose düstere Prophezeiungen wie die Jesajas über Edon zu finden: »Denn der Herr ist zornig über alle Heiden und ergrimmt über alle ihre Scharen. Er wird an ihnen den Bann vollstrecken und sie zur Schlachtung dahingeben. Und ihre Erschlagenen werden hingeworfen werden, dass der Gestank von ihren Leichnamen aufsteigen wird und die Berge von ihrem Blut fließen. Und alles Heer des Himmels wird dahinschwinden und der Himmel wird zusammengerollt werden wie eine Buchrolle, und all sein Heer wird hinwelken, wie ein Blatt verwelkt am Weinstock und wie ein dürres Blatt am Feigenbaum.«[31] In der jüdischen Thora wird die Vernichtung der Gottlosen als zu erwartendes göttliches Strafgericht prophezeit, während die je gegebene wirkliche gegenwärtige Lage der Juden über Jahrhunderte die einer verstreuten Minderheit ist. Das Judentum hat von der Zerstörung des judaischen Königreichs 70 n. Chr. bis zur Gründung des Staates Israel 1948 keine politische Existenz und somit keine Chance, Modelle für das Verhältnis von Religion und Politik zu entwickeln.[32]

Mit dem Christentum und dem Islam entstehen im Mittelmeerraum zwei weitere Monotheismen, die sich beide auf den Gott Abrahams berufen und das Judentum in verschiedener Weise aufgreifen und abwandeln. Gemeinsam ist ihnen die Tendenz zur Verteufelung der Ungläubigen und zu einer organisierten Vollstreckung des imaginierten göttlichen Strafgerichts. Christentum und Islam führen in die radikale, unkalkulierbare Transzendenz des jüdische Gottes Wirklichkeitsbezüge ein, sei es durch die Figur der Inkarnation des Gottmenschen und der Gegenwart des Heiligen Geistes in der Kirche oder durch die Figuren einer letzten Intensivierung der Unterwerfung unter Gottesgebote und der umfassenden sozio-politischen Vervollkommnung des Monotheismus. Im Unterschied zum Judentum gewinnen beide Religionen im Mittelmeerraum politische Dominanz. Sie bilden ihre Profile in einer kriegerischen Konkurrenz aus. Dem islamischen Missionskrieg Djihad gegenüber konstituiert sich die abendländische Christenheit in den berüchtigten Kreuzzügen.[33] Während

---

31 Jesaja, 34,1 und 4 und 8-11.
32 Vgl. Yosef Hayim Yerushalmi (1995): ›Diener von Königen und nicht Diener von Dienern.‹ Einige Aspekte politischen Geschichte der Juden, München: Carl Friedrich von Siemens Stiftung.
33 Von unverminderter Aktualität ist die Studie von Henri Pirenne (1939): Geburt des Abendlandes, Leipzig; grundlegend jetzt auch Bassam Tibi (1999): Kreuzzug und Djihad. Der Islam und die christliche Welt, München. Wenn man die Zeitsprung-These von Heribert Illig akzeptiert, wird das konfrontative Geschehen im Mittelmeerraum noch klarer. Heribert Illig (2001): Das erfundene Mittelalter. Die größte Zeitfälschung der Geschichte. 5. Aufl., München, S. 125.

die christliche Seite die Mohammedaner und Juden unterschiedslos als satanische Mächte entmenscht, unterscheiden diese im heute vergessenen Hochislam zwischen buchgläubigen Juden und Nazarenern, die im Haus des Islam geduldet sind, wenn sie die Kopfsteuer bezahlen, und den Ungläubigen, die den Status von Tieren haben.

Zusammenfassung

Monstren, Sklaven, Gottlose sind drei Typen der Zuschreibung von Unmenschlichkeit, deren Geschichte ich jeweils nur kurz zu erzählen angefangen habe. Zwischen diesen Gestalten hat es zahlreiche Fusionen und Verschränkungen gegeben. Der Erfindungsreichtum an Konstruktionen von Unmenschen ist beträchtlich. Dennoch kehren die drei Kernelemente immer wieder.

– *Monster* beziehen ihre Unmenschlichkeit aus ihrer extremen Ferne zu all dem, was den jeweiligen Wir-Menschen bekannt ist. Sie entspringen dem unerforschten Raum oder dem unerforschten Spiel der Natur, das die Wir-Gruppe an den Grenzen ihrer kognitiven und technischen Möglichkeiten wahrnimmt.
– *Sklaven* beziehen ihre Unmenschlichkeit aus der Niederlage im Krieg. Die externe feindliche Nachbarschaft zu all dem, was dem jeweiligen Wir-Menschen wichtig ist, wird mit der Eroberung zu interner Deklassierung. Diese Unmenschlichkeit entspringt der Unfreiheit.
– *Gottlose* beziehen ihre Unmenschlichkeit aus der Weigerung, sich zu bekehren. Sie bedrohen das Fragilste, was den jeweiligen Wir-Menschen als imaginärer Grund ihrer Gemeinschaft gilt: das Gefühl der Auserwähltheit.

Monster, Sklaven, Gottlose – man könnte auch sagen: die Unerforschten, die Unbefreiten und die Unbekehrten, sie sind die schwarzen Spiegel dessen, was als Antwort auf die Frage: Was ist der Mensch? gegeben wird. Der Mensch wäre dann umgekehrt: der Erforschte, Befreite und Bekehrte. Mit diesen drei hellen Dimensionen der Definition des Menschen könnten wir uns vielleicht sogar anfreunden. Irgendwo in den Zonen des Kognitiven oder des Strebens nach Wissen, in den Semantiken der Freiheit und der Nichtdeterminiertheit und dort, wo es um Fehlbarkeit, Umkehr und Bindung geht, wird auch heute noch nach einer Definition des Menschen gesucht.

Mit Definitionen des Menschen entsteht der Diskurs über den Unmenschen, und er begleitet die Praxis seiner Verfolgung. Aber ohne einen

Begriff von sich hat noch keine menschliche Gruppe existieren können. Mit Plessners anthropologischer Formel von der exzentrischen Positionalität sind wir im Mensch-Tier-Vergleich auf die abstrakte Form »Wir-Menschen« gestoßen, in der jeder für jeden steht, in der jeder Mensch die Menschheit ist. Das konkrete Wir, das Gesellschaftlich-Gemeinschaftliche, das den tragischen Widerspruch zwischen der Unersetzbarkeit der je einzigen zentrischen Positionalität, d.h. des eigenen Körpers, und dem Wissen um die Ersetzbarkeit eines jeden regulieren muss, trägt beides in sich, die Bestimmung von Menschlichkeit und Unmenschlichkeit. »Unmenschlichkeit«, so Helmuth Plessner in einem kleinen Text zum Thema, »ist an keine Epoche gebunden, und an keine geschichtliche Größe, sondern eine mit dem Menschen gegebene Möglichkeit, sich und seinesgleichen zu negieren.«[34] Der Mensch wäre am Ende vielleicht zu definieren als das Wesen, das noch den unmenschlichen Bruch mit der Definition seiner selbst als Wesensmerkmal sich zurechnen muss.

---

34 Helmuth Plessner, »Das Problem der Unmenschlichkeit« (1967), in: ders. (1983): Gesammelte Schriften, Bd. VII, Frankfurt a.M., S. 334.

Manfred Faßler

Vernetzungen
Oder
»Beziehungen. Der Mensch und seine sozialen Strukturen«

*

»Das Künftige ist nicht länger im Gegenwärtigen enthalten...Beide, Mensch und Natur, sind Geschöpfe der Zeit und schon deshalb unauflöslich miteinander verknüpft. In dem Maße, wie wir den irreversiblen Charakter der Zeit zu ergründen suchen, nähern wir uns dem Verständnis der dynamischen Ordnung, die uns umgibt und wie jede andere Lebewesen in ein Netz von Wechselwirkungen einfügt.«
Ilya Prigogine im Gespräch mit Constantin von Barloewen
Frankfurter Rundschau, Feuilleton, 5. Februar 2002

*

»Where do we go from here? The answer is simple. We must remove the wrapping. The goal before us is to understand complexity. To achieve that, we must move beyond structure and topology and start focussing on the dynamics that take place along the links. Networks are only the skeleton of complexity, the highways for the various processes that make our world hum.«
Albert-Laszlo Barabasi (2002): Linked. The New Science of Networks, Cambridge Mass, S.225

*

1.

In einem Telefonat Ende 2001 schlug mir Andreas Münkel den Vortragstitel »Beziehungen. Der Mensch und seine sozialen Strukturen« vor. Ich hatte spontan dem Titel zugestimmt. Aber kaum war das Telefonat beendet, kamen Zweifel. Sie hafteten dem bestimmten Artikel und dem Singular »der Mensch« an. Könnte eine anthropologisch und komplexitätstheoretisch ausgelegte Grundargumentation Aussagen über ›soziale Strukturen‹ machen? Und: Sind die gegenwärtigen und vermutlich kommenden wissenschaftlichen Problemlagen mit den Fragen nach ›sozialen Strukturen‹ hinreichend genau angesprochen? Oder erfordert das im weiten Sinne sozialanthropologische Thema nicht eher eine *wissens- und medienanthropologische Forschungsposition*? Mehr noch: ist nicht eher eine *Kulturanthropologie der Abstraktionen, Virtualisierungen und des Arte-*

fiziellen dringlich, um in einem trans-sozialen Sinne beschreiben zu können, wie ›der Mensch‹ (gemeint ist hier der homo sapiens) das überhaupt erzeugt, was wir an uns, in uns und um uns als Strukturen erzeugen und dauerhaft benennen? Ich behielt den Vortragstitel bei, weil er mir ermöglichte, die Spannungen nochmals zu bedenken, die in dem Bedeutungsrückbau von territorialer Gesellschaft und dem Aufkommen zerstreuter globaler Sozialitäten liegen.

Die Achsen von Gesellschaftlichkeit verschieben sich derzeit massiv. Die industriellen und urbanen, bürokratischen und legitimierten Aggregationen und Verdichtungen von Handlungs- und Lebensverläufen, die ansässige ökonomische und qualifikatorische Schichtungen, identifizierbare und personalisierbare Interessenlagen erzeugten, gehören zur Vergangenheit. Die Empirie gegenwärtiger Modernen ist nicht mehr schwer-, sondern informationsindustriell. Es entsteht eine kritische Menge von global verteilten mächtigen Bedingungen der wissensindustriellen und ideenökonomischen Wertschöpfungsketten, in die Gesellschaft nicht per se eingeknotet sein muss. (R. Kurzweil 1999) Jede Gesellschaft muss, um ihrer Erhaltung willen, sich in die globalen sektoralen Konkurrenzen begeben, mit der Folge, dass in jeder Gesellschaft ›globalisierte Regionen‹ entstehen, die den überlieferten Kriterien eigenwertiger sozialer Steuerung und Kontrolle nicht mehr entsprechen. Ihre zukunftsgerichtete Erhaltung ist zugleich Transformation herkömmlicher Muster der Selbstorganisation.

Aber der empirisch-ökonomische und technologische Blick auf diese Varianten der Globalisierung von Gesellschaften ist nicht das, was ich hier zum Thema machen möchte. Mein Augenmerk liegt auf den Prozessen der Universalisierung, die simultan mit der Globalisierung ablaufen, aber einen längeren Atem haben, evolutionär prägnanter sind. Zu diesen Prozessen zähle ich die informationstechnologische Standardisierung von der Verwendung der Algorithmen, über Maschinencodes, Betriebssystemstandards und Internet Transfer-Protokollen bis zu verbreiteten e-moticons, icons, Bild-Text-Integrationen. Nun ist dies nicht als determinierende Vereinheitlichung zu beobachten, sondern als weltweit einsetzender Variationsdruck auf Kulturen, sich in ihren Ausdrucks-, Speicherungs- und Verarbeitungssystematiken auf die Zeitökonomien binärer Standards einzustellen. Es sind sehr ernst zu nehmende Spielwelten. (N. Adamowsky 2000) Ich verstehe diese Prozesse als evolutionär, als medien-evolutionär und als Dimension der entwicklungsgeschichtlichen Annäherung von Verständigungsverfahren. Mit diesen verengen sich Kulturen oder Gesellschaften nicht. Vielmehr steigern sie die in ihnen mögliche und von ihnen mit getragene Komplexität. Dies geschieht mit der Folge, dass sie sich nicht mehr in ihren traditionellen Grenzen, auf ihrem traditionellen Territorium erhalten können. Sie werden Knoten in einem dynamisierten Netzwerk wechselnder Kooperationslagen (R. Axelrod 1991), das keine dauerhaften Identitätsangebote macht, das sich (für einen Beobachter anscheinend) ungerichtet entwickelt und das soziale Formungen nicht mehr über 100-150 Jahren erzeugt, wie dies bei den Allokations- und Vergesellschaftungsstrategien von Stahl- und Kohle- sowie Chemie-Kapital der Fall war. Die Veranlagungszeiträume bewegen sich bei Informationstechnologie in 10-15 Jahren. So betrachtet werden die Selbstorganisationsprozesse von Gesellschaft dynamisiert. Dass dies erhebliche soziale Problemlagen erzeugt, dass Gesellschaften mitunter an den Investitionen in Vergangenheit (ob Kohle- oder Agrarsubventionen, Ausbau von Bibliotheken oder des Autobahnnetzes) krisenhaft scheitern, vielleicht sogar zurückfallen, sind auch für die Bundesrepublik Deutschland oder für Europa wichtige Themen. Meine heutigen Fragen weisen aber in die Richtung der aufregenden Veränderungen universaler medialer Verständigungsgrundlagen. Über diese nähere ich mich dem mit Verständigungs- und Bindungsabsicht verwobenen Wort ›Beziehungen‹. Es geht mir um den Zusammenhang von Zeichen, Medien, Strukturen und Infrastrukturen.

2.

Überhaupt ›Strukturen‹. Die Fähigkeiten des Menschen, Unterscheidungen zu treffen, leere Ordnungen zu denken, Unterscheidungen in Ordnungen zu übersetzen, diese zu eigenwertigen Beeinflussungs- und Handlungsfeldern zu machen, sie mit Handwerk, Territorium, Weg, Zeichen, Zahlen, Speichern, mit Archiven, Instrumenten, Normen, Institutionen, Gerichten, Schulen, Familien, Rechten, Gesetzen, Orten, Räumen anzureichern, sind wenig ergründet. Der Terminus ›Struktur‹ geht von den Ergebnissen aus, ist ex post formuliert, betrifft bereits entschiedene, gemachte oder zu bedienende Strukturen. Für eine Analyse der Fähigkeiten des Menschen und der zu beschreibenden Körnigkeit der Prozesse, die Strukturen bilden, kommt die Frage nach Strukturen ›zu spät‹, obwohl ihr pragmatische Dimensionen nicht abzusprechen sind. Nun ist der Stachel im Thema nicht die Pragmatik, sondern die Biologie der Zeichen- und Sprachenfähigkeit des Menschen und die dynamischen kulturellen ›Lernverläufe‹, die wir geläufig als Kultur beschreiben.

Meine Aufmerksamkeit richtet sich auf Anthropologie der Abstraktion, also die Frage nach den *medialen Selbstbefähigungen des Menschen* (oder einmal mehr übersetzt: nach der strukturellen Selbstbefähigung des Menschen). Die medialen Selbstbefähigungen des Menschen, die seit ca. 30.000 Jahren Zahlen, Zeichen, Grafeme, Zeichnungen, Schriftzeichen, Schriftsprachen, Bildersprachen, Tonalitäten, Kompositionen ermöglichten, zu Rechen-, Schreib-, Mal-, Rechen-, Darstellung-, Aufnahme- und Wiedergabeverfahren führten, sind näher an ökologischen Prozessen, als an »Schweizer Uhren«, wie es Barabasi auch für das Internet sagt. (S. 145)

In dieser Rückbindung kultureller und sozialer Formierungen an evolutionäre und unumkehrbare Prozesse, die Struktur und Form erst möglich machten und möglich machen, verliert ›das Soziale‹ einiges von seiner (modernen) Favoritenrolle. Gesellschaft erscheint als komplexe Struktur, in der bestimmte Anliegen und Interessen ›fest verdrahtet‹ sind, aber Dynamiken ablaufen, die über diese hinaus weisen und von dieser nicht eingebunden werden können. Von großen Systemen wissen wir dies. So gehen Religionen, Kirchen, Ökonomien und Wissenschaften nicht in der jeweiligen Gesellschaft auf. Sie werden als universale Systeme gedacht und organisiert. Und wir wissen, dass Gesellschaft kein wohl geordnetes Puzzle ist. Ich lege den Schwerpunkt meines Beitrages nicht auf diese großen installierten Systeme, sondern auf die offenen Dynamiken abstrakter Entwürfe, aus denen Formen und Strukturen entstehen können. Ich verwende den Begriff ›*Beziehungen*‹ folglich im Sinne mediengestützter Kommunikation, als einen Begriff der *möglichen, zeitlich begrenzten Dichte zwischen Akteuren*. Dies müssen nicht Menschen sein, sondern kann, in Anlehnung an dies Medienrealitäten, auch ein Mensch-Computer-*Interface* / eine Mensch-Computer-Mensch-*Interaktivität* sein. Was einzelne Menschen für sich daraus machen, ob sie ›Beziehungen eingehen wollen‹ oder dies vermeiden, werde ich nicht ansprechen.

Um zu beobachten, in welchen Strukturen wir agieren und leben, muss ich auf die Perspektive einzelner Menschen für eine gewisse Zeit verzichten. Um zu beschreiben, ›was‹ in uns denkt, abstrahiert, entwirft (also welche Bedingungen der Weltwahrnehmung, Reflexion, Projektion), wenn wir denken und handeln, muss eine Vergleichbarkeit von Strukturen geschaffen werden. Diese ergibt sich aber erst dann, wenn man die Quellcodes der Strukturen und ihre Vernetzungen kennt, also das ›woher‹ und ›wohin‹. Um diesen Gedanken etwas genauer fassen zu können, stelle ich den Terminus ›Quellcode‹ in den Zusammenhang dynamischer, irreversibler Prozesse. Dies ermöglicht, bestimmte Entstehungs- und Durchsetzungsaspekte feinkörniger zu beschreiben, heißt aber zugleich, dass die ›Wohin‹ – Frage nicht beantwortbar ist.

»Jedes endliche Wissen...stößt im Fall der dynamischen chaotischen Systeme an dieselbe Grenze: nach einer Zeit der Evolution, die sich aus der intrinsischen Dynamik der Systeme ergibt, verliert der Begriff der individuellen Entwicklung seinen Sinn; was bleibt ist lediglich die statistische Berechnung der Wahrscheinlichkeit der Evolution.«
Ilya Prigogine & Stengers, (1988): Entre le temps et l'Éternité, S.183

Unter diesen Überlegungen suchte ich nach einem Terminus, der beziehungs- und strukturfähig ist, ohne in diesen Erfassungsfeldern zu verschwinden. Er musste reicher und weitreichender sein, als ›Beziehung‹ und ›Struktur‹. Durch meine medienwissenschaftlichen und kulturanthropologischen Forschungen waren Konzepte wie Vernetzung, komplexe Dynamiken, ungerichtete evolutionäre Prozesse, Matrix näher an die Frage nach den Strukturkompetenzen des Menschen herangerückt, als der Terminus ›Beziehungen‹. So entschloss ich mich, den Titel neu zu gruppieren, indem ich »Vernetzung« in den Vordergrund stellte. (M. Faßler 2001) Dennoch kann man sagen, dass kein Mensch ohne Strukturen (= künstliche absichtlich geordnete Umgebungen), ohne Zeichen (= externe Dimensionen des Denkens), ohne Kontinuität (= die Pragmatik überschreitende zeit-räumliche Umwelt – die manche auch Transzendenz nennen), sich kulturell, unterscheidungsfähig, entwerfend verorten kann. Ich hoffe, Ihnen diese Überlegungen mit einigen Beispielen noch verdeutlichen zu können.

Netz und Vernetzung verstehe ich als polylogische Prozesse. Sie sind abhängig von Knoten, die jeweils verschieden sind, von Kanälen, die eindirektional, zwei-direktional genutzt werden können und polydirektionale Vernetzungen ermöglichen. Dies können zentralistische, dezentral oder verteilt organisiert sein, oder überhaupt nicht ›willentlich‹ organisiert, sondern, wie dies beim Internet der Fall ist, in einer Verbindung von Strategie, Bedarf, Markt, Erwartung, Individualisierung, Globalisierung ›anarchisch‹ entstehen. Mit Netz und Vernetzung beschreibe ich Wahrscheinlichkeit von Beziehungen, nicht deren Selbstverständlichkeit. (v. Neumann & Morgenstern 1961)

3.

Schon seit geraumer Zeit stellt sich die Frage, ob die Worte Netz oder Netzwerke nicht viel näher an die menschlichen Lebenswelten heranreichen, als dies Gesellschaft, Identität oder Kultur tun.

Man könnte die Frage abschwächen und sagen, dass dies alles Beobachtungsweisen sind, und also der gewählte Terminus beliebig sei. Unbestritten ist, dass es sich um Beobachtersprache handelt, die ich verwende. Dennoch sind die Unterschiede zwischen den gewählten Termini erheblich, vor allem in der ihnen mitgegebenen Beobachtungsqualität oder den eingelagerten Selbstüberschätzungen. Auf die Frage, was denn Kultur sei, gibt es zahllose Antwortversuche, deren größte Gruppierung mir nach wie vor von Ontologien träumt, von Herkünften jenseits der Tagesordnungen, jenseits der kulturellen Praxen.

Weniger Antworten liegen für die Frage nach Gesellschaft vor, aber der semantische Kreis ist ebenso eng gezogen. Die Erklärung einer vermuteten sozialen Ordnungsbilanz über einen Satz von Regeln oder gar Gesetzen, ist verbreitet: von Agrar-, über Feudal-, Manufaktur-, Industrie-, Medien-, Informations-, Spaß-, Spektakel- oder Kriegsgesellschaft. Nun will ich weder Dominanzen noch hegemoniale Tendenzen (im Sinne Antonio Gramscis) bestreiten. Aber wie Kultur erst durch die sie erzeugende und erhaltende Praxis jedweder Art in einem Status der menschlichen Selbstorganisation aufscheint, so kann Gesellschaft als besonderes Ensemble ihr zugrunde liegender Prozesse sich nur erhalten, wenn sie auf Kontinuitäten zurückgreifen kann.

Beides, Kultur erhaltende Praxis oder Dynamik absichernde, verlangsamende Kontinuität, wurde, wenn nicht im Sinne von wesentlichen Zusammenhängen, so doch gerne über universal-gültige Strukturen, vornehmlich phonologische Sprachstrukturen bestimmt. Claude Levy-Strauss ist wohl einer der großen Übertreiber gewesen, wohin gegen Noam Chomsky versuchte, den grammatisch-semantischen Übersetzungsbedingungen auf die Spur zu kommen. Die computerlinguistischen oder mathematischen Versuche, der Turingschen Universalmaschine jene angesprochene Organisation des Selbsterhaltes / oder: erhaltende Selbstorganisation und Kontinuität mitzugeben, also Selbstbeobachtung des Virtuellen im Virtuellen hinzubekommen, stehen in diesen Traditionen der Übertreiber.

Ob Netz nicht auch eine solche Übertreibung sein könnte, wird man sehen. Was mich für diesen Terminus einnimmt ist jene empirisch-pragmatische Offenheit von dynamischen medialen Netzwerken, ihre inzwischen enorme Bandbreite medialer Funktionen, sinnlich-abstrahierender Präsenz und ihre konsumentengestützte Ausweitung. »Kunststück« könnte man sagen, vielleicht sogar etwas abfällig gemeint, da ja auch enorme Mengen an Geld, kultureller Zeit, Lebenszeiten, Ideen und auch militärische Interessen in diese Entwicklungen investiert werden. Also, könnte man sagen: Netzwerke sind strategische Variablen des Kapitals und Militärs, der Computer Scientists und der Hacker. Sie sind sozusagen das Stammkapital postindustrieller oder postmoderner Gesellschaften. Und da wären wir wieder: bei den einzelligen Definitionen, die aufgepumpt zu Erklärungsblasen werden, die nicht einmal von ausdifferenzierten wissenschaftlichen Berufsgruppen umrundet werden können. Man hat das Gefühl, immer zu spät zu kommen, zu spät mit den Begriffen, Ideen, Erklärungen, verändernden Praxen und Visionen. Auch ich muss darauf achten, nicht jene Vereinseitigung über den Netzbegriff einzuleiten, die ich für Gesellschafts- und Kulturtheorien ansprach. Die Verführung ist groß, zu mal es sich anböte, Netz als die eine praxisgebundene Phänomenologie »tragende«, universal gültige Struktur mißzuverstehen. Und in der Tat lassen sich vernetzte Beziehungen zwischen Menschen weltweit, auf allen uns bekannten Lebensfeldern feststellen. Vernetzungen koordinieren Zeit und Raum. Sie stellen und stellten, so viel lässt sich sagen, immer spezifische Zeit-Raum-Regimes, Freiheits-Abhängigkeits-Verhältnisse, Informations-Nachricht-Beziehungen, Wissen-Unwissen-Hierarchien dar.

Für meine Denkweise sind Netz, Rhizom, Geflecht oder Gefüge sehr hilfreiche Konzepte, weil sie keine über die Zeiten stabile, ultra- oder metastabile Ordnungen vorgaukeln, sondern immer mit den Anstrengungen verbunden sind, Netze am Leben zu erhalten. Netz ist immer mit hohen Investments an Engagement und Aufmerksamkeit, Bedeutungszuweisungen und Abhängigkeitskonstruktionen versehen. Dennoch ist es ein Konzept polylogischer und multivalenter Realität. Es ist für mich keine Struktur, sondern ein Kommunikationsensemble dessen Formalismus die Interaktivität darstellt. Netz verwende ich als ein Erklärungsmuster, mit dem ich vor allem das Verhältnis von Kultur und Gesellschaft einer bestimmten Wahrnehmung unterziehe. In einer Baumstruktur habe ich dies dargestellt. Die genannten Unterscheidungen sind keineswegs vollständig, und die Verbindung von Baumstruktur und geschichtlicher Reihenfolge ist auch etwas riskant. Das Bild soll nur einen Grundgedanken sichtbar machen.

Vernetzungen zwischen Anwesenden
:
....Netzwerke
:....Kultur (vormodern)
:- -Jagdgruppen
:- – intergenerationelle Netzwerke
:- – Subsistenznetzwerke (geschlossene, auf
Gruppenerhalt
gerichtete wechselseitige Nahrungs- und
Wissensabhängigkeit)
: —Versorgungs- und Vererbungsnetze (auf
Eigentumserhalt gerichtet)
:— hierarchisierte, gewaltförmige, repräsentative
Verfügungsnetze
:— Verbreitungs- und Kontrollnetze
:....Kultur (modern)
:....Gesellschaft
:— Marktplätze und Infrastrukturen
:— Rechtsnormen und Institutionalisierungen
:— Kommunikations- und Energienetzwerke
:— Transformation und Zerstörung der Zünfte
und Organisation immer komplexere
Strukturen von Arbeitsteilung
:— Tele-funktionale Medien
:— Erforschungen der Vernetzungen von

                Sinnlichkeit, Abstraktion, Kognition,
                Reflexion
                :— Computertechnologische Vernetzungen
                :— multimediale und multisensorische tele-
                mediale Präsenz
                :....medial verfasste Tele-Räume
            :....Transkulturelle Kommunikationsräume
Vernetzung zwischen Abwesenden
        :....Cyberspace
          :...united nodes
              :...eindirektionale Kommunikation
              :...bidirektionale Kommunikation
              :...polydirektionale Netzwerke
               : — propriotäre Netze
               :— öffentliche Netze
         :...Industrialisierung der Codes im Mediensektor und der Biologie
           :...universale Binarisierung des Lebens und seiner Produkte
              :...Hybridisierung
              :...Cyborgisierung

An diesen Schritten ist erkennbar, dass das Fassungsvermögen (Reichweiten und Verbreitungsgrade) von Vernetzungen wächst, vor allem unter den Bedingungen des Übergangs von binären Technologien zu Medien. Damit sind aber auch wachsende Schwierigkeiten verbunden, innerhalb der Netzwerke Orte, Lokalitäten, Gruppen, Kontinuitäten zu finden, die den körperlichen Zeitregimen, den begrenzten Aufmerksamkeits- und Lernökonomien entsprechen. Kulturen, die sich hierauf gründen, werden instabiler, risikoreicher für den einzelnen Menschen und für Institutionen. Die Suche nach Beziehungen, die ›mit mir‹, mit ›einem selbst‹ zu tun haben, wird immer störanfälliger, ja sogar erkenntnistheoretisch hinfällig, wie dies die Systemtheorie betont.

Drei Zitate stehen hier als Zwischenbilanz.

Das erste ist von Friedrich Nietzsche:

> »Ein labyrinthischer Mensch sucht niemals die Wahrheit, sondern immer nur seine Ariadne.«

Das zweite ist von Niklas Luhmann:

> »Der Beobachter ist ...jemand, der eine Unterscheidung handhabt und sich selber nicht sieht, wenn er beobachtet.«

Und das dritte ist von Vilém Flusser. Er notierte in »Medienkultur«, dass

> »die einen jeden von uns mit anderen verbindenden Fäden unser konkretes Dasein ausmachen, wonach (um dies anders zu sagen) die Kommunikation die Infrastruktur der Gesellschaft ist«(1997, 144).

Jedes Zitat hat seinen eigenartigen Bezug zum Thema Netzwerke. Labyrinth, Unbeobachtbares, Fäden – verdichtet in dem Terminus »Infrastruktur der Gesellschaft« oder doch eher in der Idee von der »Infrastruktur menschlicher Kulturfähigkeit«? (M. Faßler 2002) Die Zitate zeigen einige Schwierigkeiten an, sich dem Thema Netz, Unsichtbarkeit, Verbindung, Unbeobachtbarkeit, Faden, Knoten zu nähern.

Netz ist dem Labyrinth ähnlicher als dem Meer, auf dem fälschlicherweise das Surfen versprochen wird. Navigation kommt dem schon näher, wobei für diese Orientierung nicht der Ariadnefaden auf dem Boden liegt, sondern in einem Sternenhimmel der URLs, Adressen, HTML-Beschriftungen usw. Sicher gibt es noch weitere Unterschiede: das Labyrinth ist nicht gleichzeitig durchlaufbar und beobachtbar gewesen, im Gegensatz zu heute, da die wired soldiers über bodylans und Satellitenunterstützung auch durch ihnen völlig unbekannte Territorien geleitet werden. Dem Labyrinth ist durch querlaufende Kommunikationsräume, durch eine Verschaltung von horizontalem Labyrinth, orbitaler Beobachtung und vertikalem Kommunikationsraum der Schrecken genommen. Aber dennoch kann sich der Beobachter nicht in dem Maße beobachten, dass er die Navigation durch den Raum an sich ziehen könnte. (T. Friedman 1995)

Der blinde Fleck bleibt.

Man mag sagen, dass dieser Gedanke die literarische Schönheit und die Poesie, die Dramatik des Labyrinthischen reduziere. Ich schlage vor, gerade dieser Reduktion zu folgen, nicht, um Schönheit und Poesie abzuwehren, sondern Zugang zu einer anderen Schönheit zu bekommen, zur Poiesie, zur denkbar und mitunter sichtbar gemachten Schönheit der Verbindungs- und Berührungsmuster, Kartografien, der Wahrnehmungslandschaften und der Reflexions- und Abstraktionslandschaften, die wir gegenwärtig als angewandte Mathematik bezeichnen.

In diesen Landschaften angewandter Mathematik bleibt der Mensch labyrinthisch, der Kontakt zu Ariadne episodisch, sehnsüchtig, die Distanz zum Unbeobachtbaren unermesslich. Anders gesagt: das Labyrinth folgt der Unbeobachtbarkeit, es ist die Phänomenologie der Suche nach einer sich selbst gewissen Anwesenheit. Dabei verlegt sich die Suche auf die Hilfsmittel, den Faden, löst sich von Ariadne, konzentriert sich auf die Hinterlassenschaft eines eindeutigen Signalweges durch die Unbeobachtbarkeit.

Wir beziehen diese Suche nach Anwesenheit, die Versuche, zwischen den Momenten des Ungewissen durch Strukturen, Wege oder Kanäle wenigstens Annäherungen an uns und etwas anderes zu erreichen, nicht mehr auf das Labyrinth. Der Faden ist längst in zunehmend komplexe Codierungen übergegangen, die die Trivialität der einen Richtung und der fehlenden Interaktivität hinter sich gelassen haben. Knoten, unverknotete Strecken, Farbengewirr, Fäden, die als Kanäle selbst transportieren, deren

Hauptfunktion ja gerade darin besteht, Kanal und Rückkanal zu sein, sind zwar immer noch labyrinthisch. Die, die dieses erzeugen, treten aber nach wie vor im Hermelin der Wahrheit auf.

Dem gegenüber steht der Leitgedanke:
Der homo sapiens war und ist weltweit in der Lage, immer wieder neu und anders Infrastrukturen seiner Kulturfähigkeit zu erzeugen und zu erhalten und deren Qualität durch mehr oder minder komplexe, und in ihren Abstraktionsgraden durchaus unterscheidbare Netzwerke zu erhalten. Gesellschaften, die hieraus entstehen, weisen in ihrer organisch-anorganischen Zusammensetzung die Merkmale dieser Netzwerke auf, ob als patrimoniale, matrimoniale, als urbane, industrielle oder medienbasierte Gesellschaften mit neuen Ambivalenzen und Ambiguitäten, wie On-Line / Off-Line, informationell Reiche und Arme.

4.

Die gegenwärtigen Prozesse medientechnologischer, ökonomischer, kriegerischer Globalisierungen und die enormen Entwicklungsdynamiken heutiger Wissenschaften haben zu sehr unterschiedlichen Wahrnehmungen geführt. Welt wird als unbeständiger, überraschender erfahren, als jene vorgestellte Welt der relativen Kontinuität, der stabilen und deshalb als sicher erfahrenen zwischenmenschlichen, beruflichen, sozialen Beziehungen. Nicht nur die raschen Veränderungen der inneren Beziehungen von Gesellschaft stellen die überlieferten Muster sicherer Verortung und Ansässigkeit in Frage, womit das medienökonomische und globale Subsystem Gesellschaft das territoriale und identitätsträchtige Großsystem Gesellschaft in Frage stellt. Gerade auch mit der individualisierten Kommunikation großer Reichweiten, die wir über Telefon, Television, Video, netzbasierte Kommunikation, Cyberspaces usw. nutzen, stellt sich der Mensch in *künstliche Umwelten*, die eigene Ökonomien der Aufmerksamkeit, der Präsenz und der Bedeutungen schaffen. (Faßler/Hentschläger/Wiener 2002) Eine unbezifferbare, sich ständig verändernde Menge unstetiger Prozesse von Neuorganisation menschlicher Lebensbedingungen durchzieht unser Leben. Wir nehmen dies auch wahr und versuchen, die Regeln dieser Veränderungen zu beobachten, zu beschreiben und, wenn nötig, zu kritisieren und zu verwerfen.

Die Bewegungsrichtungen dieser Prozesse sind dabei sehr heterogen. Die informationstechnologischen Veränderungen ermöglichen, immer weiter unter die Haut, in die Zellen, in subatomare, in genetische Bedingungen des Lebens einzutreten und sie zu beeinflussen; zugleich ermöglichen diese Technologien globale zeitgleiche kommunikative Anwesenheit von Menschen in künstlichen Umgebungen. Mikro und Makro, beides außerhalb der sinnlich-organischen Reichweiten des menschlichen Körpers, bestimmen das, was Alltag, Beruf, Wissenschaft usw. sind, und dies erfolgt über immer komplexer und leistungsfähiger werdende Künstlichkeit, Abstraktion und Technologie.

Mit diesen Überlegungen wird die Tendenz des Titels noch verstärkt, Strukturen (ob soziale, kulturelle, technische, mediale, ökonomische, reflexive, grammatische) ausschließlich als Produkte des Menschen zu beschreiben. Es gibt kein Jenseits von Strukturen, damit auch keine überzeitlich gültigen sozialen oder kulturellen Strukturen. Mit diesem Terminus lassen sich die Formalismen und die Formen beschreiben, mit deren Hilfe urbane Umwelten, Schienenwege, Versorgungsbedingungen, Transportstandards, Hierarchien, Beteiligungsmöglichkeiten u.ä. geschaffen, genutzt und erhalten werden. Mit dem Terminus ›Vernetzung‹ ist diese Dimension der gemachten Umwelt und ihrer prinzipiellen Veränderbarkeit angesprochen. Strukturen sind eingewoben in die künstlichen Umgebungen, von denen nicht nur unsere Kulturen in hohem Maße abhängig sind. Sondern Kultur ist künstliche Umgebungen. Sie ist eine Koalition zwischen der Biologie der Realität, der evolutionär jungen Fähigkeit des Menschen, Abstrakte zu denken und zu verwenden, den Fähigkeiten, Modelle für Lichtungen, Felder, Ansiedlungen, Wege, Straßen, Maschinen usw. zu denken und zu ›machen‹, der noch jüngeren Fähigkeit, Medien und Mediensysteme für Gedächtnis, Wissen und Projektion zu entwickeln und einzusetzen. Kultur ist ›gemachte‹ Lebensumgebung. Sie ist Destruktion und Konstruktion zugleich, weil sie an die Erhaltungsregeln des Lebens gebunden ist. Mittels Vernetzungen, d.h. mittels sehr unterschiedlicher zeitlich-paralleler Handlung-, Beteiligungs-, Reflexions-, oder Entwurfschancen können (und werden) Destruktionen abgefedert, aufgefangen, umgeleitet – als unverzichtbar, als unaufhebbarer Widerspruch, als oppositionelle Verschiedenheit.

Konstruktion ist Destruktion, Auswahl, willkürliche Hierarchisierung, selektive Pragmatik, evolutionärer Lernprozess, evolutionäres Vergessen. Um Ihnen diese Position zu verdeutlichen, stelle ich fünf Aussagen über das Leben, gemeint ist das des homo sapiens, an den Anfang:

Leben frisst Ordnung
Erwin Schrödinger
*

Leben ist Negentropie
Léon Brillouin
*

Leben ist Problemlösen
Karl Popper
*

Leben ist dissipativ
Ilya Prigogine
*

Leben bildet die stabilsten Strukturen im Universum
David Deutsch

Es würde sich lohnen, jeder einzelnen Aussage nachzugehen. Hier verwende ich diese Aussagen nur, um den existenziellen und gattungsgeschichtlichen Grundbedarf des Menschen nach Vernetzung darzulegen. Stellt man Leben und Vernetzung in einen Überlebens- und Entwicklungs-Zusammenhang, wird das, was Selbstorganisation oder Autopoiesis genannt wird, in einem direkten Bezug zur Lebenspraxis deutlicher. Der Mensch baut sich dann nicht nur irgendwelche künstlichen Umgebungen, sondern er ist von Umgebungen, die ihm zu leben ermöglichen, abhängig, schlussendlich also von den künstlichen Umgebungen jedweder Art. Und mit diesen künstlichen Umgebungen, die wir Kultur, Kommunikation, Familie, Eigentum, Liebe, Kunst, Maschinen, Universum nennen, verändert sich das, was Mobilität, Reichweite, Anwesenheit, Ausrichtung des Lebens ist. Künstliche Umgebungen sind nicht des Lebens neue Kleider, sondern sich veränderndes nicht-individuelles Leben. Mit Vernetzung, wie ich den Terminus verwende, spreche ich also rückbezügliche, dynamisch rekursive Selbstorganisation an.

Netzwerke und Vernetzung stehen für mich im Vordergrund der Beschäftigung mit dem Menschen und seiner ›Beziehungsfähigkeiten‹. Jeder Akt der Unterscheidung und der Erinnerung und Anwendung dieser Unterscheidung, ist ein Knoten in einem Netzwerk. Jeder Knoten ist dabei verschieden. Prozesse, die wir als Erkennen, als Entwerfen, als Bedenken, als Reflexion beschreiben, bilden Knoten für ein Netz oder für dessen Veränderung. Knoten sind ohne Dazwischen, ohne Verbindungen (›Formung‹ von Gefügen, Geflecht oder Entstehung einer von Netzen gebil-

Abb. 1: Flichy, P. (1994):
Tele. Geschichte der modernen Kommunikation, Frankfurt/M.

Iridium satellite system

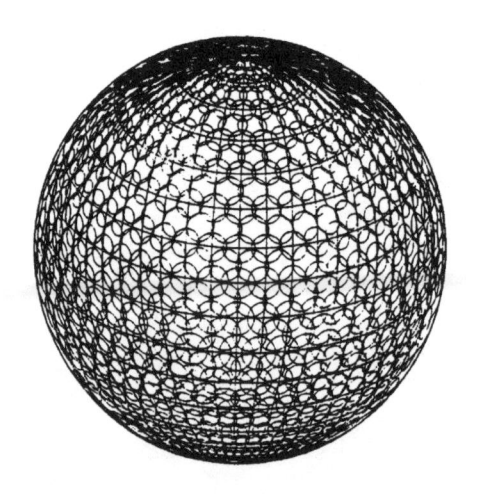

Potential Iridium service areas

Abb. 2: Jones, St. G. (1995): Cybersociety, London

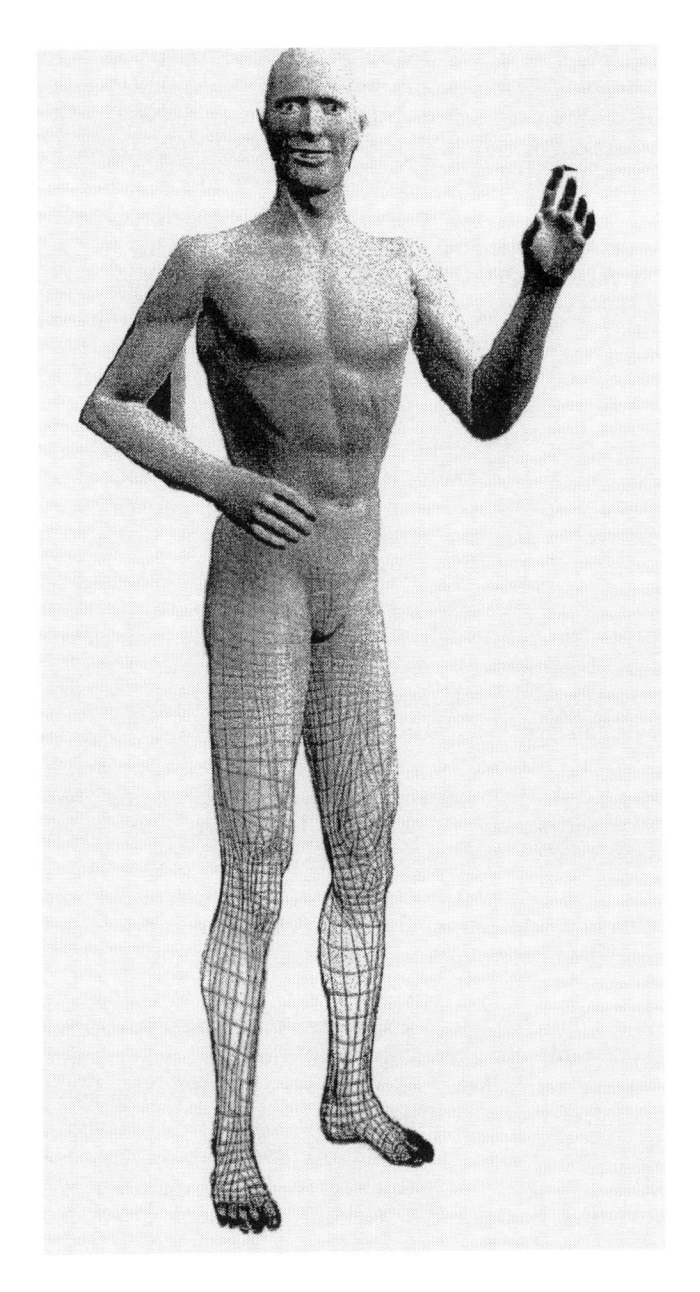

Abb. 3: Avatar der Firma Artificial Life, Großumstadt

deten Gestalt) oder ohne Kanäle und Übertragbarkeit von Nachrichten interpersonell und kulturell unsinnig. Flächig kennen wir Netze als kartografische Ordinaten Längen- und Breitengrade, variabel und chaotisch als Fangnetze in der Fischerei, telefontechnologisch kennen wir dies als oberirdische Kabelführungen der Leitungen (Bild 1 »Telephonleitungen in New York, 1885«), medientechnologisch als satellitengestützte Vernetzung des Globus (Bild 2 »Iridium system«), oder aus der Computergrafik als Vektormodelle zunehmender Komplexität. Mit ihnen wird das morphische Geschehen innerhalb der digitalen Medienumgebungen (neben dem Pixel-Aufbau) bestimmt. Ein älteres Beispiel hierfür ist RobRoy der Firma Artificial Life. (Bild 3 »Cyber-Roboter Roy«).

An RobRoy lässt sich die gegenwärtige Entwicklungs- und Fragedynamik nach den ›Beziehungs‹-fähigkeiten des Menschen unter Vernetzungsbedingungen darstellen. In dem Maße, wie die lebensintegrierten Umwelten des Menschen binär-abstrakt werden, müssen die Anstrengungen intensiver daran ausgerichtet werden, sinnlich-attraktive und mithin sinnlich-reflexive zu entwickeln. Zugleich müssen nicht nur Einzelbeispiele künstlicher Figurinen produziert werden, sondern künstliche Umwelten, in denen diese als Agenten, Avatare, als elektronische Roboter, als Diener, personenrechtliche Vertreter usw. eingesetzt werden können. Der physiologisch-reale Mensch macht sich eine künstliche Welt, in die er ›eintauchen‹ kann. Dabei ist dies nur schlüssig, – ob im Spiel oder bei der On-Line-Recherche –, wenn in dieser künstlichen Welt eine vergleichbare Ko-Aktionalität von einzelnem Menschen und Umwelt(en) möglich ist, wie in real realer Welt. Was beide Wirklichkeitsbühnen, also On-Line / Off-Line, dinglich-gegenständliche und abstrakt-gegenständliche Welt, verbindet, sind nicht die materialen Interfaces und auch nicht die Schalter und Bildschirme. Es ist die Fähigkeit des Menschen, Glaubwürdigkeit und Erwartungen, und zwar jenseits des ›handgreiflichen‹ Beweises, jenseits der positivistisch eingefangenen Dinglichkeit.

Der Mensch ist durch seine genetische und cerebrale Ausstattung dazu befähigt und evolutionär veranlasst, ›sich sein Teil zu denken‹ und dies zu seiner Umwelt zu machen. Er erzeugt mit jedem mentalen Modell reale Virtualität, ob sie nun in einen greifbaren Gegenstand übersetzt wird oder in weiteren Gedanken existiert. Kultur verkörpert die Zusammenstellung und Hierarchisierung unterscheidbarer realer Virtualitäten, seien sie nun Glaube, Mythos, Literatur, Post, Geldfluss, Television oder Video on demand. Welche soziale Form diese Zusammenstellungen annehmen können, ist damit nicht gesagt. Was aber hat das mit RobRoy zu tun, mögen Sie fragen. Nun, schaut man sich nur eine Liste ausgewählter Bedingungen an, so ist gut erkennbar, wie viel reale Virtualitäten entwickelt und

Vernetzungen

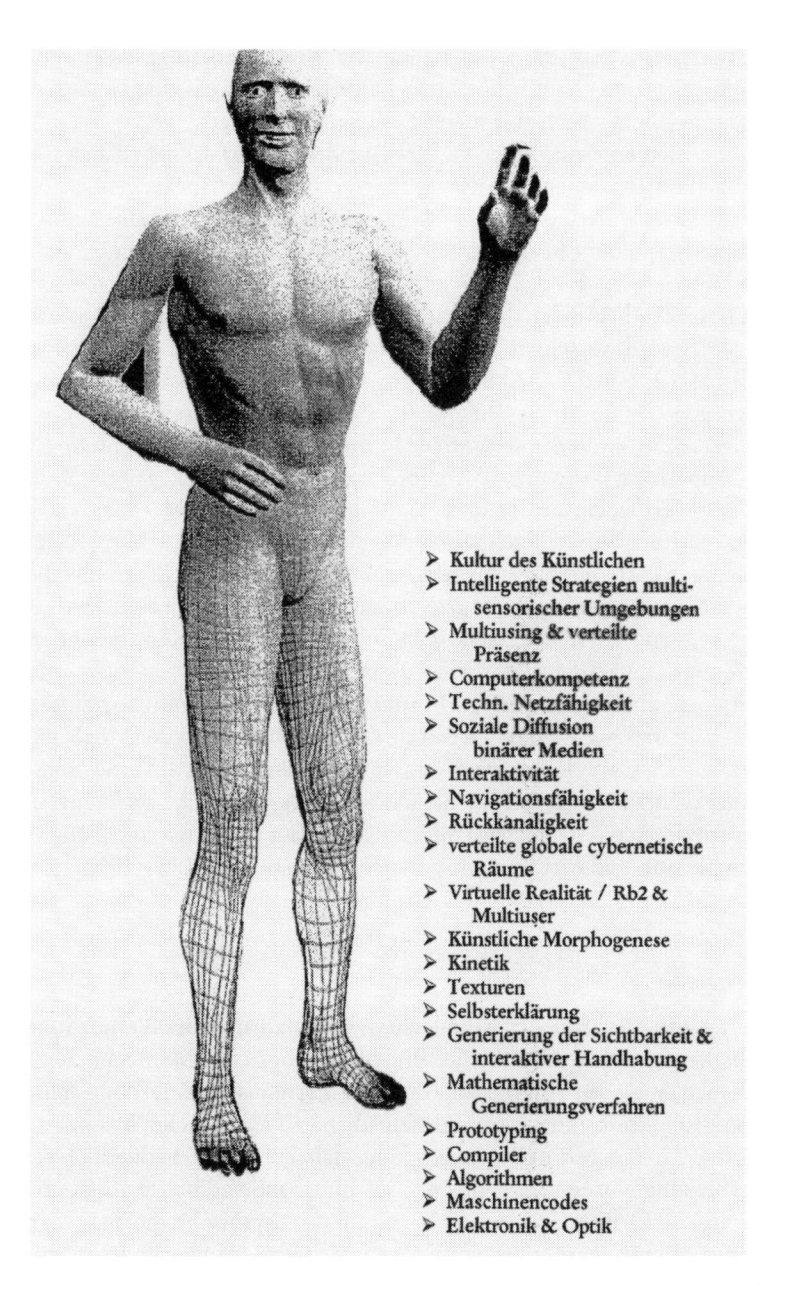

- Kultur des Künstlichen
- Intelligente Strategien multisensorischer Umgebungen
- Multiusing & verteilte Präsenz
- Computerkompetenz
- Techn. Netzfähigkeit
- Soziale Diffusion binärer Medien
- Interaktivität
- Navigationsfähigkeit
- Rückkanaligkeit
- verteilte globale cybernetische Räume
- Virtuelle Realität / Rb2 & Multiuser
- Künstliche Morphogenese
- Kinetik
- Texturen
- Selbsterklärung
- Generierung der Sichtbarkeit & interaktiver Handhabung
- Mathematische Generierungsverfahren
- Prototyping
- Compiler
- Algorithmen
- Maschinencodes
- Elektronik & Optik

Abb. 4: siehe 3, plus meiner textlichen Erweiterung

vernetzt werden müssen, um die material-binäre Schaltungsfigur in eine funktionale und sinnförmige sozio-kulturelle Dienstleistung zu ›übersetzen‹. Im Bild 4 sind einige dieser Bedingungen notiert.

Die Elemente für dieses kulturell-mediale Interface ließen sich noch vermehren. Ich denke aber, dass die angesprochenen Aspekte genügen, um die These zu unterfüttern: jede Form und Gestalt, jeder Gedanke und Entwurf entstehen ›in Bezug‹ auf etwas, sind also Unterscheidungsgewinne, und überleben nur ›in Bezug‹ auf, sind also an *funktional- pragmatische Aktivierung* gebunden, – oder anders gesagt: an Vernetzung. Was nicht vernetzt wird, verschwindet. Sicher wurde über lange Zeit alltäglich und wissenschaftlich diese ›Aktivierung‹ als Integration ›in‹ einen Zusammenhang gedacht, ›in‹ ein System. Menschliches Verhalten erschien dabei vorrangig als Strukturen unterworfene Existenzialität oder Entfremdungslage, in Anpassung gezwungen; entsprechend pessimistisch waren Gesellschaftsbegriffe, entsprechend revolutionär (›Brechen der Macht von...‹) die Alternativen. Nun will ich weder Armut und Brutalität, strukturelle Gewalt noch Unterwerfung leugnen. Aber ich suche diese nicht nur und nicht vorrangig in ›sozialen Strukturen‹, sondern in ›kulturellen Feldern‹.

Versucht man, die virtuelle, symbolische, mediale, ökonomische ›Beziehungsfähigkeit‹ des Menschen zu beschreiben, wird man nicht umhin kommen, die Frage danach zu beantworten, was überhaupt Sozialität ermöglicht und wie Kultur, – wenn sie denn als Bedingung der Möglichkeit von Sozialität anerkannt wird -, zusammen gehalten wird. Vernetzung ist dabei allenfalls ein Terminus, der das »Skelett« beschreibt, nicht aber den ›Körper‹. Ich werde mich im folgenden Text auf den Zusammenhang von Abstraktion und Medienevolution beziehen. (siehe: P. Levy 1997)

5.

Vernetzung hat mit der grundständigen Erfahrung der Vermittlungsfähigkeit und dem sich entwickelnden Vermögen der Menschen zu tun, Zeichen, Speicher, Verarbeitungslogiken, Lernmuster, Vererbungsmuster und Produktionsmuster für das Künstliche zu entwickeln. Was mit dem Netzgedanken verbunden wird, kann dabei sehr unterschiedlich sein. Vernetzung wurde verwendet, um auf Blutsbande gestützte vererbungsrechtliche Ordnungen abzusichern, um die mythische, normative, religiöse ›Bindung‹ (Moses als ›Knoten‹ zu Gott) zu begründen, um die gegenständliche, visuelle, mediale, institutionelle Selbstorganisation des Menschen zu ko-ordinieren. Über lange Zeit wurde diese ko (-aktionale, -ordinative, -operative) Bedingung geleugnet. Die bis in die Gegenwart

Domains of Communication Media

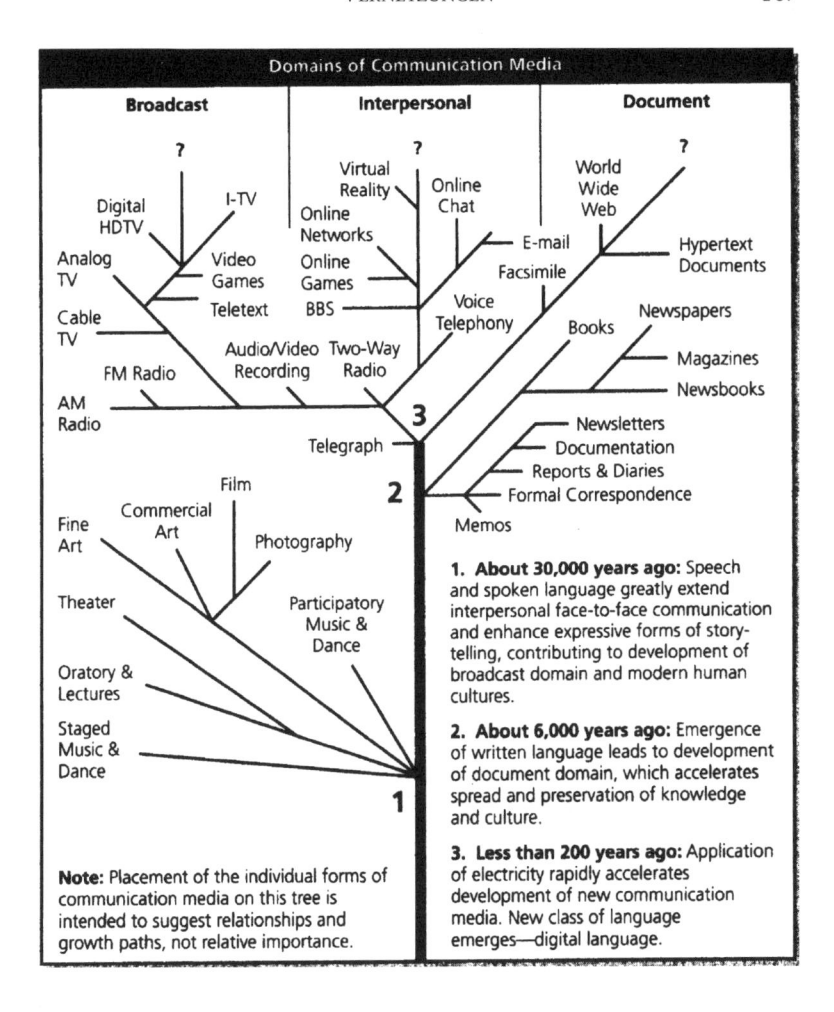

Broadcast | **Interpersonal** | **Document**

- Digital HDTV
- I-TV
- Analog TV
- Video Games
- Cable TV
- Teletext
- FM Radio
- Audio/Video Recording
- AM Radio
- Virtual Reality
- Online Networks
- Online Games
- BBS
- Online Chat
- E-mail
- Facsimile
- Voice Telephony
- Two-Way Radio
- World Wide Web
- Hypertext Documents
- Newspapers
- Books
- Magazines
- Newsbooks
- Newsletters
- Documentation
- Reports & Diaries
- Formal Correspondence
- Memos
- Telegraph
- Film
- Commercial Art
- Photography
- Fine Art
- Theater
- Participatory Music & Dance
- Oratory & Lectures
- Staged Music & Dance

1. About 30,000 years ago: Speech and spoken language greatly extend interpersonal face-to-face communication and enhance expressive forms of storytelling, contributing to development of broadcast domain and modern human cultures.

2. About 6,000 years ago: Emergence of written language leads to development of document domain, which accelerates spread and preservation of knowledge and culture.

3. Less than 200 years ago: Application of electricity rapidly accelerates development of new communication media. New class of language emerges—digital language.

Note: Placement of the individual forms of communication media on this tree is intended to suggest relationships and growth paths, not relative importance.

Abb. 5: Fidler, R. (1997): Mediamorphosis. Understanding New Media, Thousand Oaks

reichenden Versuche, den Produkten und Konstruktionen des Menschen einen ontologischen Status jenseits der evolutionären Pragmatik des Menschen zu geben, deuten an, wie schwierig es auch in naher Zukunft noch sein wird, das Künstliche (Autopiesis) mit Kultur eng zusammen zu denken. Aber die medientechnologischen Entwicklungen werden dazu zwingen, Sinnlichkeit, Abstraktion, Reflexion, Projektion und Anwendung als nicht hintergehbaren Zusammenhang menschlicher Selbstorganisation verstehen zu lernen.

Durch Vernetzungen der Abstrakta entstanden kulturelle Felder mit sehr verschiedenen Bewirtschaftungsweisen: Nähe, Ferne, Entfernung, Präsenz, Beteiligung, Macht, Einfluss, Ohnmacht usw. Sie wurden ›verallgemeinert‹ durch und in Medien, die eine Art Verfahrensdichte und eigene Logiken des Lernens und neuerlichen Abstrahierens darstellten. Roger Fidler hat in seinem interessanten Buch »Mediamorphosis« diesen Zusammenhang von Abstraktion, Technik, Anwendung und eigenwertiger Formgeschichte der Medien dargelegt.

Der Baum ist, wie alle Modelle, im ›Nachhinein‹ entstanden. Damit ist keine lineare Evolution angesprochen, sondern die komplexe Geschichte von Variation, Selektion, Anpassung, Anwendung angesprochen. Die unzähligen und wohl auch unbekannt bleibenden Versuche des Menschen, sein Abstraktionsvermögen zur Optimierung der Anpassung und der Konstruktionen einzusetzen, sind hier nicht angesprochen. Man kann diesen Medien-Baum auch als ein Modell über die immer wieder veränderten und neu strukturierten künstlichen Umgebungen verstehen.

In der infrastrukturellen und medialen Verfassung von Umgebungen liegt die wissenschaftlich mögliche Verbindung von Abstraktion und Struktur. Sie verdeutlicht die Grundüberlegung, dass Menschen jedweder Weltregion nur in vernetzten Beziehungen leben und überleben können: der Mensch ist ein Umgebungswesen, ganz gleich wie nah oder fern diese Umgebungen sind. Er kann seiner Möglichkeiten nur gewahr werden in der praktischen und reflektierten Anpassung an die naturalen und kulturalen Lebensbedingungen, an einzelmenschliche, kollektive Lebenserwartungen, an mythische, religiöse, politische, ästhetische, wissenschaftliche Lebensorientierungen und Lebensoptionen.

Die medialen Gesten, sich zu verständigen, haben sich endgültig vom face-to-face gelöst. *Tele-fonie* und *Tele-vision* wurden durch die datentechnische Gleichstellung mit *Tele-Interaktivität* zu einem neuen, eigenwertigen Realitätsgefüge, das man als Cyber-Moderne (Faßler 1999) beschreiben kann. Fern-Erreichbarkeit und Fern-Anwesenheit wurden durch die sich rasch ausbreitende Vernetzung aus der Ebene der *individualisierten Privatkontakte* (nach dem Telefonprinzip) in die Ebene der *individualisierten Gruppen- oder Kollektivkontakte* gehoben.

Der Mensch, ›hälftenhaft‹ wie H. Plessner schrieb, schafft nur Künstliches, ob Feld, Haus, Bombe, Codes. Kultur ist stets *clash of the artificial*. Das Künstliche ist des Menschen zweite Hälfte, durch die die erste sich erst erhält, erkennt, beschreiben und beobachten kann; -schaffende und schützende Umgebung.

»Künstlichkeit im Handeln, Denken und Träumen ist das innere Mittel, wodurch der Mensch als lebendes Naturwesen mit sich in Einklang steht. Mit der erzwungenen Unterbrechung durch gemacht Zwischenglieder hebt sich der Lebenskreis des Menschen, dem er als selbständiger Organismus von Bedürfnissen und Trieben auf Tod und Leben eingeschmiedet ist, in eine Natur überlagernde Sphäre und schließt sich dort in der Freiheit. Der Mensch lebt also nur, wenn er ein Leben führt...Er muss tun, um zu sein.« (H. Plessner 1960)

6.

Menschliches Leben erhält sich in Künstlichkeit. Ob wissenschaftlich oder künstlerisch, episodisch oder systematisch, ist diese Künstlichkeit eine unhintergehbare Unterbrechung eines biologischen Lebens. In der Unterbrechung, im Irgendwo des Dazwischen, schafft der Mensch seine Selbstbeobachtung. Er umgibt sich mit den Künsten der Selbstbeobachtung und Selbstanwendung, der Kopien und der Zerstörung. Schauen wir uns die Entwicklungen dieser besseren Hälften in einzelnen Beispielen etwas genauer an.
An drei Bereichen möchte ich dies kurz darstellen:

1. an Entwicklungen der Ausdifferenzierung der Naturwahrnehmung,
2. der Entwicklung der medialen Selbstbefähigung des Menschen und
3. der modernen wissenschaftlich-technologischen Globalisierung.

Ad 1. Wir Menschen leben in sinnlich-geistig-reflexiven Bindungen zu den Umgebungen, die wir als die unsrigen, uns fremden, uns interessierenden, von uns erdachten bezeichnen und empfinden. Wir machen uns das Künstliche zugänglich, bearbeitbar, lebensfreundlich oder -feindlich, suchen Morphe, Körper, Zusammenhänge ebenso wie Formeln, Zahlen, elektronische Schaltungszustände. Und wir versuchen andauernd, diese Un-Dinge, wie Gregory Bateson gedankliche Entwürfe nannte, in Vernetzungen real werden zu lassen, dem flüchtigen Gedanken Halt zu geben, ihm Halt zu befehlen, die Phantasien einzuknoten, sie pragmatisch zu wenden.

Die so entstehende Gestaltung des Künstlichen nenne ich Virtualisierung. Ihre Phänomenologie ist die Vernetzung. Sie verwende ich als eine unerlässliche lebenserhaltende kommunikative Handlung. In »Die Physik der Welterkenntnis« betont David Deutsch, dass virtuelle Realität keine Anomalie sei, die durch die »zufälligen Eigenschaften der menschlichen Sinnesorgane« entstünden. Virtuelle Realität sei »eine zentrale und grundlegende Eigenschaft des Multiversums«.

Diese grundlagentheoretischen Aussagen lassen sich in über aus spannende medienanthropologische Fragestellungen übersetzen. Dass diese in der Frühgeschichte der medialen Selbstbefähigung eng mit Naturerfahrung zu tun hat und als Naturgeschichte bis zum Ende des 18. Jahrhunderts reichte, ist schon oft dargelegt worden. Ich greife beispielhaft nur eine Arbeit heraus, die von Hans Peter Duerr über die Frage, welche Kulturen das Leben gehasst und welche es geliebt haben. In »Sedna oder die Liebe zum Leben« legt er eine faszinierende Ethnographie der Weltbilder vor. Für das Thema der Vernetzung gehe ich auf jene vermuteten Irritationen über den Wechsel der Jahreszeiten zu, mit denen Ideen des überzeitlichen Zusammenhanges, also eines Zeitnetzes, eines Gesetzes der Fruchtbarkeit, Ideen der Speicherung usw. verbunden waren. H. P. Duerr (1984) zeigt, dass »die periodischen Veränderungen in der Natur bereits für die jungpaläolithischen Jäger und Sammlerinnen und mehr noch für die späteren Pflanzer einen Bruch in der Selbstverständlichkeit des Daseins« bedeuteten.

Zwar machte man immer wieder die Erfahrung, dass die abgewanderten Tierherden zurückkamen und dass die Pflanzen aufs neue wuchsen, aber die Unsicherheit ließ sich nicht völlig beseitigen. Bestimmte diese Unsicherheit auch nicht in elementarer Weise das Lebensgefühl, so blieb sie doch als kleine dunkle Wolke am Horizont stets gegenwärtig. Die zentralen Rituale, die man »zwischen den Zeiten« durchführte, waren wohl einerseits *Mimesis*, d.h. Einpassung in die Natur, andererseits aber schon Eingriff, wenn auch ein *Eingriff* ›zur rechten Zeit‹, d.h. in jenem Intervall, in dem die Natur sich ohnehin zurücknahm, um ihre Kräfte zu regenerieren.« (Duerr 1984: 231)

In den Ritualen, die Duerr rückblickend thematisiert, geht es zwar um die sichere Rückkehr der Jahreszeiten, des Regens und der Fruchtbarkeit, aber dennoch wird versucht, eine eingreifende Verbindung zwischen Jagd und Natur, Verständigung und Unterworfensein herzustellen. Mary Douglas (1981) beschreibt dies als »Gebrauch des Körpers als Ausdrucksmittel« das mit den »übrigen Ausdrucksmitteln koordiniert« wird. Dabei wird nicht vorrangig der Natur getraut, sondern alle »Schichten der Erfahrung (werden) miteinander in Einklang gebracht«, eine »allgemeine Abstimmung der Ausdrucksmittel« erfolgt.

Die so entstehenden Verbindungen verstärken die Distanzierungen vom Körper, lassen ein *künstliches Netzwerk der Einflüsse, Anwesenheitsformen und Transformationen* entstehen. D. Deutsch (1996: 136) schrieb:

> »Biologisch gesprochen ist die Simulation der Umwelt in der virtuellen Realität charakteristisch für das Überleben der Menschheit. Sie ist der Grund dafür, dass es Menschen gibt. Die ökologische Nische, die Menschen besetzen, hängt genauso unmittelbar und absolut von der virtuellen Realität ab, wie die der Koalabären von den Eukalyptusbäumen.«

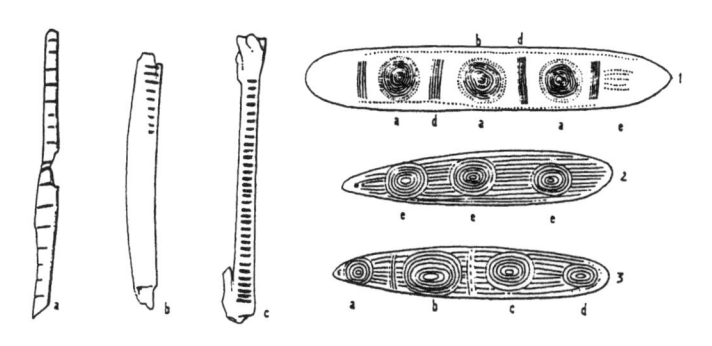

*Abb. 6: Leroi-Gourhan, A. (1984): Hand und Wort.
Die Evolution von Technik, Sprache und Kunst, Frankfurt/M*

Die gedankliche Erzeugung einer Realität ist also so etwas wie Überlebens-Nahrung des Menschen. »Leben...(stellt) eine Art Wirklichkeitssimulation dar (...)«.(1996: 167) Die (Über-) Lebensnahrung dient nicht nur der lernenden Anpassung an die physikalisch harte Welt, der Entwicklung von Handlungs-, Bearbeitungs- und Realisierungswissen. Sie scheint immer wieder neuer Anfang für neue Anfänge, Veränderungen, Entwürfe, Rückzüge und Rückschritte zu sein.

Ad 2. Worin besteht diese abstrakte Überlebensnahrung, die ja offensichtlich zugleich Vernetzungsquelle ist? Es sind die Zeichen, die Symbole, oder, wie es in der Kybernetik heißt, die Systeme 2.er Ordnung, also die Zeichen-, Bild-, Zahlen-Sprachen. A. Leroi-Gourhan führte die Entstehung dieser 2.en Ordnungen (der künstlichen, hoch-reflexiven Ordnungen) auf sehr unterschiedliche Handlungsimpulse zurück: auf das bloße Notat, also das Zeichen, dass Menschen ›hier gewesen sind‹, z.B. in Höhlen; auf die Erinnerung daran, wie viel Beutetiere man gesehen hat, und auf die Konnotation, also die Benachrichtigung der Jäger in der Gruppe usw.

Die Fragen bleiben: wie kommt der Mensch darauf, diese Zeichen zu entwickeln? Obwohl der Medien-Baum eine gewisse Logik aufweist, sind die Hintergründe jedes einzelnen Mediums in langen und vollständig wohl nie rekonstruierbaren Abstraktions- und Vernetzungserfahrungen zu sehen. Allerdings sind medienanthropologisch mit dieser These der *langen Entwicklungen* einige tiefgreifende Konflikte berührt. Ich will sie hier nur benennen und mich einem Erklärungsmodell zuordnen. Der

Grundkonflikt besteht im Gegenüber der Theorie des großen kulturellen und schöpferischen ›Urknalls‹, dem evolutionsbiologischen ›Big Bang‹ und der Theorie der multiregionalen Evolution und der bereits urgeschichtlich vermuteten Austausche der Fähigkeiten bestimmter Handlungs- und Ausdrucksinventare. Dem unterlegt ist ein anderer Streit darum, ob das Auftreten des ›frühmodernen‹ homo sapiens sapiens vor 40.000 Jahren zum genetisch und kulturell spurlosen Untergang z. B. des Neandertalers führte. Die Forschungen des Münchener Genetikteams um Svante Pääbo und Matthias Krings von 1997 belegten, dass der genetische Abstand zwischen dem Neandertaler und dem homo sapiens etwa dreieinhalbmal so groß ist (bei 378 Basenpaaren gab es zum heutigen Menschen 27 Abweichungen), wie der zwischen den modernen Menschen. Folgt man diesem Gedanken, so begännen unsere Kulturenchronologien eben erst vor 40.000 Jahren. Verlängert man die Chronologie der abstrakten, kreativen, gestalterischen Fähigkeiten der Menschen »nach unten«, wie Martin Kuckenburg (2001) es in »Als der Mensch zum Schöpfer wurde« formuliert, oder geht wie Lutz Fiedler (1999) von einer »langen Chronologie« aus, so ist der genetische Abstand kein hinreichendes Argument. Vielmehr wird es dann wichtig zu berücksichtigen, dass es großes handwerkliches Geschick und damit Abstraktionsvermögen bereits im frühmenschlichen Überlebensarsenal von vor 400.000 Jahren gegeben hat.

Also kein big bang? Ich neige hierzu. Dennoch bleibt erklärungsbedürftig, warum vor 40.000 Jahren eine »semiotische Explosion«(D. Givens 1990), also eine Explosion der Bezeichnungs- und Zeichenfähigkeit der Menschen stattfand. Neben den 300.000 Jahre alten Artefakten (Ochsenrippe von Bordes) aus der Vor-Neandertal-Periode, den Cro-Magnon-Handabdrücken in der Höhle von Gargas in Frankreich, den Kratzspuren an den Wänden der australischen Koonalda-Höhle (20.000 v.Chr.) tauchten realistisch gemeißelte Tier- und Menschenformen auf (Vogelberg-Höhle Deutschland 30.000 v.Chr.) oder die Venusfigurine von Laussel (etwa 22.000 v.Chr.) Drückt die eine Artefaktserie aus »von Menschen gemacht«, »hier waren Menschen«, so sind die Höhlenmalereien »komplizierte Nachrichten wie ›Pferd‹, ›Löwe‹, ›Leopard‹, ›Bison‹, ›Mammut‹, ›erwachsenes menschliches weibliches Wesen‹, vielleicht auch solche Qualitäten wie ›stehend‹, ›wach‹, ›mit gebeugtem Kopf‹, ›mit angespannten Muskeln‹.« (Givens: 98) Mit diesen Schritten setzt sich die piktografische Narrativität fort und erweitert sich, die wir aus der levantinischen Felskunst (etwa 11 500 v.Chr.), ägyptischer Grabkunst (ab 3 000 v.Chr.) und vielen anderen Funden kennen.

Die *semiotische Explosion* lässt sich im nachhinein als Ausgangsfeld für eine *syntaktische Explosion* beschreiben, in deren Verlauf gelernt wurde, Beziehungen zwischen den bezeichneten Gegenständen herzustellen, sie einander zuzuordnen. Gegenüberstellungen, Verbindungslinien, Abkehrmuster legen die Fähigkeiten aus, Abstraktionen zu entwickeln.

Warum ist dies wichtig zu wissen? Zum einen, um die These langer, multiregionaler Entwicklungen annähernd zuordnen zu können. Zum anderen, um zumindest die Fragestellung zu eröffnen, wie menschliche visuelle Fähigkeiten und Ausdrucksinventare entstehen und wie sie in den Feldern des offensichtlich enormen Abstraktionsvermögens des menschlichen Gehirns und der enormen Variationsbreiten menschlicher Kulturen anzusiedeln sind.

Folgt man der These der »langen Chronologie«, lassen sich eben über lange Zeiträume entwickelte, behaltene, weitergegebene taktile, handwerkliche, instrumentale Vorlaufprozesse als Grundlage für die Visualisierung ansetzen. Wir hätten es dann nicht nur mit stammesgeschichtlicher intergenerationaler Weitergabe zu tun, sondern auch mit Lern- oder Übernahmeprozessen zwischen den homo-Gattungen. Dies heißt auch, dass das Vermögen, ein visuelles Ausdrucksrepertoire entwickeln zu können, zeitlich sehr gedehnte kollektivgeschichtliche Lernprozesse des Umgangs mit der eigenen Abstraktionsfähigkeit und der Übernahme fremder (allopoietischer) Abstraktionen beinhaltet. Nun kann man fragen, worin denn annäherungsfähige Abstraktionsleistungen zwischen dem frühmenschlichen Jagdhandwerk und der Visualisierungsfähigkeit des homo sapiens sapiens bestehen, der in der Grotte von Chauvet (30.000 Jahre alte Bilder), in der »Bilderhöhle« (M. Kuckenburg) von Altamira oder von Lascaux (zwischen 12.-18.000 Jahre alte Bilder) ›malte‹.

Bedenkt man, dass handwerkliche, strategische, taktische Vorbereitung einer Jagd bereits erhebliche ›Vorstellungen‹ über das Verhalten des Beutetiers, über die Jagdsituation, den Jagdort u. ä. erfordern, und diese Vorstellungen z.B. in der Gruppe ›kommuniziert‹ werden müssen, stößt man auf die Fähigkeit, *ein nicht anwesendes Gegenüber herzustellen*. Diese muss so aufbereitet sein, dass in der Künstlichkeit des gedachten Prozess die abwesende aber zukünftige Realität bearbeitet werden kann. Nun bedeutet die Modellierung des Jagdgeschehens nicht selbstverständlich Bildfähigkeit. Umgekehrt ist aber die visuelle Kunstfähigkeit entwicklungsgeschichtlich an die Kunstfertigkeit des (Jagd-, Kriegs- und Bau-) Handwerks gebunden. Dies war auch über längere Zeit bewusst, als man noch von Bau-, Mal-, Kriegskunst sprach.

Ad 3. Hatte das Werkzeug sehr früh die Hand verlassen und war zur Technik und zur Maschine geworden, dauerte es doch lange, bis die gesprochene Sprache und die visuelle Wahrnehmung den menschlichen Träger und Akteur verließen. Von heute aus betrachtet, sind die Zeiträume entwicklungstheoretische interessant: 400.000 Jahre Technikgeschichte bildeten ein stabilen und leistungsfähigen biomechanischen Organismus aus Fuß, Hand, Körperdrehung, aufrechtem Gang und Gehirn. Diese biomechanische Modellbildung im Gehirn scheint vor 100.000 Jahren abgeschlossen zu sein. In den Forschungen ist man sich einigermaßen einig, dass das Aufkommen des Graphismus vor annähernd 30.000 Jahren zu datieren ist. Und diesen Erfindungen zeichenhafter Darstellungen und Äußerungen stehen, wiederum von heute aus gerechnet ca. 6.000 Jahre Mediengeschichte gegenüber. Und seit 20. – 30.000 Jahren soll sich, wie Biologen und Neurophysiologen vermuten, die physiologische Struktur des Gehirns nicht verändert haben.

Was aber hat sich verändert? Die Antworten liegen in den Feldern der medialen Selbstorganisation menschlicher Lebensumwelten, also in den wechselseitigen Dynamiken der Strukturen ›da draußen‹ und den Strukturen ›hier drinnen‹.

Länger als die Technikgeschichte reicht wohl der Bedarf an Verständigung zurück. Die Hominiden haben sich schon immer gestisch, mimisch, akustisch verständigen müssen, »doch erst in den letzten zwei oder drei Jahrtausenden versucht, zu beurteilen, wie gut ihre Verständigung war«, betont Ch. v. Doren in seiner »Geschichte des Wissens«(445). Die Qualitätssicherung wurde dabei oft zur Herrschaftssicherung. Erst als Menschen begannen, nicht nur sich zu bemalen, sondern sich zu bekunden, zu benennen, zu beschreiben, sich und Dinge zu beurkunden, die Differenz zu anderen Menschen, die Feindlichkeit oder Nähe zu diesen zu behaupten und dies mittels Zeichensystemen zu wiederholen, konnten Menschen vor sich selbst erscheinen.

Das Gesicht der Medien schuf ein neues Angesicht der Menschen.

Die Fragen nach Vernetzungen, nach der Graduierung des Abstrakten oder nach der Bedeutung der Fiktion und Imagination tauchen bereits aus den frühen Fähigkeiten auf, Denken nicht nur sprachlich zu symbolisieren, sondern sich auf unbelebtes, ›unsterbliches‹ Material zu verlassen. Und es schuf tiefgreifende Missverständnisse. Eines besteht in der These, Medien seien Konterpart des menschlichen Antlitzes.

Schaut man sich genauer an, worin die Materialität der Medien besteht und wogegen sie organisiert wird, erscheint nicht des Menschen Angesicht, sondern die Gesichtslosigkeit, man könnte auch sagen: die Unbeobachtbarkeit der Natur und des Todes. Medienentwicklung beginnt nicht in

Konkurrenz zum Angesicht, sondern in der Modellierung des Vermittlungsraumes zwischen Mensch und seinen wie immer gearteten Umgebungen. Vermittels der Medialität werden die Modelle von Natur und Welt nachvollziehbar, einsehbar, besprechbar, erinnerbar. Mittels der Medien fügen Menschen Zeitregimes in die Wechselbeziehungen von innerer und äußerer Natur ein, Systeme erhofften oder geglaubten Aufschubs, Phantasmen der Todesumgehung. (Gegenwärtig, so scheint es, wird durch die als Beschleunigung erfahrene computerverstärkte Medialität die Fähigkeit abgebaut, die kulturelle zugesicherte Distanz zu Natur und Tod zu halten.)

Die künstliche, unbelebte Zeichenwelt präparierte die Erinnerung und die Überlegungen aus der direkten Beziehungen heraus. Menschen schufen präparierte materiale Bildgründe, präparierte Textgründe, Tonräume und tun dies immer noch. Und sie präparieren sich damit selbst, erhalten sich ihre Gedankenwelt und bereiten sich in ihr auf sie vor. Die physikalische, chemische, mechanische, optische und mathematische Präparierung des Trägermaterials gibt der fremden Natur die Form der menschlichen Präsenz.

Erst als die Sterblichkeit des Gedächtnisses durch die Erfindung des künstlichen Erinnerns mittels der unbelebten Zeichenwelt aufgefangen schien, dachten Menschen nicht nur sich selbst, sondern auch gewesene Menschen, erfanden sie Geschichte, Philosophie, Zeitrechnungen und Kontoführungen. Die Ablösung der medialen Funktionen vom Menschen führt also in eine bemerkenswerte Schleife: der Mensch lernt sich durch die textlichen, visuellen, skopischen und institutionellen Ordnungen zu beobachten. Er erzeugt die epistemische und mediale Entwicklung, über die er sich selbst beschreiben, darstellen, kulturell erzeugen und als Kulturträger erhalten kann. Oder noch etwas distanzierter formuliert: er setzt das Unbelebte der Werkzeuge, Techniken, Speicher, Transportweisen ein, um sich als belebtes Wesen zu beobachten.

Dabei ist die Versuchung offensichtlich immer groß gewesen, sich durch die Kulturalisierung des Unbelebten in die Sphäre des Unsterblichen zu heben. Die europäische Skulpturen-, Architektur und Repräsentationsgeschichte erzählt von diesen Kraftakten. Die Werke des Menschen erreichen auf Wachs, Film, Magnetband, Festplatte, Floppy-Disk und Quantencomputer »den höchsten Grad ihrer Ablösung vom Menschen« (A. Leroi-Gourhan).

6. Fazit

Diese hier nur skizzierbaren Fragestellungen zum Zusammenhang von Abstraktion, Medien, Umgebungen, Netzwerken, Beziehungen und Strukturen mögen verdeutlicht haben, dass Gesellschaften kommen und gehen, unter anderem mit den ihnen eigenen und fremden medienevolutionären Prozessen. Wir sprechen heute von künstlicher Intelligenz, künstlichem Leben, künstlichen Umwelten und tun, aus meiner Sicht, mit Recht so, als schriebe das Künstliche eine weiterreichendere Geschichte als das, was wir als Gesellschaft bezeichnen. (K. Kelly 1997) Aber letztlich ist es nicht ›das Künstliche‹, sondern die immer komplexer vernetzten Fähigkeiten des Menschen, mit seinen Welten als Entwürfe umzugehen, sie als Experiment zu denken (E. Bloch 1975), als nur durch die gemachten Instrumente und Medien beobachtbare galaktische Individualität. Es wäre hilfreich, in einer Tagung einmal über diesen Zusammenhang von entwerfendem Denken, experimentellem Gestalten, experimentellen Strukturen und dynamischen (Beziehungs-)Veränderungen nachzudenken. Wofür hilfreich? Nun, um das Verständnis für kulturanthropologische Bedingungen der Abstraktionsfähigkeit und der Künstlichkeit historisch, aber vor allem pragmatisch voranzubringen, für Grundlagentheorie und Anwendung. Ob dabei Gesellschaft noch einen wichtigen Part als Erklärungsfeld wird übernehmen können, bezweifele ich. Es ist, wie ich zu zeigen versuchte, dringlich, für die hier dargestellten Prozesse ergebnisoffene Komplexität aus Biologie der Realität, Virtualisierungskapazitäten des Menschen, Kulturen als Formate der aus Abstraktion gemachten Umwelt, polylogische Vernetzungen, Gesellschaft, Medien anzusetzen. (G. B. Dyson 1992) Ob aus diesem Rhizom dann Gesellschaft als bedeutendes Konzept wieder entstehen wird, ist nicht sicher.

Literatur

Adamowsky, N. (2000): Spielfiguren in virtuellen Welten, Frankfurt/New York.
Axelrod, R. (1991): Die Evolution der Kooperation, München.
Bloch, E. (1975): Experimentum mundi. Frage, Kategorien des Herausbringens, Praxis. Ernst Bloch Gesamtausgabe Bd. 15, Frankfurt/M.
Calvin, W. H. (2000): Die Sprache des Gehirns. Wie in unserem Bewusstsein Gedanken entstehen, Stuttgart.
Davidson, W.H. & Michael S. Malone (1992): The Virtual Corporation, New York.
Deutsch, D. (1996): Die Physik der Welterkenntnis. Auf dem Weg zum universellen Verstehen, Basel/Boston/Berlin, S. 136.

Douglas, M. (1981): Ritual, Tabu und Körpersymbolik. Sozialanthropologische Studien in Industriegesellschaft und Stammeskultur, Frankfurt/M, S. 101/102.
Duerr, H. P. (1984): SEDNA oder die Liebe zum Leben, Frankfurt/M, S. 231.
Dyson, G. B. (2001): Darwin im Reich der Maschinen, Wien/New York.
Faßler/Hentschläger/Wiener (2002): Webfiction, Wien/New York.
Faßler, M. (2002): Bildlichkeit. Navigationen durch das Repertoire der Sichtbarkeit, Wien.
ders. (1999): Cyber-Moderne. Medienevolution, globale Netzwerke und die Künste der Kommunikation, Wien/New York.
ders. (2001): Netzwerke. Einführung in Netzstrukturen, Netzkulturen und die Realität verteilter Gesellschaftlichkeit, München.
Fidler, R. (1998): Mediamorphosis, London.
Fiedler, L. (1999): Repertoires und Gene. Der Wandel kultureller und biologischer Ausstattung des Menschen. In: *Germania* 77/1999, S. 1-37.
Friedman, T. (1995): Making Sense of Software: Computer Games and Interactive Textuality. In: Steven G. Jones (Hg.): Cybersociety. Computer-mediated Communication and Community, London, p. 73-89.
Givens, David B. (1990): Was wir aus der Menschheitsgeschichte lernen können. In: Posner, Roland (Hg.): Warnung an die kommende Zukunft, a.a.O., S. 98.
Huizinga, J. (1955): Homo ludens: a study of the play element in culture, Boston.
Kelly, K. (1997): Das Ende der Kontrolle. Die biologische Wende in Wirtschaft, Technik und Gesellschaft, Berlin.
Krings, M. u.a. (1997): Neandertal DNA Sequences and the Origin of Modern Humans. In: *Cell* 90, S. 19-30.
Kuckenberg, M. (2001): Als der Mensch zum Schöpfer wurde. An den Wurzeln der Kultur, Stuttgart.
Levy, P. (1997): Die Kollektive Intelligenz. Eine Anthropologie des Cyberspace, Mannheim.
Luhmann, Niklas (1996): Die Realität der Massenmedien, Opladen.
ders. (1995): Kunst der Gesellschaft, Frankfurt/M.
Plessner, H. (1960/1986): Conditio Humana, Berlin.
Riedl, Rupert (2000): Strukturen der Komplexität. Eine Morphologie des Erkennens und Erklärens, Berlin/Heidelberg/New York.
von Neumann, J./Morgenstern, O. (1967): Spieltheorie und wirtschaftliches Verhalten, Würzburg.
von Neumann, J. (1948): General and Logical Theory of Automata, New York.

Antonio Loprieno

Von der Stimme zur Schrift

§ 1 Zur Einleitung

Kommunikation, schreibt Niklas Luhmann,[1] besteht aus drei Akten der *Selektion*: Selektion der Information, der Mitteilung und des Verstehens (oder des Missverstehens), wobei keine dieser Komponenten für sich alleine vorkommen kann. Grundsätzlich hat die Kommunikation keinen Zweck, sondern sie dupliziert die Realität. In dieser Hinsicht unterscheidet sich menschliche Kommunikation von der zwischen anderen Lebewesen, die etwa durch ein Gebrüll ihrer Gruppe Gefahr signalisieren oder durch einen Geruch für Weggefährte Spuren sichern. Die Duplizierung der Realität, die menschlicher Kommunikation anhaftet, verfolgt jedoch das präzisere Ziel, durch die Vermittlung semantischer Inhalte andere Menschen zu *überzeugen*.[2] Dies erklärt auch, weshalb das privilegierte Vehikel der Kommunikation, nämlich die Sprache, sich ständig ändert. Anders als die Konventionen der Kommunikation zwischen Tieren, die einen hohen Grad an Natürlichem aufweisen und deshalb über die genotypische Geschichte mehr oder minder beständig bleiben, ist menschliche Kommunikation in hohem Maße *kulturell* bedingt: Ständig wird Angelerntes an veränderte gesellschaftliche Bedingungen angepasst, mit dem Ergebnis, dass Sprachen und Dialekte zu jedem Zeitpunkt ihrer Geschichte mit einer Stadt verglichen werden können, in der sich alter Baustoff und neue Baustellen zu einem urbanistischen Komplex zusammenfügen, in dem Altes und Neues diese Stadt als etwas Ererbtes und gleichsam als etwas Erneuertes kennzeichnen.

Der Titel dieses Beitrags bezieht sich auf die zwei Ebenen, auf denen menschliche Kommunikation beruhen kann. Semantische Inhalte werden nämlich durch Laute, d.h. durch mündliche Vermittlung, oder aber durch Zeichen, d.h. durch schriftliche Vermittlung übertragen. Beiden Übertragungsverfahren haften gewisse Nachteile an. In beiden Fällen haben wir mit einer konzeptuellen Verarmung zu tun, mit einer schematischen Verpackung höchst komplexer Zusammenhänge in konventionellen, stan-

---

1 Niklas Luhmann (2000): »Was ist Kommunikation?«, *Short Cuts*, Frankfurt, 41–63.
2 Diese These, die zu einer globalen Revision unserer Wahrnehmung der Sprachgeschichte veranlasst, vertritt auf überzeugende Weise Rudi Keller (²1994): Sprachwandel. Von der unsichtbaren Hand in der Sprache, Tübingen.

dardisierten Formen. Die Versprachlichung der Welt ist immer ein interpretatives und zugleich ein selektives Moment: Um zu kommunizieren, müssen wir aus dem breiten Fundus an möglichen Inhalten auswählen und unsere Anliegen hierarchisch gliedern. Mündlicher und schriftlicher Kommunikation haften aber auch eindeutige Vorteile an. Beide binden semantische Inhalte in ein soziales Gefüge ein, beide lassen Erweiterungen und Korrekturen ursprünglicher Wahnehmungen zu, beide tragen zur Disziplinierung des Lebens bzw. zur Erweiterung des Wissens, d.h. zur »Kultur« in den zwei Bedeutungen des Wortes bei.[3]

Trotz ihrer Gemeinsamkeiten im Sinne der Reduzierung von Weltzusammenhängen auf soziale Konventionen sind jedoch Mündlichkeit und Schriftlichkeit sehr verschiedene, und vor allem auch historisch gegliederte Formen menschlichen Ausdrucks. Generell kann man sagen, dass der semantische Inhalt durch erstere *vergegenwärtigt*, durch letztere *verewigt* wird. Orale Kommunikation bewirkt eine unmittelbare Vermittlung, schriftliche Kommunikation eine mittelbare Speicherung ausgewählter Weltzusammenhänge. Die chronologische und typologische Gliederung dieser zwei Formen der Kommunikation wird schon dadurch ersichtlich, dass alle menschlichen Kulturen die mündliche, nur einige hingegen die schriftliche Sphäre kennen, und dass der Weg in die Schriftlichkeit durch zahlreiche, historisch belegbare Stationen variierender Dauer erfolgt. Insofern ist der Titel dieses Beitrags berechtigt, geht es uns doch darum, die Verfahren aufzuzeigen, welche diese Entwicklung – sofern sie in bestimmten Kulturkreisen stattgefunden hat – von der Oralität zur Literalität begleitet haben. In der Tat setzt Schriftlichkeit sowohl kognitiv als auch kulturell Mündlichkeit voraus: Schrift als verbindliche Wiedergabe eines bestimmten sprachlichen Kodes ist in einem gewissen Sinne (aber nur in einem gewissen Sinne, wie wir sehen werden) eine späte Erscheinung der genetisch verankerten menschlichen Fähigkeit zum gesprochenen Wort.[4]

In anderer Hinsicht ist jedoch der Titel irreführend, ja gefährlich, weil er (zumindest implizit) das Vorurteil zu bestätigen scheint, wonach Mündlichkeit sozusagen automatisch oder nahtlos in Schriftlichkeit – um ein Wortspiel zu gebrauchen – münde. »Oralität« gehe einher mit »Pri-

---

[3] Zur Dialektik zwischen Kultur und Kommunikation vgl. Alessandro Duranti (1997): Linguistic Anthropology, Cambridge, 33–39.
[4] Vgl. vor allem die Arbeiten von Jack Goody, insbesondere (1987): The Interface between the Written and the Oral, Cambridge. Eine sehr subtile kulturwissenschaftliche Analyse der kulturellen Folgen der Schriftlichkeit bietet Jan Assmann ([2]1997): Das kulturelle Gedächtnis. Schrift, Erinnerung und politische Identität in frühen Hochkulturen, München.

mitivität« und »Einfachheit«, »Literalität« hingegen mit »Modernität« und »Komplexität«. Die Sachlage ist jedoch etwas komplizierter – und wesentlich problematischer. Denn der technologisierende Prozess, wie Walter J. Ong ihn nennt,[5] der von der Stimme zur Schrift führt(e), stellt zwar eine historische *Entwicklung*, aber keine teleologische *Evolution* dar.[6] Es ist eine Folge gesellschaftlicher Bedingungen, die eine äusserst komplexe und sehr differenzierte Dialektik zwischen dem gesprochenen und dem geschriebenen Wort – und viele Grauzonen zwischen beiden Polen – erzeug(t)en: Ein Spannungsfeld, in dem auch das ikonische Moment, die äussere Gestalt des geschriebenen Zeichens eine wesentliche Rolle spielt, so dass ich neben der Sprache auch die Schrift als ein *idealized cognitive model* in Lakoffs Sinne ansehen möchte.[7]

§ 2 Zwei Einstellungen zum sprachlichen Inhalt

Zunächst wollen wir uns kurz mit zwei Thesen auseinandersetzen, die uns oft im Zusammenhang mit der Dialektik von Mündlichkeit und Schriftlichkeit begegnen. Diese Thesen betreffen das Verhältnis zwischen dem Vehikel der Kommunikation (mündlich vs. schriftlich) und den zugrunde liegenden realweltlichen Bezügen, insbesondere im Hinblick auf den Zuverlässigkeitsgrad der darin kodierten historischen Informationen. Die einen vermuten, Oralität sei in die wechselhaften Bedingungen der Sprechsituation viel direkter eingebunden und deshalb für die Rekonstruktion der Geschichte unzuverlässiger als Schriftlichkeit. Als Beweisstück dient die orale Geschichte schriftloser, etwa zentralafrikanischer Kulturen, in der gleichsam Stellungnahmen zu den brisanten Fragen der Gegenwart erkannt werden können.[8] Die anderen unterstreichen hingegen die Verankerung der Oralität in einer kontinuierlichen Tradition und führen als Beispiel für die Gültigkeit ihrer These den erstaunlichen Konservatismus der indogermanischen Dichtersprache an, wo in vielen Fällen (etwa im Avestischen, im Vedischen oder in den homerischen Epen) die frühesten schriftlichen Zeugnisse einen um Jahrhunderte, wenn nicht um

---

5 Walter J. Ong (1982): Orality and Literacy. The Technologizing of the Word, London.
6 Zu dieser Opposition vgl. Eugenio Coseriu (^{2}1973): Sincronía, diacronía e historia. El problema del cambio lingüístico, Madrid, 181.
7 Zum Begriff der *idealized cognitive models*, der Strukturen, nach denen wir unsere Kenntnis der Welt organisieren, vgl. George Lakoff (1987): Women, Fire, and Dangerous Things. What Categories Reveal about the Mind, Chicago, 68–76.
8 Vgl. Jan Vansina (1961): De la tradition orale. Essai de méthode historique, (Musée royal de l'Afrique centrale) Tervuren.

Jahrtausende älteren, gemeinsamen rhetorischen und sprachlichen Fundus widerspiegelten.[9]

Tatsächlich haben jedoch das mündliche bzw. das schriftliche Vehikel mit der Zuverlässigkeit der darin tradierten Information an sich nichts zu tun, sondern hängen viel mehr – gerade auch in gesellschaftlichen Kontexten, wo die zwei Kommunikationsformen koexistieren – von der kulturellen Einstellung zum beschriebenen Inhalt ab. Mündliche Tradierung ist episodisch und situationsbedingt: Ihr Verhältnis zum Beschriebenen ist gekennzeichnet durch punktuelle *Kontiguität*. Falls durch die Stimme eine Legitimierung gegenwärtiger Zustände angestrebt wird, so geschieht das durch die metonymische Überlappung von Vergangenem und Zeitgenössischem. Konträr dazu ist schriftliche Tradierung strategisch und situationsabstrakt: Ihre Beziehung zum semantischen Inhalt ist charakterisiert durch eine lineare *Kontinuität*, welche Gegenwärtiges und Vergangenes sequentiell aneinander zu reihen versucht.

Ein zweiter gravierender Unterschied betrifft die Organisation des vermittelten Wissens. Die Schrift trägt zur Verselbständigung kultureller Bereiche bei: Religion, Gesetz, Wirtschaft verfügen über ihnen eigene Konventionen der Verschriftung, denen sehr oft ganz spezifische Ausdrucksformen zugrunde liegen. Ist orales Wissen prinzipiell *holistisch*, d.h. global vermittelt, so wird Literalität zum Motor für die Entstehung *disziplinären* Wissens und damit auch für die Herauskristallisierung einer strenger kodifizierten hierarchischen Gliederung der Gesellschaft.[10]

Drittens favorisiert die historische Entwicklung zur Schriftlichkeit eine Tendenz zur Verselbständigung des »geschriebenen Wortes« und dessen kultureller Bedeutung. Ich möchte hier nur auf zwei Aspekte dieser hierarchischen Sonderstellung hinweisen. Wir sprechen von Religionen des geschriebenen Wortes im Gegensatz etwa zu Religionen des Rituals oder der Liturgie, wobei in ersteren ein höherer Status zumindest implizit, und zwar aufgrund der historisch späteren Entstehung der jeweiligen Form von Religiosität, angedeutet wird. Der andere Aspekt ist die Relevanz des geschriebenen Wortes bei der Entwicklung des fiktiven Diskurses: Durch Schriftlichkeit entsteht auch Literatur, worin das Geschriebene jede Verbindung zu einer Verortung im Gesprochenen allmählich verliert. Ist *oral literature* noch funktional eingebunden – in das Ritual, in das Fest, in das

---

9 Paradigmatisch für diese These ist Rüdiger Schmitt (1967): Dichtung und Dichtersprache in indogermanischer Zeit, Wiesbaden.
10 Jack Goody (1986): The Logic of Writing and the Organization of Society, Cambridge, 16–18.

kollektive Gedächtnis –,[11] so vollzieht sich durch ihre Verschriftung der Schritt zu einer möglichen Selbstreferentialität des Wortes: Das Geschriebene entwickelt ein autonomes Leben, in dem es nicht mehr an seiner getreuen Wiedergabe realweltlicher Verhältnisse, d.h. an seinem »Wahrheitsgehalt«, sondern nunmehr an seinem Potential als geschlossenem Diskurs, d.h. an seiner »Schönheit« gemessen wird.[12]

Im Folgenden wollen wir versuchen, einige Etappen dieses kulturellen Dialogs zwischen der Oralität, der mehr oder minder unmittelbaren Wiedergabe semantischer Bezüge durch die Stimme, und verschiedenen Formen der Schriftlichkeit – und des kulturellen Sinnes, den sie erzeugt – in ihren historischen Erscheinungen zu verfolgen. Wegen meiner eigenen beruflichen Orientierung wird eine gewisse Aufmerksamkeit dem Alten Orient, namentlich dem Alten Ägypten geschenkt, wobei es sich dabei auch um den kulturellen Raum handelt, in dem sich die ersten Schritte dieses Spannungsfeldes am besten rekonstruieren lassen. In der einen oder der anderen Weise sind viele Dimensionen des Verhältnisses zwischen Mündlichkeit und Literalität im altorientalischen Diskurs der Schrift bereits enthalten.

§ 3 Verschriftung

Verschriftung heisst grundsätzlich *Speicherung*: Speicherung sprachlicher Äusserungen, um die Relevanz ihrer Inhalte über die Grenzen von Zeit und Raum aufrecht zu erhalten, d.h. um kommunikatives und kulturelles Gedächtnis zu fördern.[13] Den in Schrift gespeicherten sprachlichen Äusserungen mag eine tatsächliche lautliche Sequenz vorausgegangen sein oder auch nicht; die meisten Zeugen geschriebener Sprache sind eigentlich schon schriftlich konzipiert und werden – wenn überhaupt – erst zu einem späteren Zeitpunkt (vor)gelesen. In vielen Sprachen, z. B. im Altägyptischen oder in den semitischen Sprachen, heisst »lesen« so viel wie »vorlesen«, d.h. »laut sprechen«: altägyptisch *šdj*, semitisch *qr'* (arabisch *al-qur'aan*, »der Koran«, hebräisch *miqra'ot gedolot*, »die großen Schriften«, d.h. die Texte, die *par excellence* vorgelesen werden). Eine zugrunde

---

11 Russell H. Kaschula (Hg.) (2002): African Oral Literature: Functions in contemporary contexts, Claremont.
12 Für einen vorzüglichen Abriss über die historisch bedingte Auffassung dessen, was »Literatur« ausmacht, siehe Richard B. Parkinson (2002): Poetry and Culture in Middle Kingdom Egypt. A Dark Side to Perfection, London/New York, 22–29.
13 Vgl. zu dieser Thematik grundlegend Assmann, Das kulturelle Gedächtnis, 48–56.

liegende sprachliche Sequenz wird jedoch durch die Schrift implizit vorausgesetzt. Diese kognitive und konzeptuelle Priorität der lautlichen Aussage gegenüber ihrer schriftlichen Wiedergabe hat die Disziplin, die sich beruflich mit der Sprache befasst, d.h. die moderne Sprachwissenschaft oder Linguistik, seit ihren Anfängen in den ersten Jahrzehnten des XX. Jahrhunderts zu einer Vernachlässigung, ja sogar zu einer Marginalisierung der Rolle der Schrift bei der Behandlung sprachlicher Fragen geführt:[14] Die Schrift sei lediglich eine mehr oder weniger kunstvolle Verpackung der zwei Artikulationsebenen der Sprache, namentlich ihrer semantischen (ersten) und ihrer lautlichen (zweiten) Dimension. Durch die postmoderne Betrachtungsweise, insbesondere durch Jacques Derridas Dekonstruktion,[15] ist die Schrift zwar erneut ins Zentrum der philosophischen Analyse gerückt, bleibt jedoch in den meisten linguistischen Modellen ein Fremdkörper, dessen Wirkung auf die Gestaltung der jeweiligen Sprachkultur oft ausgeblendet wird.[16]

Aber Verschriftung heisst auch *Selektion*, und es ist gerade dieser selektive, diskriminierende Charakter der Schrift, welcher für unzählige kulturelle Entwicklungen verantwortlich ist. Eine gespeicherte sprachliche Äusserung wird dem Kontext ihrer putativen lautlichen Entstehung entzogen, indem sie die Möglichkeit des Ausdrucks pragmatischer Begleiterscheinungen – Situation, Laune, Nötigung – drastisch einschränkt. Man kann vielleicht sagen, dass die Schrift das der Stimme inhärente emotionale Moment massiv unterdrückt. Dank dieser Unterdrückung kann sich jedoch der Anwendungsbereich der zugrunde liegenden Äusserung, und damit ihr kulturelles Potential erweitern.

Zu diesem Selektionsverfahren im Hinblick auf eine räumliche und zeitliche Speicherung von Sprachinhalten gelangt die Schrift durch Darstellungskonventionen der ersten (semantischen) oder der zweiten (lautlichen) Artikulationsebene der Sprache, die sozial geregelt sind und denen deshalb eine gewisse Arbitrarität anhaftet. Da die Arbitrarität der Schrift höher ist als die der ihr vorausgehenden sprachlichen Realität, lässt sich

---

14 Ganz drastisch wurde diese Einstellung von der strukturellen Sprachwissenschaft vertreten. »La langue et l'écriture sont deux systèmes de signes, dont l'un a pour mission uniquement de représenter l'autre. Il semblerait que leur valeur respective et réciproque ne court pas de risque d'être méconnue, l'une n'est que la servante ou l'image de l'autre«: Eisuke Komatsu/Roy Harris (Hg.) (1993): Ferdinand de Saussure. Troisième cours de linguistique générale (1910–1911), Oxford, 41.
15 Jacques Derrida (1967): De la grammatologie, Paris 1967.
16 Einen glänzenden Beitrag zur Dialektik zwischen Schrift und Kultur bietet hingegen der Ansatz des »Multiliteralismus« an: Dörte Borchers/Frank Kammerzell/Stefan Weninger (Hg.) (2002): Hieroglyphen, Alphabete, Schriftreformen, (Seminar für Ägyptologie und Koptologie) Göttingen.

auf die Schrift viel direkter intervenieren als auf den zugrunde liegenden sprachlichen Kode. So erklärt sich die relative Einfachheit von Schriftreformen sowie ihr enges Verhältnis zu spezifischen weltanschaulichen oder religiösen, d.h. *kulturellen* Programmen. Zahlreiche Beispiele zeigen auf eklatante Weise, dass noch im XX. Jahrhundert die Schrift – weitaus mehr als die Sprache – ideologische Aussagen vermitteln kann: Die Polarität von kyrillischer Schrift in Serbien vs. lateinischer Schrift in Kroatien bzw. von arabischer Schrift im Urdu vs. indischer Schrift im Hindi zum Ausdruck einer grundsätzlich identischen Sprache spiegelt die religiöse Opposition zwischen Orthodoxie und Katholizismus bzw. zwischen Islam und Hinduismus wider; der Übergang von der arabischen zur lateinischen Schrift in der Türkei unter Mustafa Kemal Atatürk wurde zum privilegierten Symbol für die angestrebte Säkularisierung; der exklusive Gebrauch der hebräischen Schrift in jüdischen Sprachen verschiedener genetischer Herkunft wie dem germanischen Jiddisch oder dem romanischen Ladino oder die generelle Bevorzugung der kyrillischen Schrift für die Darstellung sämtlicher Sprachen der Sowjetunion lassen sich als Formen der Eingliederung verschiedener sprachlicher Erfahrungen in einen gemeinsamen kulturellen bzw. politischen Rahmen verstehen.[17]

Trotz der eindeutig höheren Arbitrarität der mittelbaren Schrift gegenüber der unmittelbaren Stimme dürfen wir allerdings weder den Fehler begehen, die lautliche Sprache als immun von Arbitrarität anzusehen, noch behaupten, die Schrift als »politisches« Instrument sei nur das Ergebnis programmierter ideologischer Beschlüsse. Sowohl die Sprache als auch die Schrift sind kulturelle Formen im Spannungsfeld zwischen sozialen Konstrukten, die lediglich durch arbiträre Konventionen geregelt sind, wie die Verkehrsregeln oder das Schulwesen, und Phänomenen der sogenannten »dritten Art« (d.h. weder in der Natur vorhanden noch absichtlich vom Menschen konstruiert), in denen das Gesamtergebnis sozialer Handlungen von den individuellen Schritten der einzelnen Beteiligten unabhängig ist, wie ein Stau oder die katholische Kirche.[18] Und obwohl wir durchaus sagen können, dass die Schrift eher als Konstrukt, die Sprache eher als Phänomen der »dritten Art« aufzufassen ist, handelt es sich eigentlich um ein Kontinuum, an dem sowohl die Natur (genetisch und universal) als auch die Kultur (angelernt und arbiträr) teilhaben. Auf dem extremen natürlichen Pol des Spektrums haben wir für die gesprochene

---

17 Für die Diskussion einiger Beispiele vgl. Helmut Glück, »Alphabetkonstruktion und orthoepischer Standard: eine Kausalbeziehung oder ein normativer Irrtum?«, *ibid.*, 101–115.

18 Zur Sprache als Phänomen der »dritten Art« vgl. grundlegend Keller, Sprachwandel, Kapitel 4.

Sprache etwa die Onomatopöie, die Ideophonie, das *Lautbild*: Durch eine lautliche Sequenz wird ein mit ihr automatisch assoziierbares semantisches Bild vermittelt. In einigen Sprachen Afrikas werden lautliche Merkmale wie ein Hochton, ein kurzer oder heller Vokal, oder ein stimmloser Konsonant mit dem semantischen Feld des Kleinen, Feinen, Raschen, Scharfen, Frischen verbunden, etwa im Ewe, der Hauptsprache Togos *bìà-bìà* »eine schwächliche Person, die schlottern geht«. Hingegen ein Tiefton, ein langer oder dunkler Vokal, oder ein stimmhafter Konsonant evozieren so etwas wie Großes, Plumpes, Langsames, Dumpfes: *bòhò-bòhò* »die Art, wie ein korpulenter, schwerfälliger Mensch geht«.[19] Symmetrisch haftet im Bereich der geschriebenen Sprache eine gewisse kognitive Natürlichkeit dem *Ideogramm* an, der ikonischen Darstellung eines Objektes zum Ausdruck dessen sprachlicher Realität. Auf dem extrem arbiträren Pol des Spektrums haben wir hingegen erfundene Sprachen[20] wie das Esperanto oder das Volapük[21] – wohl die eleganteste aller künstlichen Sprachen, heute leider ausgestorben – bzw. Schriftzeichen wie unsere lateinischen, in denen der normale Benutzer kein *Ikon* (in Peirces Sinne einer Ähnlichkeit des Zeichens mit dem repräsentierten Objekt), sondern lediglich das *Symbol* (in Peirces Sinne eines arbiträren Bezugs) eines Lautes zu erkennen vermag.[22] Freilich zeigen das allmähliche Verschwinden des Lautbildes in den erwähnten afrikanischen Sprachen sowie die Entwicklung neuer ikonischer Zeichen, der sogenannten *emoticons* – auf die wir noch kommen werden – aus ursprünglich rein symbolischen Graphemen, dass sowohl in der Sprache als auch in der Schrift eine langfristige historische Tendenz zur Erweiterung des konventionell Geregelten unverkennbar ist.

§ 4 Das Logogramm als Speicherung von Wirtschaft und Macht

Damit kommen wir zur Bedeutung des Bildes als Vermittler zwischen Stimme und Schrift und zu den Formen historischer Entfaltung der Schriftlichkeit. Was führte zur Entscheidung, sprachliche Äusserungen im Sinne ihrer Speicherung zu verschriften? Die rekonstruierbaren Anfänge

---

19 Hermann Jungraithmayr: »Oralität im Rückzug«, in Aleida und Jan Assmann/Christof Hardmeier (Hg.) (1983): Schrift und Gedächtnis. Archäologie der literarischen Kommunikation I, München, 213–221.
20 Umberto Eco (⁴1993): La ricerca della lingua perfetta nella cultura europea, Bari.
21 Johann Martin Schleyer (1880): Volapük, die Weltsprache. Entwurf einer Universalsprache für alle Gebildete der ganzen Erde, Sigmaringen.
22 Zu einer Kritik dieser geläufigen Terminologie im Hinblick auf die kulturelle Verortung selbst der Ikonizität vgl. Umberto Eco (1993): Trattato di semiotica generale, Milano, 256–284.

dieses Prozesses sind im Alten Orient, namentlich in Mesopotamien und in Ägypten, in der spätesten Phase des Neolithikums, d.h. in der zweiten Hälfte des IV. Jahrtausends v. Chr. zu suchen. Schon im Paläolithikum belegt sind in verschiedenen Teilen der Welt Felszeichnungen, um Eindrücke oder Informationen bildlich zu fixieren.[23] Dabei handelt es sich jedoch nicht um »Schrift« im eigentlichen Sinne, d.h. um die graphische Wiedergabe spezifischer sprachlicher Äusserungen, sondern eher um piktographische Darstellungen, die zum einen große episodische Varietät, zum anderen breite formale Vielfalt aufweisen. »Schrift« hingegen beinhaltet das Zusammenspiel von *tokens* und *emblems*,[24] von eins-zu-eins- bzw. eins-zu-mehreren-Entsprechungen zwischen einzelnen Zeichen, die eine konventionelle Festlegung sowie eine funktionale Einbindung aufweisen.

Infolge eines Urbanisierungs- und Stratifizierungsprozesses fand im südlichen Zweistromland in der sogenannten Uruk-Zeit, ab 3700 v. Chr., eine Zunahme von Handelsbeziehungen statt, die eine buchhalterische Speicherung von Angaben über Produkte, Provenienzen oder Verwaltungsstrukturen nahelegte. In ihren mesopotamischen Anfängen diente also die – schwer zu sagen, ob von einem Einzelnen erfundene oder sozial entwickelte[25] – Verschriftung der Sprache primär einem *wirtschaftlichen* Zweck, und zwar der Speicherung von Transaktionen von Waren oder Vieh, die für die Ökonomie eines frühen Stadtstaates von grundlegender Bedeutung war, wobei sie gleichzeitig die urbane und kulturelle Organisation des Landes direkt widerspiegelt.[26]

In der Stadt Uruk tauchen um 3300 v. Chr. (in der archäologischen Phase Uruk IVb) die ersten Belege für den Übergang von »Piktogrammen« zu »Logogrammen« auf:[27] Auf Tontafeln erscheinen regelmäßige Abfolgen von Bildern und Bildkombinationen, die ursprünglich in piktographischer Form konkrete Begriffe oder Zahlen wiedergeben. »Logogramm« nennt man ein Zeichen, das zum konventionellen Ausdruck eines Wortes – oder eines Begriffes – benutzt wird. Die »Keilschrift«, wie man das auf dieser Basis entstandene graphische System Mesopotamiens nach den keilförmi-

---

23 Zu den Frühformen menschlicher Speicherung von Wissen vgl. Ignace J. Gelb (^{2}1974): A Study of Writing, Chicago, 24–59.
24 Siehe Roy Harris (1995): Signs of Writing, London/New York, 71–79.
25 Id. (1986): The Origin of Writing, London, Kapitel 3.
26 Für eine große Auswahl an Beispielen vgl. den Katalogband der Ausstellung im Grand Palais in Paris (1982): Naissance de l'écriture. Cunéiformes et hiéroglyphes, (Musées nationaux) Paris, 46–55.
27 Robert K. Englund: »Texts from the Late Uruk Period«, in: Josef Bauer/Robert K. Englund/Manfred Krebernik (1998): Mesopotamien. Späturuk-Zeit und Frühdynastische Zeit, Fribourg–Göttingen, 15–233.

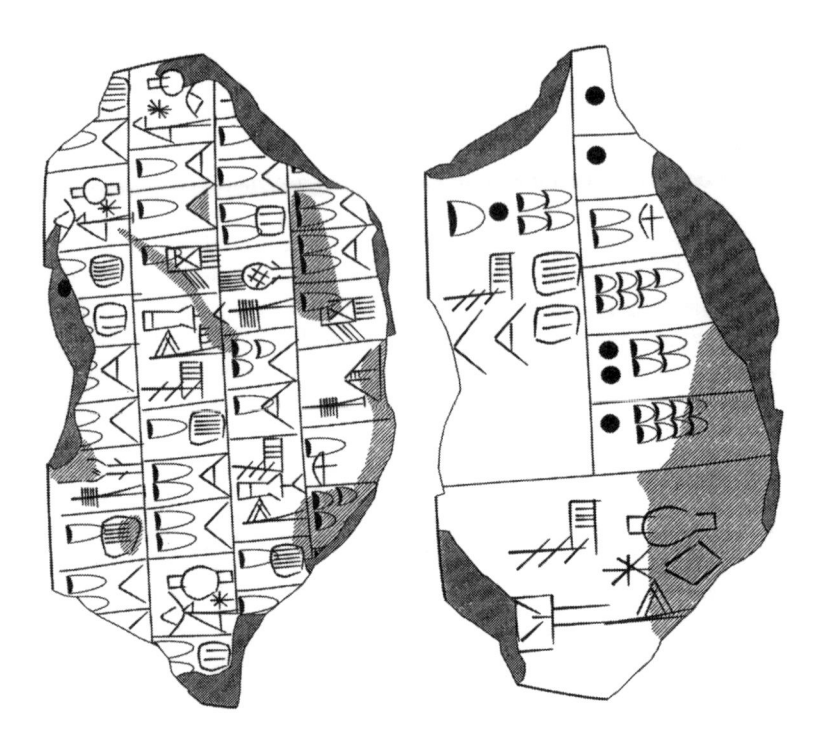

*Abb. 1: Uruk-Täfelchen W 21671 mit Angaben über Textilien
(aus Englund, »Texts from the Late Uruk Period«, in Bauer/Englund/
Krebernik, Mesopotamien. Späturuk-Zeit und Frühdynastische Zeit, 127)*

gen Eindrücken bezeichnet, aus denen die Zeichen zusammengesetzt sind, verwendet Logogramme, die mit angespitztem Rohrgriffel auf ungebrannte Ton- oder Wachstafeln eingeritzt wurden (Abb. 1).

Von »Schrift« im eigentlichen Sinne kann man auch deshalb sprechen, weil der Anwendungsbereich dieser Logogramme schon in ältester Zeit nach dem sogenannten Rebus-Prinzip erweitert wurde: Sie konnten auch für gleichlautende sprachliche Einheiten benutzt werden, die in keinem semantischen Verhältnis zur ikonisch dargestellten Entität standen. Freilich wissen wir nicht, welche konkrete linguistische Sequenz, ja überhaupt welche Sprache diesen Zeichen zugrunde liegt. Von der an sich naheliegenden Hypothese, es handele sich dabei schon um das im gleichen geographischen Raum später belegte Sumerisch, muss man sich wahrscheinlich verabschieden, weil die Zeichenkombinationen nach den lautlichen, morphologischen und semantischen Kriterien des Sumerischen nicht befriedigend erklärt werden können;[28] nach einer kühnen Hypothese könnte es sich sogar um eine sehr frühe indogermanische Sprache, das Euphratische, handeln.[29]

Mit der Entwicklung eines komplexen politischen Systems in Sumer zur Zeit der zweiten Hälfte des dritten Jahrtausends v.Chr. findet die Schrift schlagartig Anwendung auch im Bereich der Präsentation von Macht: Auf Gründungssteinen von Tempeln oder Statuen von Potentaten wie Satam von Uruk (Zeit der archaischen Dynastien) oder Gudea von Lagasch (in der sogenannten Ur-III-Zeit)[30] werden Texte geschrieben, die auch die politische und religiöse Sphäre verschriften und deshalb kodifizieren. Neben ökonomischen Faktoren stellen bald auch soziale Bedingungen den Rahmen für den Übergang zur Literalität dar.

Vom semiotischen Standpunkt ist die Entwicklung der Keilschrift von zwei wichtigen Faktoren gekennzeichnet: Zum einen findet eine um 2800 v. Chr. einsetzende allmähliche De-Ikonisierung der figürlichen Gestalt des Zeichens statt, zum anderen wird das so entstandene System für die Notation typologisch ganz verschiedener Sprachen, etwa des genetisch nicht verwandten Sumerisch (in Mesopotamien) und Elamisch (in der iranischen Hochebene) bzw. des semitischen Akkadisch angewendet. Die schon in der altsumerischen Stufe (ab 3000 v. Chr.) belegte Möglichkeit der Berücksichtigung des lautlichen Gehalts eines Zeichens nach dem Rebus-Prinzip erfuhr durch die Adaptierung des Systems für die Notation anderer Sprachen erweiterte Anwendung, wobei dann das keilschriftliche Zeichen folgende drei Funktionen erfüllen konnte: (a) Als *Logogramm*, in welchem Fall das Zeichen nach der lautlichen Sequenz des dargestelltes Objektes oder dessen metaphorischer Erweiterungen in der jeweiligen Sprache gelesen werden kann. So kann das de-ikonisierte keilschriftliche Zeichen für einen Stern als (sumerisch) *anu* »der Himmelsgott Anu«, »Himmel«, oder *dingir* »Gott«, (akkadisch) *šamû* »Himmel« oder *ilu* »Gott« gelesen werden. (b) Als *Determinativ*, d.h. als Hilfszeichen zur näheren Bestimmung des lexikalischen Bedeutungsfeldes; so wird etwa das besprochene Zeichen des Sternes dem Namen eines Gottes vorangestellt. (c) Als *Phonogramm*, d.h. als Zeichen, das ungeachtet seiner ikonischen Assoziationen eine lautliche Sequenz, im Regelfall eine Silbe der jeweiligen Sprache notiert: *an*, *il*. So entstand ein Zeichensatz, der im zweiten Jahrtausend v. Chr. je nach Textgattung von 100 bis 600 Zeichen enthält.

---

28 *Ibid.*, 73–81.
29 Gordon Whittaker: »The dawn of writing and phoneticism«, in: Borchers/Kammerzell/Weninger (Hg.): Hieroglyphen, Alphabete, Schriftreformen, 11–50.
30 Vgl. La naissance de l'écriture, 78–83.

§ 5 Hieroglyphen schreiben

Wir verlassen jetzt Mesopotamien und wenden uns dem ägyptischen Bereich zu. Hier liefern zeitgenössische Belege ein Bild der Schriftentstehung, das in bestimmter Hinsicht parallel, in anderer Hinsicht wiederum von der mesopotamischen sehr unterschiedlich verläuft und uns auf eindrückliche Weise die Einbindung der Schrift in historisch variierende kulturelle Verhältnisse verdeutlicht. In der oberägyptischen Stadt Abydos entstand im letzten Drittel des IV. Jahrtausends v.Chr. – einer Phase, die archäologisch als Naqada III bezeichnet wird – eine Konsolidierung politischer Macht, die zur Entstehung einer überregionalen zentralistischen Verwaltung, einer Frühform des Königtums führte. Aus dem sogenannten Grab U-j[31] kommt eine erstaunliche Menge beschrifteter Etiketten, die zur Markierung des Herkunftsortes von Produkten dienten. Hier ist unklar, in welcher Beziehung der im Grab U-j bestattete Fürst, dessen Name möglicherweise »Skorpion« lautete, zu den Produktionsorten dieser Waren stand, ob es sich bei den erwähnten Ortschaften um Produktionseinheiten oder um Handelspartner handelte. Klar ist allerdings, dass auch in diesem Falle dem Weg in die Schriftlichkeit wirtschaftliche Faktoren Pate standen. Die Darstellungen auf diesen Täfelchen stellen eindeutig die früheste Form desjenigen Schriftsystems dar, das wir »Hieroglyphen« nennen: Piktographische Schriftzeichen, die nach ähnlichen Kriterien wie die mesopotamische Keilschrift eine funktionale Standardisierung als Logogramme erfahren haben (Abb. 2).

Der ägyptische Weg zur Schriftlichkeit unterscheidet sich jedoch in zwei Aspekten vom mesopotamischen. Der erste Aspekt betrifft die semiotische, der zweite die weltanschauliche Sphäre. Zum semiotischen Aspekt: Der funktionale Ausbau der Hieroglyphenschrift verlief nach ähnlichen Kriterien wie im Fall der Keilschrift, mit einer kombinierten Berücksichtigung der lautlichen Struktur und des semantischen Inhalts der notierten sprachlichen Einheit. Auch in diesem System gibt es Logogramme, Determinative und Phonogramme. Aber die Hieroglyphen hielten über ihre dreieinhalbtausendjährige Geschichte hinweg am figürlichen Gehalt der Schriftzeichen fest und bauten sogar ihre »Materialität« zu einem Instrument der Weltinterpretation aus.[32] Viel unmittelbarer als in

---

31 Günter Dreyer (1998): Umm el-Qaab I. Das prädynastische Grab U-j und seine frühen Schriftzeugnisse, Mainz 1998.
32 Jan Assmann: »Ancient Egypt and the Materiality of the Sign«, in: Hans Ulrich Gumbrecht/K. Ludwig Pfeiffer (Hg.) (1994): Materialities of Communication, Stanford, 15–31.

Von der Stimme zur Schrift 131

Abb. 2: Anhängetäfelchen aus Bein und Elfenbein mit Herkunftsangaben
(aus Dreyer, Das prädynastische Grab U-j, 130)

Mesopotamien, wo die Schriftzeichen schon in der ersten Hälfte des III. Jahrtausends v. Chr. den Weg ihrer Loslösung vom ursprünglichen Piktogramm und ihrer Verselbständigung als stilisierter Symbole einschlugen, blieb in Ägypten das Hieroglyphenzeichen ein stets erkennbares Piktogramm. Auch in der kursiven Variante, dem Hieratischen, blieb die Identifizierbarkeit des figürlichen Gehalts des einzelnen Zeichens im Großen und Ganzen gewährleistet. Dieses in der Geschichte der Schrift fast einmalige Phänomen begünstigte die Entwicklung, neben den denotativen Funktionen der Schrift, auch einer Reihe konnotativer Erweiterungen. Die bestehenden Konventionen für die Darstellung der Zeichen konnten nämlich durch zweierlei Eingriffe gebrochen werden: Zum einen durch den Gebrauch des Zeichens als Widerspiegelung einer weltanschaulichen Einstellung zu dessen ikonischer Bedeutung, etwa durch die Voranstellung eines religiös oder königlich markierten Zeichens aus Ehrfurcht oder, symmetrisch, durch seine Verstümmelung zur Abwehr seiner magischen Kraft;[33] zum anderen durch eine Verlagerung der Funktion des Zeichens vom phonetischen auf den ikonischen Gehalt, wodurch neue Bedeutungen und Assoziationen in einer sogenannten »Kryptographie« entstehen konnten.[34] Von ersterem Verfahren wurde kontinuierlich, von letzterem vornehmlich in den spätesten Phasen der Geschichte der Hieroglyphenschrift Gebrauch gemacht (Abb. 3).

Dieser Unterschied zwischen Mesopotamien und Ägypten in der Behandlung des figürlichen Charakters der Schrift hatte weitreichende Folgen für die Geschichte beider Notationssysteme. Die syllabische Natur der phonographisch gebrauchten Keilschrift sowie deren De-Ikonisierung begünstigten ihre Anwendung auf verschiedene Sprachen, wobei durch die Reduzierung der zugelassenen Kombinationen in Richtung auf einen syllabischen, oder sogar alphabetischen Gebrauch ein beschränkter Zeichensatz entstehen konnte, der für jedes konsonantische Phonem der Sprache nur ein (vokalisch unmarkiertes) Zeichen bot. So entstanden aus der mesopotamischen Keilschrift etwa im zweiten Jahrtausend v. Chr. die hethitische Keilschrift, im ersten Jahrtausend v. Chr. die altpersische Silbenschrift, die jeweils eine indogermanische Sprache wiedergeben. Den ersten alphabetischen Versuch stellt in der Mitte des zweiten Jahrtausends das ugaritische Syllabar dar, dessen Zeichen keilschriftförmig sind, während die späteren semitischen Alphabete das gleiche Prinzip weiter-

---

33 Siehe Frank Kammerzell: »Zeichenverstümmelung«, in: Wolfgang Helck/Wolfhart Westendorf (1986): Lexikon der Ägyptologie. Band VI, Wiesbaden, 1359–1361.
34 Vgl. zuletzt Ludwig D. Morenz: »Schrift-Mysterium«, in: Jan Assmann/Martin Bommas (Hg.) (2002): Ägyptische Mysterien?, München, 77–94.

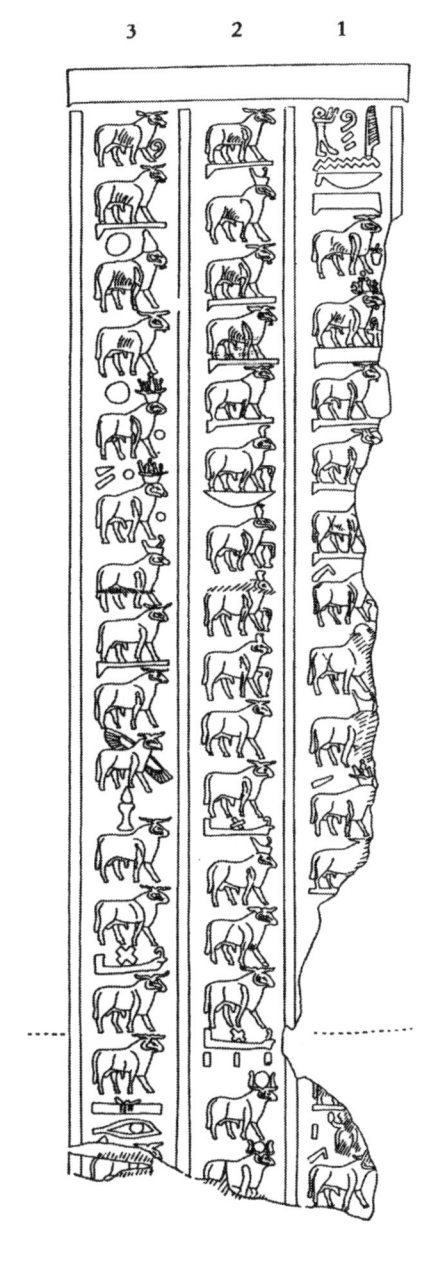

Abb. 3: Widderinschrift des Tempels von Esna (aus Morenz, »Schrift-Mysterium«, in Assmann/Bommas (Hg.), Ägyptische Mysterien?, 78)

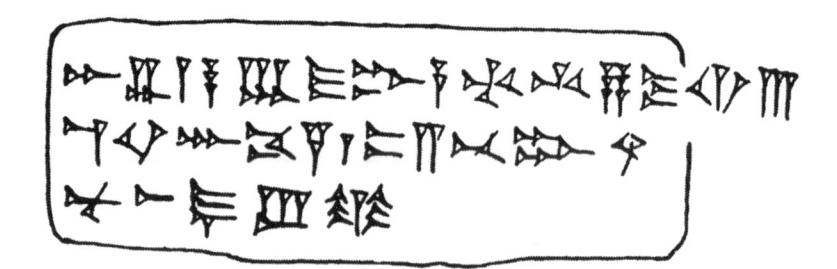

Abb. 4: Die ugaritische Alphabetreihe (aus Kammerzell, »Die Entstehung der Alphabetreihe«, in Borchers/Kammerzell/ Weninger (Hg.), Hieroglyphen, Alphabete, Schriftreformen, 139)

Position	Lautung	Ägyptisch Hierogl.	Hierat.	Altsüdar.	Äthiop.	Bēt Šemeš	Ugarit.	Pr.-Kan.	Phöniz.
(1)	/h/	▢	𓉔	ϒ	U	⪦	⪦	E	⪤
(2)	/l/	⌒	⌁	1	ᴧ	keine Formähnlichkeit	keine Formähnlichkeit	ϡ	レ
(3)	/x'/	𓀠	𓀠	ᛦ	⋔	ⵖ	⋈		
(4)	/m/	𓅓	𓊃	ᛪ	ᴚ	keine Formähnlichkeit	keine Formähnlichkeit	⟨	ᛙ
		gleiche Position wie im Ägyptischen					andere Position		

Abb. 5: Von den hieratischen zu den alphabetischen Zeichen (aus Kammerzell, »Die Entstehung der Alphabetreihe«, in Borchers/Kammerzell/Weninger (Hg.), Hieroglyphen, Alphabete, Schriftreformen, 146)

führen, jedoch eine an der ägyptischen Kursivschrift (dem Hieratischen) orientierte äussere Gestalt sowie – insbesondere im südsemitischen Bereich – eine vergleichbare Position in der Sequenz von Buchstaben annehmen (Abb. 4, 5).[35]

Wegen ihres oben angesprochenen konnotativen Potentials eignete sich das hieroglyphische System schwer für die Notation anderer Sprachen, wie es hingegen mit den weniger ikonischen Kursivvarianten geschah. In

---

35 Frank Kammerzell: »Die Entstehung der Alphabetreihe: Zum ägyptischen Ursprung der semitischen und westlichen Schriften«, in Borchers/Kammerzell/Weninger (Hg.): Hieroglyphen, Alphabete, Schriftreformen, 117–157.

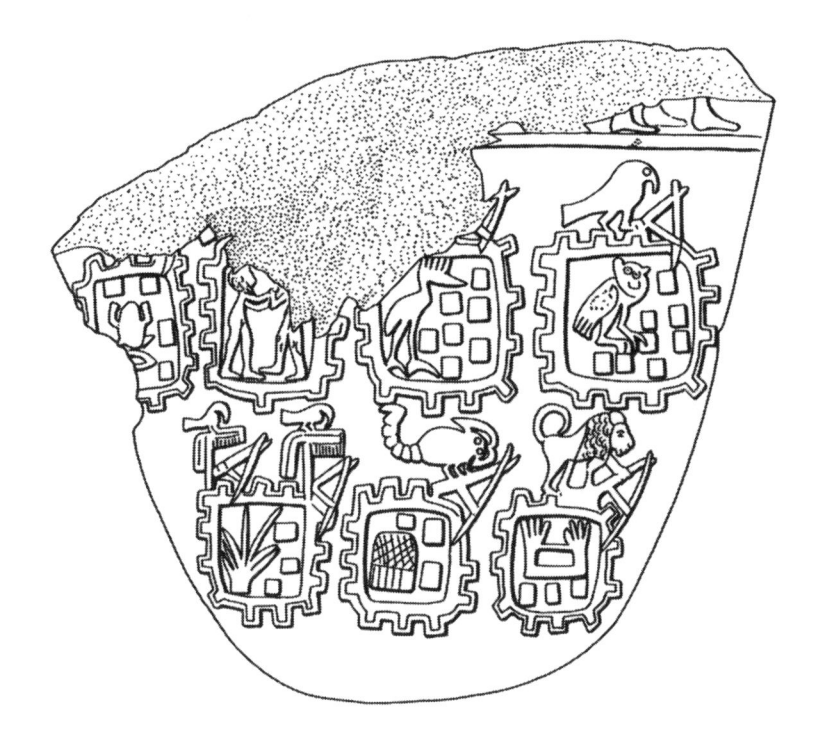

*Abb. 6: Die sogenannte »Städtepalette«, Kairo CG 14238
(aus Kemp, Ancient Egypt, 50)*

der expliziten Einbindung des hieroglyphischen Systems in den spezifischen Rahmen der ägyptischen Schriftkultur liegt auch der Grund, weshalb es im pharaonischen Ägypten selten zu einem syllabischen (grundsätzlich nur zur Notation von Fremdwörtern) und erst in bestimmten markierten Kontexten, auf die wir zu sprechen kommen werden, zu einer »alphabetischen« Entwicklung kam. Dabei waren sowohl ein Satz monokonsonantischer Zeichen, die mit der Ausnahme des Phonems /l/ dem gesamten Phoneminventar des Ägyptischen entsprechen, als auch die Kenntnis einer normierten Alphabetreihe von 24 konsonantischen Phonemen durchaus vorhanden.

Wir wollen jetzt den zweiten Aspekt besprechen, in dem sich die ägyptische Entwicklung von den mesopotamischen Verhältnissen unterscheidet. Wir haben ihn »weltanschaulich« genannt. In Ägypten dient nämlich die Schrift seit ihren Anfängen nicht nur der Speicherung ökonomischer Daten, sondern vor allem der Präsentation politischer Macht. Seit prädy-

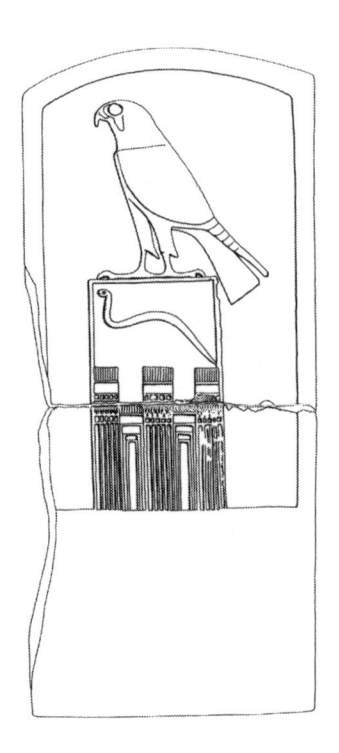

Abb. 7: Die Stele des Königs »Schlange«, Louvre E 11007 (aus Kemp, Ancient Egypt, 38)

nastischer Zeit, an der Schwelle vom IV. zum III. Jahrtausend v. Chr., begegnet der logographisch notierte Herrschername, der normalerweise wilde Tiere evoziert (»Löwe«, »Falke«, usw.), in Kontexten wie Prunkpaletten und anderen Luxusobjekten, welche der Zelebrierung der politischen Institution und deren Vertreter gelten (Abb. 6).[36]

Ab dem Ende der prädynastischen Zeit, kurz vor 3000 v. Chr., ist der Name des Herrschers im königlichen Palast unter der Aufsicht des dynastischen Gottes Horus dargestellt: Neben der *Verewigung* wirtschaftlich relevanter Information ist die Schrift somit das privilegierte Vehikel für die *Veröffentlichung* der soziokulturellen Institutionen (Abb. 7): »Schreiben« heisst auf ägyptisch *sp ḫr*, das soviel wie »zirkulieren lassen« bedeutet.

---

36 Vgl. Barry J. Kemp (1989): Ancient Egypt. Anatomy of a Civilization, London/New York, 19–63.
37 Vgl. dazu John Baines: »Origins of Egyptian Kingship«, in David O'Connor/David P. Silverman (Hg.) (1995): Ancient Egyptian Kingship, Leiden, 95–156. Zum allgemeinen Kontext vgl. Toby A.H. Wilkinson (1999): Early Dynastic Egypt, London/New York.

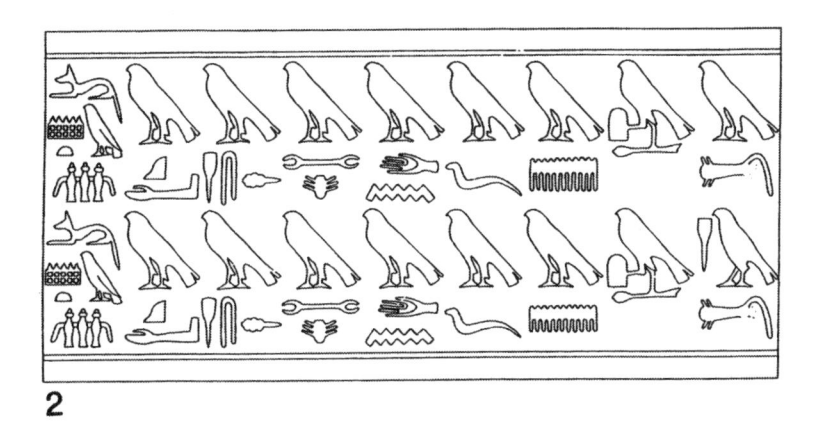

Abb. 8: Siegelabrollungen aus den Ausgrabungen G. Dreyers in Abydos mit den Königen der 1. Dynastie (aus Wilkinson, Early Dynastic Egypt, 63)

Dabei spielt die Dimension der Legitimierung der Herrschaft eine bedeutende Rolle.[37] In den ersten zwei Dynastien (3000-2800 v. Chr.), während deren die Grundlagen des zentralistischen Staates ausgebaut wurden, nehmen die Belege für die wirtschaftliche Funktion der Schrift ab, gleichzeitig jedoch die Zeugen für ihren zelebratorischen Charakter dramatisch zu: Es vermehren sich Annalentäfelchen zur Notierung politischer Ereignisse sowie Siegel, auf denen die Namen der verstorbenen Könige die Legitimität des Herrschers verklären (Abb. 8).

Und gerade dank des zelebratorischen Charakters der Schrift lassen sich trotz der noch sehr beschränkten Zahl sprachlicher Einheiten, die geschrieben werden können, mögliche politische Herausforderungen erahnen, wie im Namen einiger Könige der 2. Dynastie (2900–2800 v. Chr.), der dem orthodoxen dynastischen Gott Horus den mythischen Kontrahenten Seth gleichsetzen (wie im Fall des Chasechemui) oder gar vorziehen (wie bei Peribsen).[38]

Waren Hieroglyphenzeichen bisher grundsätzlich nur zur Notation von Substantiven verwendet, so erscheint in der 2. Dynastie der erste geschriebene Satz: »Der Gott von Naqada hat die Beiden Länder (d.h. Ägypten) seinem Sohn Peribsen gegeben«.[39] Innerhalb weniger Generationen ist das Schriftsystem derart ausgebaut, dass das Rebus-Prinzip volle Anwendung erfährt. Das ist auch die Zeit, da die ersten Zeugnisse für den Gebrauch der Schrift bei privaten Leuten – freilich immer in der gesellschaftlichen Elite –, namentlich im Kontext des Totenkultes, d.h. der Kontinuität des Lebens begegnen. Auf diesen Totenstelen wird die Szene der Präsentation der Totenopfer von schriftlichen Angaben über den Adressaten begleitet. Das ist nach der wirtschaftlichen und der machterhaltenden Funktion der dritte kulturelle Bereich, der von der ägyptischen Schrift erreicht wird. Verfahren, Anwendungsbereich und Konventionen der Hieroglyphenschrift, die im dritten Jahrtausend v. Chr. ein Zeicheninventar von etwas weniger als 1000 Zeichen aufweist, können nunmehr als etabliert gelten.

§ 6 Eine Schreibkultur

Um der späteren Entwicklung nachzugehen, müssen wir uns noch einmal das ikonische Potential der ägyptischen Schrift vor Augen halten. Schon auf den ersten Totenstelen ist die Grenze zwischen der piktorischen Darstellung eines Objektes und dessen graphischer Funktion als Logogramm manchmal schwer zu ziehen. Hieroglyphen sind nicht nur Schrift-, sondern auch Lebens-Zeichen, sie können dank ihrer Ikonik die bezeichneten Entitäten plastisch heraufbeschwören; sie sind *mdw.w-ntr*, Gottesworte und -dinge. Eher als eine *Schrift*kultur, eine Gesellschaft, die Schriftlichkeit kennt und verwendet, tritt Ägypten seit dem Alten Reich (2750-2150 v. Chr.) bis zum Ende der pharaonischen Geschichte als *Schreib*kultur auf, und zwar sowohl im Sinne der sozialen Relevanz der literaten Elite als auch im Hinblick auf die geradezu demiurgisch anmutende Funktion der hieroglyphischen Zeichen. Die Schrift findet Verwendung auch in Kontexten, in denen kein kommunikativer Austausch ihrer Inhalte vorausge-

---

38 Siehe Peter Kaplony (1963): Die Inschriften der ägyptischen Frühzeit. Band III, Wiesbaden, Tf. 80–83.
39 Jochem Kahl (1994): Das System der ägyptischen Hieroglyphenschrift in der 0.-3. Dynastie, Wiesbaden, 84.

setzt werden kann, wie im Fall der Pyramidentexte auf den Wänden der verschlossenen Grabkammer der Könige der V. und VI. Dynastie (2350-2150 v. Chr.). In diesen Texten, die weder einen eigentlichen Autor noch einen eigentlichen Leser hatten, erfüllt die Schrift nicht nur die *rekonstruktive* Funktion der Wiedergabe sprachlicher Sequenzen, sondern auch – und vielleicht primär – die Funktion einer *konstruktiven* Darstellung von Weltzusammenhängen.[40] Wie die Szenen eines idealen Lebens auf den Wänden der privaten Gräber die lebende Welt für den Toten verewigen, so geben die Pyramidentexte auch physisch die Welt des toten Königs wieder. Ähnlich geht es mit den in den Pyramidentexten häufig begegnenden verstümmelten Hieroglyphen: Symmetrisch zur zeitgenössischen Kunst und Architektur wird durch die Hieroglyphenschrift eine komplexe Welt nicht nur sprachlich verpackt, sondern auch materiell erschaffen (Abb. 9).

In dieser Schreibkultur, die die Zivilisationen der Bronzezeit im allgemeinen und Ägypten in besonderem Maße charakterisiert, wird allmählich die Welt als ein »Buch« interpretiert: In den Wanddarstellungen der Grabkammern der Könige des Neuen Reiches, in der zweiten Hälfte des II. Jahrtausends, erscheint eine Geographie der Unterwelt in buchförmigen Darstellungen der Fahrt der Sonnenbarke im gefährlichen Nachthimmel.[41] Da die Welt ein Buch ist, kann sie allerdings erst von denjenigen richtig verstanden werden, welche Bücher überhaupt lesen können. So verwundert es nicht, dass über ihre gesamte Geschichte die ägyptische Literatur von Aussagen über die überragende Bedeutung der Schreibkunst und der Verfassung von Schrifttum wimmelt: »Siehe, die Worte der Vorfahren dauern in den Schriften: Öffne sie, lies sie und ahme die Weisen nach, denn aus einem Gebildeten wird ein Kunstfertiger«.[42] Dabei betrug der literate Anteil, die Elite der Schriftkundigen, im allgemeinen 1% der ägyptischen Bevölkerung, in besonders schrifttumsreichen Perioden des Neuen Reiches und in ausgewählten Siedlungen nicht mehr als 5%.[43]

Wegen des enzyklopädischen Charakters bronzezeitlicher Schriftsysteme, d.h. wegen ihrer intimen Einbindung in ganz spezifische, von einer kleinen literaten Elite getragene Gesellschaftsstrukturen, konnten mesopotamische Keilschrift und ägyptische Hieroglyphen die massive politische

---

40 Siehe hierzu Frank Kammerzell: »Das Verspeisen der Götter. Religiöse Vorstellung oder poetische Fiktion?«, *Lingua Aegyptia* 7 (2000), 183–218.
41 Erik Hornung (1998): Die Nachfahrt der Sonne, Düsseldorf/Zürich; Jan Assmann (2001): Tod und Jenseits im Alten Ägypten, München, 247–268.
42 Aus der Lehre für Merikare, E 13–15: Joachim F. Quack (1992): Studien zur Lehre für Merikare, Wiesbaden, 24–25.
43 John Baines/Christopher J. Eyre: »Four notes on literacy«, *Göttinger Miszellen* 61 (1983), 65–96.

*Abb. 9: Pyramidentexte 393–414 im Grab des Unas
(aus Kammerzell, Lingua Aegyptia 7 (2000), 185)*

und kulturelle Krise nicht überwinden, die im späten ersten Jahrtausend v. Chr. mit dem Hellenismus einsetzte und einige Jahrhunderte später mit der Christianisierung ihren Höhepunkt erreichte. In beiden Fällen wurde das System nicht in Schritten reformiert, sondern zugunsten einer anderen, alphabetischen Schriftkultur radikal aufgegeben: In Mesopotamien wurde die Keilschrift durch das alphabetische Aramäisch, in Ägypten wurden die Hieroglyphen und dessen kursive Varianten (Hieratisch und Demotisch) durch das alphabetische Koptisch ersetzt. Abgesehen vom Nachleben der Hieroglyphenschrift in der europäischen Renaissance und in den Jahrhunderten der »Ägyptomanie«, während deren sie als Vehikel arkaner Bedeutungen angesehen wurde,[44] blieb die in der Spätantike verloren gegangene

---

44 Erik Hornung (1999): Das esoterische Ägypten, München, 89–159.

Kenntnis der Hieroglyphen bis zur Entzifferungsarbeit im XIX. Jahrhundert verschlossen. Ist der Verfall dieser Schriftsysteme, die in vieler Hinsicht ein breiteres Anwendungspotential als das Alphabet aufweisen – man denke etwa an die ästhetische Dimension oder an die konnotativen Erweiterungsmöglichkeiten der ägyptischen Schrift – das Ergebnis der angesprochenen Natur der Schrift als politischer und weltanschaulicher Waffe? Oder weisen alphabetische Schriften inhärente Merkmale auf, die sie als adäquater, moderner, schlicht »besser« kennzeichnen, so dass ihr Triumph sozusagen vorprogrammiert ist?

§ 7 Die erste Schriftreform

Nach dem Auftreten logographischer Schriftsysteme im letzten Teil des IV. Jahrtausends v. Chr. ist die Herauskristallisierung der alphabetischen Notation eine erste »Schriftreform« in der Geschichte der Menschheit.[45] Der Sieg alphabetischer Schriftsysteme ist keineswegs etwas historisch Einseitiges oder typologisch Unausweichliches. Das hoffnungslose Scheitern der Romanisierungsversuche in China und Japan[46] zeigt, dass komplexe, logographische Systeme mit modernen Gesellschaften durchaus kompatibel sind, wenn die tragende Kultur in diesem System identitätsstiftende oder traditionsbewahrende Vorteile erkennt. Aber mit dem Erfolg der klassischen Kulturen des Mittelmeerraumes, Griechenlands und Roms, ging im westlichen Kulturkreis eine allmähliche hegemonische Stellung des »Alphabets« einher. Wichtig ist allerdings, dass sich selten eine historische Entwicklung von einer logographischen zu einer alphabetischen Notation innerhalb der gleichen Kultur belegen lässt, wenn Enzyklopädie und Machststrukturen dieser Kultur beständig bleiben. Mit anderen Worten: Logographische Systeme sterben logographisch, alphabetische Systeme werden alphabetisch geboren.[47]

In der graphischen Konvention des Alphabets, dessen Anfänge, wie wir gesehen haben, in das zweite Jahrtausend v. Chr. reichen, als die mesopotamische Keilschrift zur Notation der Sprache des levantinischen Stadtstaates Ugarit bzw. ägyptische Zeichen zur Wiedergabe der westse-

---

45 Vgl. D. Borchers/F. Kammerzell/S. Weninger (Hg.) (2001): Hieroglyphen, Alphabete, Schriftreformen. Lingua Aegyptia Studia monographica 3, Göttingen.
46 Vgl. William C. Hannas (1997): Asia's Orthographic Dilemma, Honolulu.
47 Die These einer schriftlichkeitsfördernden Funktion des (griechischen, d.h. alle Phoneme darstellenden) Alphabets, auf dessen Basis auch der philosophische Diskurs entstehen konnte, hat insbesondere Eric A. Havelock vertreten, s. insbesondere (1982): The Literate Revolution in Greece and its Cultural Consequences, Princeton.

mitischen Sprache der sogenannten »protosinaitischen Inschriften« verwendet wurde, wird ein verhältnismäßig kleiner Satz ursprünglicher Piktogramme nach einer anderen Konvention als im logographischen Rebus-Prinzip, und zwar nach dem Prinzip der *Akrophonie* zur Notation sprachlicher Einheiten eingesetzt: Der konsonantische Anlaut des paradigmatisch gewählten, dargestellten Gegenstandes wird zur Notation des entsprechenden Lautes verallgemeinert. In den frühen semitischen Systemen des zweiten und des ersten Jahrtausends sind nur konsonantische Laute schriftlich wiedergegeben. Für die äussere Gestalt der Zeichen orientierten sich diese alphabetischen Systeme (ausser dem ugaritischen) an ägyptischen Kursivzeichen, die die ästhetische Grundlage für die west- und südsemitischen Alphabete darstellen.[48] Neben den semitischen (phönizisch, aramäisch, arabisch, äthiopisch, usw.) und den auf ihrer Grundlage entstandenen Alphabeten (des Griechischen, des Etruskischen, des Lateinischen sowie die polygenetischen Systeme des Koptischen, Kyrillischen, Armenischen, usw.) wurde im III. Jahrhundert v.Chr. ein Teil des demotischen Zeichensatzes zur Notation der Sprache von Ägyptens südlichem Nachbarn, des sogenannten Meroitischen adaptiert.[49]

Gegenüber der logographischen und syllabischen Schreibkultur ist die Alphabetschrift insofern demokratischer, als sie weniger als jene auf die Präsenz einer literaten Elite angewiesen ist, die sie beherrscht und ihr Potential ausschöpft. Die Schreibkultur der späten Bronzezeit (ab 1500 v. Chr.) war von der Präsenz dieser Eliten derart abhängig, dass das Verschwinden oder die Ablösung dieser Schicht infolge gesellschaftlicher Umwälzungen zum dramatischen Ende der Schrifttradition führte. Aufschlussreich ist diesbezüglich der Einfall der sogenannten »Seevölker«, deren Auftreten im östlichen Mittelmeer im XIII. Jahrhundert v. Chr. mit gewaltigen Zerstörungshorizonten und letzten Endes mit dem Zusammenbruch des Hethiterreiches in Anatolien, der mykenischen Palastkultur im ägäischen Raum und der syropalästinensischen Stadtstaaten in der Levante in Zusammenhang gebracht werden kann.[50] Der Bruch mit den gegebenen politischen und demographischen Verhältnissen bedingte in diesen Fällen ein Ende der lokalen Schrifttradition: Die minoische bzw. mykenische syllabische Schrift, das sogenannte Linear A bzw. B – letzteres zur Notation einer archaischen Form des Griechischen verwendet –, und entsprechend

---

48 Kammerzell: »Die Entstehung der Alphabetreihe«, in: Borchers/Kammerzell/Weninger (Hg.): Hieroglyphen, Alphabete, Schriftreformen, 117–157.
49 Zum diesbezüglichen Forschungsstand vgl. László Török (1997): The Kingdom of Kush. Handbook of the Napatan-Meroitic Civilization, Leiden, 62–67.
50 Vgl. Robert Drews (1993): The End of the Bronze Age. Changes in Warfare and the Catastrophe ca. 1200 B.C., Princeton.

auch die hethitische Keilschrift und das ugaritische Alphabet wurden im ersten Jahrtausend v. Chr. nicht mehr direkt fortgesetzt; vielmehr wurden sie in der Eisenzeit durch *neue* alphabetische Systeme ersetzt, und zwar auch in den Fällen (wie bei der altpersischen Schrift), in denen sie sich formal an logographischen oder syllabischen Systemen orientierten.[51]

Diese geringere Abhängigkeit der alphabetischen Systeme des ersten Jahrtausends von einer skribalen Enzyklopädie darf jedoch nicht zur Annahme führen, dass sich mit der Entwicklung zur alphabetischen Schrift der Anteil der literaten Bevölkerung schlagartig erhöht hätte. Eigentlich ist das Gegenteil der Fall: Global gesehen ist die Eisenzeit gegenüber der vorangehenden Bronzezeit eine schriftarme Epoche, die zum Teil durch eine Zäsur in der Kontinuität der Bodenfunde begleitet ist und für die der (mehr oder weniger gerechtfertigte) Begriff eines *dark age* geprägt wurde, das die Form eines *floating gap* in der späteren kulturellen Erinnerung annimmt.[52] Es gibt in den ersten Jahrhunderten des ersten Jahrtausends insgesamt weniger Schrifttum als in der zweiten Hälfte des zweiten Jahrtausends, der Zeit der komplexen logographischen und syllabischen Systeme. Was sich mit dieser Entwicklung ändert, ist deshalb nicht der unmittelbare Zugang zur Literalität, sondern die kulturelle Einstellung zum Phänomen der Schriftlichkeit. Das Schreiben ist kein Monopol einer bestimmten sozialen Schicht mehr, kein selbstreferentieller Diskurs mit unbegrenztem Potential, sondern eine – nicht mal die häufigste – der vielen Ausdrucksformen einer lokalen Kultur.

§ 8 Zwei Enzyklopädien der Schrift

Ich möchte diese unterschiedliche Einstellung zur Schriftlichkeit anhand eines Beispiels aus zwei Kulturbereichen, dem spätbronzezeitlichen Ägypten und dem eisenzeitlichen Israel, thematisieren. Das soziale Umfeld der logographischen Schreibtraditionen der Bronzezeit tritt besonders explizit in der Korrespondenz zwischen Schreibern zum Vorschein. Der Schreiber Hori (Ramessidenzeit, um 1250 v. Chr.) ist der Autor eines fiktiven Briefes an seinen Kollegen Amenemope, bekannt in der ägyptologischen Literatur als »Satirische Streitschrift«,[53] in dem (trotz literarischer Übertreibung) die elitären Konventionen der schreibkundigen Elite

---
51 Vgl. Gelb: A Study of Writing, 166–183.
52 Vgl. Assmann: Das kulturelle Gedächtnis, 49.
53 Hans-Werner Fischer-Elfert (1983): Die satirische Streitschrift des Papyrus Anastasi I. Textzusammenstellung, Wiesbaden, 9–36; id. (1986): Die satirische Streitschrift des Papyrus Anastasi I. Übersetzung und Kommentar, Wiesbaden, 16–30.

besonders eindrücklich expliziert werden: »Der Schreiber mit erlesenem Verstand und besonnenem Ratschlag, über dessen Bildreden man jubelt, wenn man sie hört, geschickt in der Hieroglyphenschrift, der alles weiss, engagiert und kompetent in der Arbeit an der Schrift, Diener des Herrn von Hermopolis in seinem Archiv, Lehrer von Gehilfen in der Schrifthalle, in seinem Amt erfahrener Weiser, der die Geheimnisse von Himmel, Erde und Unterwelt kennt, der nie etwas von sich weist, was in geschriebener Form an ihm vorbeikommt«, und so weiter mit einer Fortsetzung des Selbstlobes, dem auch das Lob des Korrespondenten folgt: »Er erkundigt sich nach dem Befinden seines Freundes und kompetenten Kollegen, königlichen Befehlsschreibers der siegreichen Armee, von erlesenem Verstand, gutem Charakter und vorzüglicher Klugheit, dessengleichen es unter den Schreibern nicht gibt«, und so weiter.

Als Kontrastfolie soll hingegen der berühmte Brief eines schreibkundigen israelitischen Soldaten aus der Stadt Lachisch um 700 v. Chr. dienen:[54] »Dein Diener Hoschajahu liess meinen Herrn Ja'usch informieren: Möge Jahweh meinen Herrn einen friedlichen und positiven Bericht hören lassen. Und nun erkläre bitte deinem Diener die Bedeutung des Briefes, den du gestern abend deinem Diener geschickt hast, denn das Herz deines Dieners ist krank, seitdem du deinem Diener die Botschaft geschickt hast: ›Du kannst keinen Brief lesen!‹ Sowahr Jahweh lebt, niemals musste für mich ein Brief gelesen werden! Jeden Brief, der zu mir kommt, kann ich ohne weiteres lesen!« Der Brief des schriftkundigen Soldaten liefert den Beweis für eines der wichtigen Merkmale der alphabetischen Systeme, nämlich die Mobilität der Schrift, die relative Unvorhersagbarkeit ihrer sozialen Distribution, die mit der beruflichen Spezialisierung der bronzezeitlichen Schreiber sehr schön kontrastiert. War die logographische eine Kultur *der Schreiber*, so ist die alphabetische eine Kultur *des Schreibens*.

Das Vorhandensein einer solchen Opposition ist nicht nur eine Hypothese der modernen Forschung, sondern auch ein Merkmal der antiken Wahrnehmung. Für das Bewusstsein einer inhärenten Kluft zwischen logographischer und alphabetischer Schrift sprechen auch antike Zeugen. Ein Relief aus dem Palast des assyrischen Königs Sanherib in Ninive (VIII.–VII. Jahrhundert v. Chr.) zeigt nebeneinander zwei Schreiber, die Kriegsbeute registrieren; der eine wird mit einem Rohrgriffel für die Schreibung des keilschriftlichen Akkadisch, der andere mit einer Feder für das alphabetische Aramäisch dargestellt. Diese doppelte Schriftkultur begegnet auch in zeitgenössischen assyrischen Texten, in denen logogra-

---

54 William M. Schniedewind: »Sociolinguistic Reflections on the Letter of a ›Literate‹ Soldier (Lachish 3)«, *Zeitschrift für Althebraistik* 13 (2000), 157–167.

phisches und alphabetisches Schreiben durch zwei verschiedene Wörter, *šaṭāru* vs. *sepêru* ausgedrückt werden.[55] Es handelt sich also offensichtlich um zwei ganz verschiedene kulturelle Formen der Schriftlichkeit.

Noch eindrücklicher ist das ägyptische Beispiel. Auf dem ptolemäischen Stein von Rosetta aus dem Jahre 196 v. Chr., dem Denkmal, dessen Entdeckung so entscheidend zur Entzifferung der Hieroglyphen beigetragen hat, wurde ein dreisprachiges priesterliches Synodaldekret verfasst:[56] Der gleiche Text erscheint im klassischen Ägyptisch in hieroglyphischer Schrift, im zeitgenössischen Ägyptisch in demotischer Schrift, und im Griechischen, der offiziellen Sprache des Ptolemäerreiches (332–30 v. Chr.). Der letzte Satz des Textes enthält die Aufforderung, das Dekret in allen Tempeln Ägyptens aufstellen zu lassen, und zwar in den drei Sprachen bzw. Schriften. Während der demotische und der griechische Text erwartungsgemäss von *sš mdw.w-ntr sš šꜥy sš wynn* bzw. *tois te hierois kai enchôriois kai hellēnikois grammasin* spricht, also von »priesterlicher, administrativer und griechischer Schrift« (im Demotischen) bzw. »Buchstaben« (im Griechischen), nimmt der hieroglyphische Text eine bedeutende Unterscheidung vor: Auf der einen Seite haben wir *zẖꜣ mdw.w-ntr* und *zẖꜣ šꜥy* »hieroglyphische« bzw. »demotische Schrift«, auf der anderen hingegen *šꜥy sḫꜣ; ḥꜣw-nbw*, wortwörtlich »Erinnerungsverfahren der Bewohner des nördlichen Meeres«. Letztere Bezeichnung sollte nicht verwundern, handelt es sich doch um die konventionelle Benennung der Griechen in hieroglyphischen Quellen, indem ein alter mythischer Begriff für die nördlichen Nachbarn, der seit ältester Zeit in ägyptischen Texten belegt ist, auf die neuen Verhältnisse des ersten Jahrtausends adaptiert wurde. Wichtiger ist jedoch der Gebrauch des Wortes *sḫꜣ*, das auf der Wurzel für »sich erinnern« basiert. Mag in diesem Fall durchaus die lautliche Ähnlichkeit zwischen diesem Wort und dem Wort *zẖꜣ* »Schrift« Pate gestanden sein, so bleibt die unterschiedliche Behandlung der alphabetischen gegenüber der logographischen Schrift trotzdem unverkennbar. Auf der einen Seite haben wir »(wahre) Schrift«, auf der anderen »mnemotechnische Verfahren«. Die Schrift ist intrusiv, sie mischt sich selbstreferentiell in die Mitteilung ein; das Alphabet ist aseptisch, es zieht sich zugunsten einer referentiellen Wiedergabe der Mitteilung zurück.

So dachten schon Mesopotamier und Ägypter in der Antike, und zwar nicht nur, als sie die Erfahrung beider Systeme machten, sondern seit den

---

55 Michael P. Streck: »Keilschrift und Alphabet«, in: Borchers/Kammerzell/Weninger (Hg.): Hieroglyphen, Alphabete, Schreiftreformen, 77–97.
56 Vgl. Friedhelm Hoffmann (2000): Ägypten. Kultur und Lebenswelt in griechisch-römischer Zeit, Berlin, 153–175; Richard Parkinson (1999): Cracking Codes. The Rosetta Stone and Decipherment, Berkeley/Los Angeles, 25–31.

Anfängen der Schriftkultur. Obwohl (wie wir gesehen haben) es im pharaonischen Ägypten trotz der Präsenz eines Satzes monokonsonantischer Zeichen nie zu einer alphabetischen Reform kam, begegnen durchaus rein monokonsonantisch, d.h. »alphabetisch« geschriebene Passagen schon in den Pyramidentexten des dritten Jahrtausends v. Chr.[57] Dabei handelt es sich um magische Sprüche, d.h. um sprachliche Sequenzen, wo es ganz besonders auf eine orthoepische Aussprache, auf eine korrekte phonetische Performanz ankommt, um das erwartete magische Ziel herbeizuführen. Nach einem ähnlichen Prinzip wurde auch die hieroglyphische »Silbenschrift« verwendet, die grundsätzlich zur Wiedergabe von Fremdwörtern bzw. von Passagen in einer Fremdsprache eingesetzt wird,[58] d.h. von Entitäten, die sich ausserhalb des Spektrums der ägyptischen Kultur befinden und deshalb vor dem enzyklopädischen Einfall der richtigen Schrift geschützt bleiben. Es leuchtet von daher unmittelbar ein, dass es sich auch bei den ersten ägyptischen Texten, in denen alphabetische Zeichen des Demotischen und des Griechischen als Glossen zur Verdeutlichung der Aussprache erscheinen, um magische Texte handelt, und dass der erste komplett alphabetisch geschriebene spätägyptische Text (II. Jahrhundert n. Chr.) ein Ritual zur Abwehr des Bösen ist.[59]

In Mesopotamien hatte sich schon durch den Gebrauch des Aramäischen, das ursprünglich als *lingua franca* des persischen Reiches das Akkadische seit der Mitte des ersten Jahrtausends als geschriebene und gesprochene Sprache verdrängt, der Sieg des Alphabets über die Logographie vollzogen. In Ägypten wurde der endgültige Durchbruch von der Christianisierung erreicht, infolge deren der kulturelle Hintergrund für die traditionelle Schreiberelite zugunsten einer neuer Auffassung der Rolle der Schrift zerschlagen wurde.[60] Anders als in Mesopotamien wurde in Ägypten die alphabetische *Schrift*reform, die im IV. Jahrhundert zur Entstehung des Koptischen führte, nicht von einer *Sprach*reform begleitet: Auch in alphabetischem Gewand wurde die gleiche ägyptische Sprache wie vorher (und für die ersten hundertfünfzig Jahre sogar parallel) in demotischer Kursivschrift wiedergegeben.

---

57 Kammerzell: »Die Entstehung der Alphabetreihe«, in: Borchers/Kammerzell/Weninger (Hg.): Hieroglyphen, Alphabete, Schriftreformen, 123–125.
58 Als Beispiel für eine Passage in einer Fremdsprache vgl. die kretischen Passagen im Londoner Medizinischen Papyrus und im Magischen Papyrus Harris: Wolfgang Helck (1979): Die Beziehungen Ägyptens und Vorderasiens zur Ägäis bis ins 7. Jahrhundert v. Chr., Darmstadt, 100–105.
59 Jürgen Osing (1976): Der spätägyptische Papyrus BM 10808, Wiesbaden.
60 Robin Lane Fox: »Literacy and power in Early Christianity«, in: Alan K. Bowman/Greg Woolf (Hg.) (1994): Literacy and Power in the Ancient World, Cambridge, 126–148.

§ 9 Vom Buchstaben zum Bild

Während der gesamten Antike wurde höchst selten still gelesen, viel häufiger vor-gelesen oder rezitiert. *Audio me male legere*, »ich höre mich schlecht lesen« sagt Plinius der Jüngere (ep 9,34), was auf ein vernehmbares Lesen hinweist.[61] Am Ende des IV. Jahrhunderts erzählt Augustinus voller Staunen, dass er den Bischof Ambrosius beim stillen Lesen beobachtet habe, ohne dass auch der leiseste Laut aus seinem Mund kam. Und noch im Mittelalter wurden Lesen und Kopieren meistens von einem leisen Rezitieren begleitet.[62]

Der nächste kulturwissenschaftlich relevante Schritt in der Entwicklung von der Stimme zur Schrift erfolgt mit dem Übergang von der individuellen Handschrift zum gedruckten Buch.[63] Das Prinzip der handschriftlichen Kopie einer Vorlage lag schon der ägyptischen Papyrusrolle zugrunde und blieb bis zum XV. Jahrhundert die einzige Möglichkeit für die Vervielfältigung von Texten. Mit dem Auftreten des Buckdrucks im XV. Jahrhundert ändert sich die Einstellung zum Medium der Schrift.[64] Die auch in alphabetischen Schriften – gegenüber den logographischen freilich in weitaus reduziertem Umfang – vorhandene Einbindung der Schrift in das ästhetische Moment, etwa durch *enluminures* oder Miniaturen, künstliche Verarbeitungen von Buchstaben, um den Anfang eines Textes zu markieren, wurde zugunsten einer gewissen Nacktheit der Schrift aufgegeben. Zusammen mit dieser Ökonomisierung im Bereich der Schrift vollzieht sich der Übergang von der Kultur des *Schreibens* zu einer Kultur des *Lesens*. Die Schrift verliert weitgehend ihre materielle Dimension und dient zunehmend nur als Verpackung für den Inhalt der schriftlichen Mitteilung. Gewiss ist es kein Zufall, wenn dies auch den kulturellen Hintergrund der reformatorischen *sola scriptura* darstellt. Die Heilige Schrift wird erst recht »heilig« durch die Marginalisierung ihrer physischen Materialität, ja sogar ihres sprachlichen Vehikels: Mit der Möglichkeit der Übersetzung der Heiligen Schrift in eine moderne Sprache hat die Stunde des endgültigen Triumphs der referentiellen gegenüber der poetischen Dimension der Schrift geschlagen.

---

61 Den Verweis auf diese Stelle verdanke ich meiner Freundin und Kollegin Henriette Harich-Schwarzbauer.
62 Zur Kulturgeschichte des stillen Lesens siehe Alberto Manguel (2000): Eine Geschichte des Lesens, Reinbek, 55–69.
63 Zu dieser Thematik vgl. insbesondere Henri-Jean Martin (1994): The History and Power of Writing, Chicago, 182–232.
64 Jan-Dirk Müller: »The Body of the Book: The Media Transition from Manuscript to Print«, in Gumbrecht/Pfeiffer (Hg.): Materialities of Communication, 32–44.

Die letzte Entwicklung in der Einstellung zum Medium der Schrift führt zugleich zu der Phase, in der sich unsere eigene Kultur zur Zeit befindet. Wir könnten sie unter das Motto subsumieren: Von der *Schrift* zum *Schriftbild*. Die Demütigung der Selbstreferentialität der Schrift, die durch die Zivilisation des Buchdrucks herbeigeführt worden ist, erzeugt Antikörper, Abwehrreaktionen, Tendenzen zur Wiederherstellung der verlorenen kulturellen Verankerung des Mediums der Schrift. Es werden neue funktionale Bereiche für die Schrift reserviert, die ihr einen Teil der Zentralität zurückgeben, die ihr seit der Entwicklung zum Alphabet allmählich abhanden gekommen ist. Dabei erhält die Schrift just von derjenigen Sphäre Hilfe, von der sie sich seit ihren piktographischen Anfängen distanziert hatte, nämlich der *bildlichen*, *ikonischen* Sphäre.

Auch in diesem Fall möchte ich zwei Beispiele für die Plausibilität dieser These anführen. Durch die Schrift können auch textuelle Hierarchien ausgedrückt werden, und zwar mithilfe des Prinzips, das wir »Hypertext« nennen. Die Größe des Schrifttyps und vor allem die zentrifugale Organisation einer Reihe inhaltlich zusammenhängender Texte vermitteln eine Gliederung von Bedeutenderem, Älterem, Allgemeinerem vs. Sekundärem, Jüngerem, Spezifischerem, welche kulturellen Sinn stiftet. Auf jeder Seite des Talmud[65] sind all diese textuellen Komponenten (Mischnah, Gemarah, Tosaphoth, usw.) hierarchisch gegliedert, wobei auch der Schrifttyp (die quadratische vs. die sogenannte Raschi-Kursive) zu einer Differenzierung des Status der jeweiligen Textsorte beiträgt. Nach dem gleichen Prinzip entstehen in unserem Computer-Zeitalter Hypertexte mit ihrer Sequenz gegliederter Textbausteine (Abb. 10).

Das zweite Beispiel thematisiert einen anderen Aspekt dieser Rückbesinnung auf die Bildhaftigkeit der Schrift. Diejenigen Kulturen wie die jüdische oder die arabische, in denen die getreue bildliche Darstellung von Gottes Schöpfung gravierenden religiösen Einschränkungen ausgesetzt ist, haben eine besondere Kunstform entwickelt, in der die Welt und die Objekte, die sie füllen, lediglich durch Schriftzeichen repräsentiert werden. Dadurch weicht man dem Verbot der Demiurgie aus, indem nicht die lebenden Gegenstände selbst dargestellt, sondern die sie andeutende Schrift manipuliert wird. Was im Judentum und im Islam religiös gestiftet ist, entsteht in der westlichen postmodernen und virtuellen Kultur als Reaktion auf die Marginalisierung der nicht-denotativen Aspekte der menschlichen Kommunikation in der alphabetischen Schrift. Logographische Schreibungen wie »I♥U« oder »X-mas« für *I love you* bzw.

---

[65] Für eine zugängliche und kommentierte Ausgabe siehe *The Steinsaltz Edition*; etwa zur Einführung Adin Steinsaltz (1989): A Reference Guide, New York.

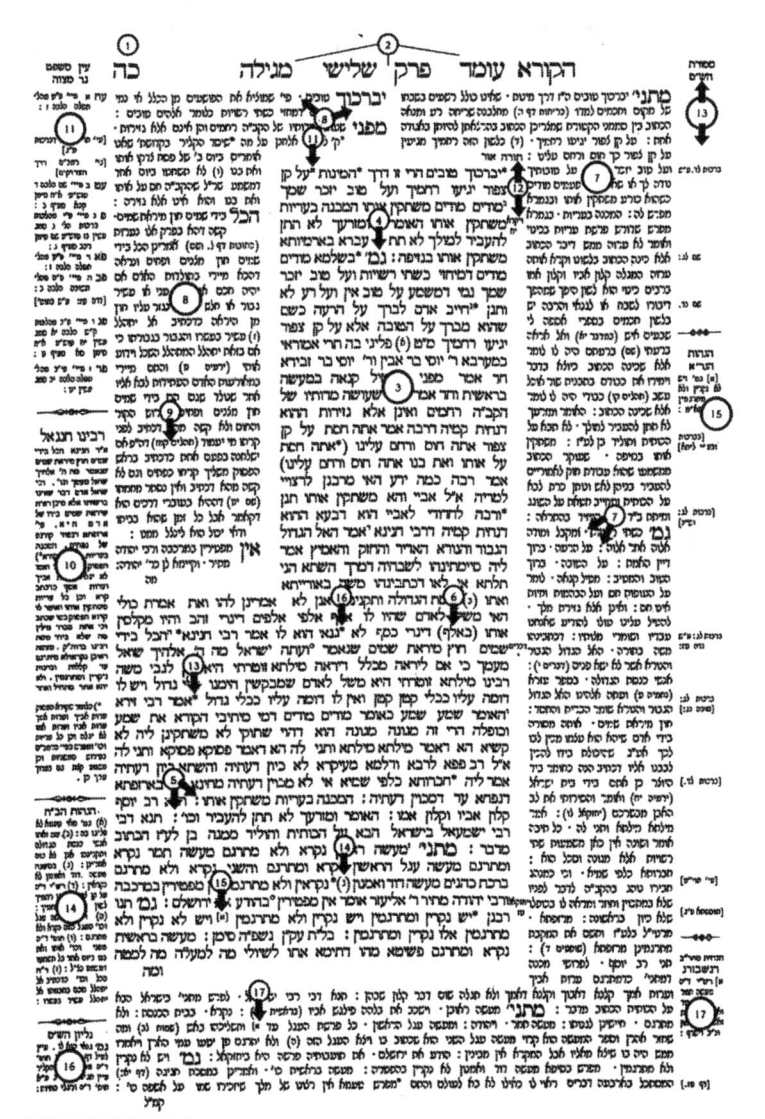

*Abb. 10: Talmud, Traktat Megillah, Kapitel 3
(aus Steinsaltz, Reference Guide, 48)*

Christmas reaktivieren die verloren gegangene holistische Dimension der Schrift und verleihen ihr erneut eine sinnstiftende Funktion. Besonders aufschlussreich ist das Phänomen der *emoticons* oder *smileys*. Dabei handelt es sich um computergerechte Schriftzeichenkombinationen, in den meisten Fällen ursprünglich diakritischer Art, durch die in der elektronischen Kommunikation eine ganze Palette von Gefühlen ausgedrückt werden kann: Freude, Ironie, Komplizität, Enttäuschung – Gefühle, genau diejenigen pragmatischen Begleiterscheinungen der verbalen menschlichen Kommunikation, die durch den Übergang von der Stimme zur Schrift ausgeblendet worden waren:

HAPPY, SMILING, LAUGHING
:-)   smiling; agreeing
:-D   laughing
|-)   hee hee
|-D   ho ho
:->   hey hey
;-)   so happy, I'm crying
:'-) crying with joy
\~/   full glass; my glass is full

TEASING, MISCHIEVOUS
;-)   winking; just kidding
'-)   winking; just kidding
;->   devilish wink
:*)   clowning
:-T   keeping a straight face

AFFIRMING, SUPPORTING
:^D   "Great! I like it!"
8-]   "Wow, maaan"
:-o   "Wow!"
^5   high five
^   thumbs up
:]   Gleep, a friendly midget who wants to befriend you
(::()::)   bandaid; offering help or support

Abb. 11: Emoticons: http://www.windweaver.com/emoticon.htm

§ 10 Ausblick

In einer berühmten Passage des Dialogs »Timaios« lässt Platon einen hochbejahrten ägyptischen Priester dem athenischen Gesetzgeber Solon entgegenhalten, die Griechen blieben in ihren Seelen stets Kinder, »denn ihr hegt in ihnen keinerlei alte, auf altertümliche Überlieferung gegründete Meinung noch ein durch die Zeit ergrautes Wissen«; hingegen betrage »in den bei uns geweihten Schriften« die Zahl der Jahre seit der Einrichtung des ägyptischen Staates achttausend Jahre: »was sich aber, sei es bei euch oder hier oder in einer der anderen Gegenden, die wir vom Hörensagen kennen, Schönes und Großes oder in einer anderen Beziehung Besonderes begab, das alles ist von alten Zeiten her hier in den Tempeln aufzeichnet und bewahrt. Bei euch und den andern dagegen ist man jedesmal eben erst mit der Schrift und allem anderen, dessen die Staaten bedürfen, versehen, dann bricht nach Ablauf der gewöhnlichen Frist wie eine Krankheit eine Flut vom Himmel über sie herein und lässt von euch nur die der Schrift Unkundigen und Ungebildeten zurück, so dass ihr wiederum vom Anbeginn gewissermaßen zum Jugendalter zurückkehrt, ohne von dem etwas zu wissen, was sowohl hier als auch bei euch zu alten Zeiten sich begab.«[66]

Schon im Altertum war es also klar, dass Mündlichkeit und Schriftlichkeit zwei ganz verschiedenen Modellen der Organisation kulturellen Wissens entsprechen. Die funktionale Kluft zwischen diesen zwei Formen menschlicher Kommunikation, die sich mit dem Auftreten der Schrift angebahnt hatte, wird jedoch im multimedialen Zeitalter möglicherweise neutralisiert.[67] Von einer teleologischen *Evolution* von der Stimme zur Schrift kann deshalb keine Rede sein – höchstens von einer historischen Entwicklung, bei sozialer Komplexität Formen der Speicherung von Wissen zu erzeugen. Die Kriterien dieser Speicherung, die Verfahren der Verschriftung von Daten sind sehr unterschiedlich, weisen jedoch eine erstaunliche typologische Kontinuität auf: Kulturen, die logographisch anfangen, sterben logographisch; Kulturen, die durch das Alphabet zur Schriftlichkeit gelangen, zeigen die Tendenz, ihre Lektüre der Wirklichkeit in das Medium der alphabetischen Schrift zu integrieren, indem sie einen Vorteil der Logographien gegenüber den Alphabeten zurück zu gewinnen versuchen. Denn trotz des historischen Erfolgs der alphabetischen Kultu-

---

66 Timaios 21e–23d. Ich zitiere die Passagen nach der Ausgabe von Klaus Widdra (²1990): Platon. Timaios. Kritias. Philebos. Platon: Werke in acht Bänden griechisch und deutsch 7, Darmstadt.
67 Vgl. Georg Christoph Tholen (2002): Die Zäsur der Medien. Kulturphilosophische Konturen, Frankfurt.

ren bleibt oft auch in modernen und postmodernen literaten Zivilisationen eine gewisse Sehnsucht nach der Bildlichkeit (in) der Schrift. Wenn die Hieroglyphen die ägyptische Welt unmittelbar darstellen, so kann auch das in Alphabet verpackte »portative Vaterland« des Judentums (wie Heinrich Heine es nannte)[68] schon durch das Material der Kommunikation[69] enzyklopädische Hierarchien vermitteln. Mögen logographisch verschriftete Kulturen wie Mesopotamien oder Ägypten von vornherein verstanden haben, dass alphabetische Schriftlichkeit dem Gedächtnis zur Wiedergabe der Stimme besser verhilft, so bemühen sich im Alphabet gefangene Hochkulturen um eine emotionale oder poetische Sprengung der Grenzen ihres schriftlichen Mediums. Schriftzeichen sind immer in Geschichte eingebundene kulturelle Zeichen.

---

68 Vgl. Frank Crüsemann: »Das ›portative Vaterland‹. Struktur und Genese des alttestamentlichen Kanons«, in: Aleida und Jan Assmann (Hg.) (1987): Kanon und Zensur, München, 63–79.
69 K. Ludwig Pfeiffer: »The Materiality of Communication«, in: Gumbrecht/Pfeiffer: Materialities of Communication, 1–12.

Christiane Kruse

BILDER, MEDIEN UND MASKEN.
VOM ANTHROPOLOGISCHEN DOPPELSINN DES BILDERMACHENS

Weltverdopplung und Welterschaffung

Der anthropologische Sinn der Bilder liegt in der Frage begründet, *wozu* Menschen überhaupt Bilder machen.[1] Dies kann im Folgenden nicht erschöpfend behandelt werden, vielmehr werde ich versuchen, eine exemplarische Antwort darauf zu geben, indem ich zwei Kulturtechniken miteinander in Beziehung setze, das Bildermachen und das Maskieren. Eine jüngere Kunst-Fotografie, die sich einer generellen Medienkritik von Malerei, Fotografie und Post-Fotografie in der westlichen Kultur verschrieben hat, stützt die hier vorgetragene These, dass Menschen Bilder machen, um eine wie auch immer definierbare ›Wirklichkeit‹ zu maskieren und damit überhaupt erst Wirklichkeit hervorbringen. Es geht hier um den heiklen Bild-Begriff von Wirklichkeit, den die analoge Fotografie geprägt hat und der mit der Erfindung der Post-Fotografie jetzt endgültig in das Reich der Mythen verabschiedet wird. Die drei Medien, Malerei, Fotografie und Post-Fotografie werden als Kulturtechniken verstanden, die die uralte Tradition der Maske ersetzen und fortleben lassen. Die westliche Bildgeschichte, für die allein ich hier sprechen kann, teilt das Bildermachen dichotomisch in Welt-Verdopplung und Welt-Erschaffung. In den Mythen vom Ursprung der Bilder, die das Bildschaffen der Menschen begründen, ist immer dann von der Weltverdopplung in den Bildern die Rede, wenn der Verlust von Welt droht oder befürchtet wird. Das Missfallen oder der Überdruss an der vorgefundenen, der ›wirklichen‹ Welt, motiviert kurz gesagt die Utopie der Welterschaffung oder einer ›zweiten Schöpfung‹, die in Bildern antizipiert wird.[2] Die hier ausgewählten Beispiele aus der aktuellen Kunstgeschichte reflektieren über die beiden uralten Mythen des Bildermachens, Weltverdopplung und

---

1 Siehe dazu Hans Belting (2001): Bild-Anthropologie. Entwürfe für eine Bildwissenschaft, München; Christiane Kruse (2003): Wozu Menschen malen. Historische Begründungen eines Bildmediums, München.
2 Zum Mythos einer zweiten Schöpfung, der zugleich eine Utopie ist, siehe den Sammelband von Bernd Flessner (Hg.) (2000): Nach dem Menschen. Der Mythos einer zweiten Schöpfung und das Entstehen einer posthumanen Kultur, Freiburg i. Br.

*Abb. 1: Nadar,
Charles Baudelaire*

Welterschaffung. In den Bildern sind utopische Welten immer wirklich geworden. Es geht nun darum, die Rolle, die Medien als Masken beim Bildermachen spielen, zu verstehen.

Maskieren

Beginnen werde ich mit Charles Baudelaire (Abb. 1), der die Aufgabe einer zweiten Schöpfung für die Kunst vereinnahmte, die Weltverdopplung dagegen der Fotografie zuwies. Die damals noch junge Fotografie stand in dem Ruf, Wirklichkeit wie in einem Spiegel abzubilden. Daher, so Baudelaire im Salon 1859, käme ihr allenfalls die Funktion einer »sehr bescheidenen Dienerin« von Wissenschaft und Kunst zu, »wie [der] Druckkunst und [der] Stenographie, welche die Literatur weder geschaffen noch ersetzt haben.«[3] Baudelaire schrieb auch eine *Lobrede auf das*

---

3 Charles Baudelaire: Der Salon 1859, in: Sämtliche Werke/Briefe, hg. von F. Kemp u. C. Pichois (1989), Bd. 5, München u. Wien, 139; siehe Wolfgang Drost: Fotografie als Unkunst? Historisch-ästhetische Analyse von Baudelaires Verurteilung der Photographie, in: Lendemains 9, 1984, 25-33; Susan Blood, Baudelaire against photography: An allegory of the old age, in: Modern Language Note, 101, 1986, 817-837.

Schminken, die eigentlich eine Lobrede auf die Künstlichkeit der Kunst und eine Schmähschrift auf das Natürliche, das Wirkliche, kurz: den Realismus seiner Zeit ist, wie ihn Champfleury in der Literatur oder Courbet in der Malerei vertraten:

> Die Frau ist durchaus in ihrem Recht, ja sie erfüllt eine Art Pflicht, wenn sie es darauf anlegt, berückend und übernatürlich zu erscheinen; sie soll erstaunen machen, sie soll bezaubern; (...) Alle Künste müssen ihr deshalb als Mittel dienen, sich über die Natur zu erheben, um die Herzen besser zu unterjochen und den Geist zu bestricken. Es ist unerheblich, ob die Listen und Kunstgriffe allen bekannt sind, wenn der Erfolg nur gewiß und die Wirkung immer unwiderstehlich ist. In solchen Erwägungen wird der philosophische Künstler leicht die Rechtfertigung aller Mittel finden, welche die Frauen zu allen Zeiten angewandt haben, um ihre zerbrechliche Schönheit zu festigen und sie gewissermaßen zu vergöttlichen.[4]

Die Rede ist zwar vom Schminken als einem Kunstmittel, dessen sich die Frauen entweder bedienen, um »alle Flecken, mit denen die Natur den Teint schändlicherweise übersät, zum Verschwinden zu bringen« oder aber um die Natur im Gebrauch der künstlichen Farben, vor allem rot und schwarz, zu übertreffen. Doch wenn man das Wort ›Frau‹ durch ›Malerei‹ oder allgemein ›Kunst‹ ersetzt, trifft man den Kontext, in dem der Essay entstand, genauer und gelangt in das Zentrum von Baudelaires Kunsttheorie.

Eine Frau, die die Kunst des Schminkens beherrscht, ist eigentlich eine Malerin des eigenen Porträts. *Le vrai portrait*, so Baudelaire, zeigt das Modell nicht wie in einem Spiegel, nackt und ungeschminkt.[5] Ein wahres Porträt verlangt Poesie und Einbildungskraft des Malers, der die innewohnende Schönheit und den verborgenen Charakter des Modells erkennt und darzustellen weiß, ohne es zu verfälschen. So wird die Schönheit von der sich schminkenden Frau ebenso wie dem Maler eines wahren Porträts entdeckt und durch die Kunst überhaupt erst hervorgebracht. Mit der Schönheit verhält es sich laut Baudelaire nun wie folgt:

> Das Schöne besteht aus einem ewigen, unveränderlichen Element, dessen Anteil äußerst schwierig zu bestimmen ist, und einem relativen, von den Umständen abhängigen Element, das, wenn man so will, eins ums andere oder insgesamt, die Epoche, die Mode, die Moral, die Leidenschaft sein wird. Ohne dieses zweite Element, das wie der unterhaltende, den Gaumen kitzelnde und die Speiselust reizende Überzug des göttlichen Kuchens ist, wäre das erste Element unverdaulich, unbestimmbar, der menschlichen Natur unangepaßt und unangemessen.[6]

Schminke und Porträt, bemaltes oder gemaltes Gesicht, und auch die Glasur des Schönen sind die Beschaffenheit der Zweidimensionalität, der Oberfläche, eigen, die sich über etwas dahinter Vermutetes, etwas Tiefe-

---

4 Charles Baudelaire, Der Maler des Modernen Lebens (wie Anm. 2), 249f.
5 Charles Baudelaire, Der Salon 1859 (wie Anm. 2), 180ff.
6 Charles Baudelaire, Der Maler des Modernen Lebens (wie Anm. 2), 215.

res und Dreidimensionales legt, das nicht unmittelbar gezeigt werden soll oder kann. Geschminkte und gemalte Gesichter sind wie Masken, die etwas verbergen und anstelle des Verborgenen etwas anderes setzen und zeigen wollen – oder – das, was verborgen oder gar nicht da ist, überhaupt erst zum Vorschein bringen, d. h. erst eigentlich erzeugen. Dieser Doppelsinn der Maske, der sowohl in Baudelaires Lob des geschminkten Gesichts als auch in seiner Auffassung von einem wahren Porträt und der Schönheit zum Ausdruck kommt, ist eng verknüpft mit dem Doppelsinn des menschlichen Bildschaffens überhaupt: Die Oberflächen der Bilder haben im gleichzeitigen Verbergen und Vorzeigen von etwas Eigenschaften der Maske.

Die uralte Geschichte der Maske, die in unserer Kultur in den regionalen Karnevalsbräuchen einer folkloristischen Tradition überlebt hat, weckt seit kurzer Zeit wieder verstärkt das Interesse verschiedener geisteswissenschaftlicher Disziplinen.[7] Als einer der ersten hat der Kulturwissenschaftler Thomas Macho unsere von den Massenmedien hervorgebrachte, von ihm als ›facial‹ bezeichnete Gesellschaft auf die Kulturgeschichte der Masken bezogen.[8] Macho nimmt die aus neolithischer Zeit stammenden Ahnenschädel aus Jericho als eines der frühesten Zeugnisse dafür, wie man den Totenschädeln der Verstorbenen mit Gips die Form ihres lebendigen Gesichts zurückgeben wollte. Das vergängliche Fleisch der Ahnen wurde durch eine dauerhafte Gesichtsmaske ersetzt, die man bemalte, um das Leben über den Tod hinaus zu simulieren. Vermutlich wurden diese Köpfe in den Häusern der Familien aufgestellt, wo sie die Individualität, die Tradition und den Fortbestand der Generationen sichtbar zum Ausdruck bringen sollten. Heute sieht man die ›Gesichtsmasken‹ der Verwandten und Ahnen (gelegentlich auch die eigenen) in Form von gerahmten Fotografien im Regal und auf Kommoden in den Wohnzimmern stehen. Roland Barthes hat das Bildwerden der eigenen Person im Foto, das Objektwerden, das Erstarren und Einbalsamieren, das das Foto am bildwerdenden Körper vollzieht, als eine Todeserfahrung im Kleinen charakterisiert.[9] Ebenso ist ein fotografiertes, ein in Zeit und

---

7 Siehe etwa den Sammelband von A. Schäfer, M. Wimmer (Hg.) (2000): Masken und Maskierungen, Opladen.
8 Thomas Macho, Vision und Visage. Überlegungen zur Faszinationsgeschichte der Medien, in: W. Müller-Funk, H. U. Reck (Hg.) (1996): Inszenierte Imagination. Beiträge zu einer historischen Anthropologie der Medien, Wien und New York, 87-108; vgl. auch Hans Belting (2001): Bild-Anthropologie (wie Anm.1), 34ff. und 135f.
9 Roland Barthes (1989): Die helle Kammer. Bemerkungen zur Photographie, Frankfurt a. M. (Paris 1980), 22.

Raum stillgestelltes und zur Oberfläche gewordenes Gesicht immer auch eine Maske, die in einem emphatischen Sinn Leben vortäuscht.

Medien erzeugen die Maskengesichter einer Kultur. Dies wird nun anhand der beiden Beispiele aus der jüngsten Kunstgeschichte, mit denen sich mein Beitrag befasst, zu zeigen sein. Die in New York arbeitende Fotokünstlerin Cindy Sherman und Keith Cottingham, der in Los Angeles digitale Bilder macht, kommentieren mit ihren jeweiligen Bildmedien auf ganz unterschiedliche Weise die Facialisierung, genauer: Maskierung der westlichen Kultur, die eine globale Kultur geworden ist. Cindy Sherman und Keith Cottingham analysieren in ihren Arbeiten die Maske zwischen ihren beiden Möglichkeiten, dem Verbergen bzw. dem Vorzeigen, genauer: dem Erzeugen eines ›Gesichts‹. Sie entlarven, wie ich erstens zeigen möchte, die jeweiligen Strategien der Medien als Agenten einer Kultur der Masken, die unsere Bildgeschichte ist. In je medienspezifischer Weise demaskieren die gewählten Beispiele mediale Verfahrensweisen und bestimmen Medien grundsätzlich als Masken. Zweitens werden die drei hier auftretenden Medien – die Malerei, die analoge Fotografie und digital generierte Bilder – den anthropologischen Doppelsinn des Bildermachens zum Thema machen. Das menschliche Bildschaffen ist demnach grundsätzlich zweigeteilt: Menschen machen Bilder und erfinden Medien, um die Welt zu verdoppeln oder um eine neue Welt zu erschaffen.

Demaskieren

1990 stellte die amerikanische Fotokünstlerin Cindy Sherman in ihrer New Yorker Galerie eine 35-teilige Serie von großformatigen Kodak C-Prints (Cibachrome) aus, die bereits auf den ersten Blick zu erkennen geben, dass sie sich auf Vorbilder aus der Kunstgeschichte beziehen (Abb. 2).[10] Die als *History Portraits* bekannte Serie spielt nicht nur auf Porträts der alten Meister an, sondern zeigt zum Teil unter direkter Bezugnahme Bearbeitungen von Gemälden mit mythologischen oder christlichen Bildthemen. Wenngleich die Kunstgeschichte in Shermans Fotoserie mit Nachdruck erinnert werden soll, so despektierlich erscheint dem versierten Betrachter, zumal dem Kunsthistoriker, der Umgang mit den alten Meistern. Ob Botticelli,

---

10 Zu Shermans Fotoserie siehe etwa Arthur C. Danto, Cindy Sherman (1991): History Portraits, New York; Rosalind Krauss, Cindy Sherman (1993): Arbeiten von 1975 bis 1993, München; Christa Schneider, Cindy Sherman (1995): History Portraits, München; Klaus Gereon Beuckers, Selbstbildnis – Rollenbildnis – Porträt. Zum Bildnischarakter der »History Portraits« von Cindy Sherman, in: ders., A. Jaeggi (Hg.) (1997): Festschrift für Johannes Langner, Münster, 341-352.

*Abb. 2: Cindy Sherman,
History Portraits
(Blick in die New Yorker
Ausstellung)*

Raffael oder Rembrandt: Der Eindruck von feierlichem Ernst, Kostbarkeit und unantastbarer Würde, mit dem unser kulturelles Bild-Erbe in den großen Museen Europas und Nordamerikas inszeniert wird, erscheint angesichts der *History Portraits* nachhaltig gestört.

Auf den hohen Rang, den die westliche Kultur ihren als Kunst deklarierten Gegenständen beimisst, beziehen sich sowohl die goldenen Rahmen um Shermans Fotos als auch die großen Formate, die den Bildern eine aufdringliche Präsenz verleihen. Bereits diese formale Qualität der Fotos zeigt, dass Shermans Blick auf die Kunstgeschichte ein ironischer ist. Nehmen wir beispielsweise *Untitled 212* mit dem Brustbild einer jungen Frau, das in seiner Profilstellung, dem Kostüm und der antiken Säule im Hintergrund auf das gängige Porträtschema der Renaissancemalerei in Italien anspielt (Abb 3). Die Nase der Frau, die im Profil prononciert hervortritt, ist viel zu groß, bildet an der Spitze eine unschöne Knolle und gibt sich überdies klar als Attrappe aus Plastik oder Pappmaché zu erkennen. Das matte Auge rahmen dunkle Ringe und der Mund, obwohl oder gerade weil er rot geschminkt ist, ist zu spitz und erinnert an Daisy Duck. Die Profilstellung des Körpers und die sittsam vor der Brust ineinandergelegten Hände der Frau erscheinen zusammen mit dem zur exquisiten Robe umfunktionierten Dirndlkleid als biedere Pose. Man hat als Vorbild für *Untiteled 212* das sogenannte *Porträt einer Frau mit Perlen-*

*Abb. 3: Cindy Sherman,
Untitled #212*

haarnetz von einem unbekannten Maler aus dem Umkreis Leonardos identifiziert (Abb. 4). Es ist aber nicht unbedingt notwendig und oft auch gar nicht möglich, die Vorbilder aus der Kunstgeschichte genau zu bestimmen, um die Veränderungen wahrzunehmen, die Sherman an der Renaissance- und Barockmalerei vorgenommen hat. Der Ausdruck von Schönheit, Klugheit, Adel und Tugend gepaart mit materiellem Reichtum, den die Frauen der Renaissance in ihren Porträts zur Schau stellen wollen oder sollen, ist ironisch gebrochen. Das sich in einem heute noch verständlichen Schönheitskanon äußernde ethische Ideal der Frau, das die meisten Renaissanceporträts medial transportieren, pendelt in Shermans Bearbeitung in die andere Richtung. Die übertriebene, bis ins Groteske gesteigerte Entstellung der Kunstgeschichte, die Sherman in ihren *History Portraits* vornimmt, verkehrt das Idealbild in sein Gegenteil. Damit demontiert Sherman die Strategien der Selbstdarstellung historischer Epochen, die nurmehr in ihren medialen Erzeugnissen auf uns gekommen sind. Angesichts der *History Portraits* verändert sich unser Blick auf die Schönheit und Sittsamkeit der Renaissancefrauen, die mit Hilfe einer perfektionierten Kunst nun nicht mehr natürlich schön, sondern künstlich und hochgradig inszeniert erscheinen. Man mag zu dem Schluss gelangen, dass die ›Wirklichkeit‹ der historischen Individuen, die ihre Porträts bei

Abb. 4: Leonardo (Umkreis), Porträt einer Frau mit Perlenhaarnetz, Mailand, Pinacoteca Ambrosiana

den Malern in Auftrag gaben oder in Auftrag geben ließen, irgendwo zwischen dem Idealbild der Frau, das die gemalten Bilder transportieren, und ihrer postmodernen Dekonstruktion liegt.

Beim Durchgang durch die Serie der *History Portraits* gelangt man zu der Auffassung, dass Sherman die Bildwelt der alten Meister nach dem Grad der im Vorbild vorgeführten Idealisierung demontiert. *Untitled 205* etwa nimmt sich das Porträt der Fornarina, der legendären Geliebten Raffaels, in der Weise vor, dass fast jedes Bilddetail, das im Vorbild die erotischen Reize des Modells in aller jugendlichen Reinheit und Unschuldigkeit des nackt dargebotenen Oberkörpers vorführt, in der Bearbeitung ins Hässliche und Lächerliche pervertiert ist (Abb. 5 und 6). Sherman legt es hier auf einen direkten Vergleich mit einem der Großmeister der italienischen Renaissance an. Ihre Bearbeitung zerstört nicht nur den sinnlichen Ausdruck des Mädchenkörpers, indem sie das Modell als herbe, verbiestert dreinblickende Frau inszeniert, die ihren, wie es scheint, ungewollt schwangeren Bauch hinter einer Gardine präsentiert. Mit der inhaltlichen Demontage des Vorbildes geht zwangsweise die Zerstörung der von der Malerei bewirkten ästhetischen Wirkung einher. Die glatte Oberfläche und

*Abb. 5: Cindy Sherman,
Untitled # 205*

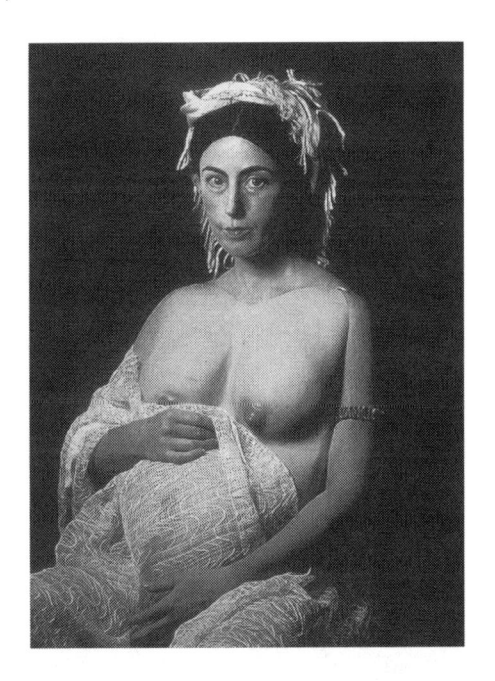

die Chromatik des goldschimmernden Inkarnats, mit der Raffael, die Natur übertreffend, eine maklellos glatte Haut simuliert, ist in Shermans Bearbeitung ein Fake: vorgezeigte Maske und missgestaltete Prothese, die sie sich, wie man deutlich sieht, vor Brust und Bauch gebunden hat.

Shermans Umgang mit der Kunstgeschichte ist keineswegs nur despektierlich und schon gar nicht grob, sondern zeugt ganz im Gegenteil von einer haargenauen Kenntnis der alten Malerei.[11] Der ironische Blick auf die Meisterwerke entfaltet seine Wirkung nur deshalb, weil sie die Bildoberflächen, die Inszenierungstechniken, die Posen und Physiognomien der alten Meister bis in die Details des chiaroscuro studiert hat und sich ihnen in ihren Fotos anverwandelt. Im Gegensatz zu den Alten Meistern, die das Geheimnis ihrer Kunsttechnik für sich behielten, gibt uns Sherman eine ganze Reihe ihrer Kunstmittel offen preis. Aus einem schier unerschöpflichen Fundus an Kleidern, Requisiten und Prothesen schlüpft sie in die Rolle ihrer Vorbilder. Mit einem Arsenal an Pudern, Farb- und Lippenstiften aller Art sowie Quasten und Pinseln schminkt sie Gesicht und Körper, behandelt die Haut wie eine lebendige Leinwand und bemalt

---

11 Es gehört zu dieser Maskerade, dass Sherman hartnäckig leugnet, eine Kennerin der alten Malerei zu sein; siehe Cindy Sherman im Gespräch mit Wilfried Dickhoff, Kunst heute 14, 1995, Köln, 33ff.

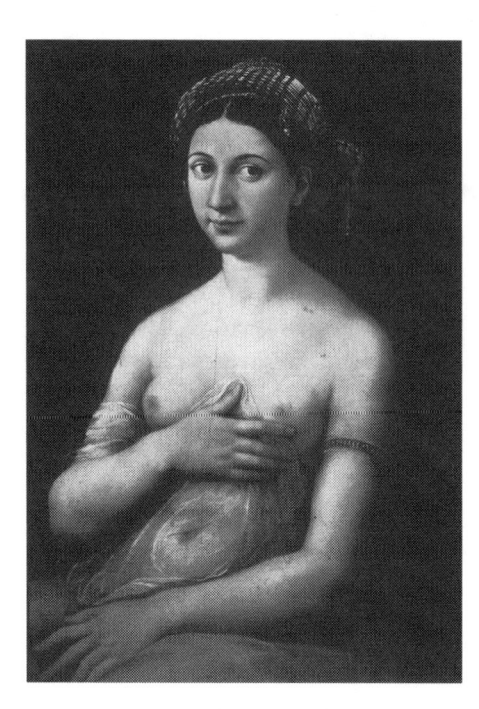

*Abb. 6: Raffael,
La Fornarina, Rom,
Galleria Borghese*

sie im Stil der alten Meister.[12] Eine exakt ausgearbeitete Lichtregie und die richtige Wahl des Filters vor dem Kameraobjektiv tun ein übriges, um in den Fotos die gewünschte malerische Wirkung hervorzurufen. Dabei ist es für den erzielten Bildeffekt völlig unerheblich, dass Sherman es selbst ist, die sich verkleidet und schminkt und in ihren Fotos in immer neuen Masken die Verfahrensweisen der altmeisterlichen Malerei analysiert, um sie mit ihren eigenen Stilmitteln zu entlarven.

Zuweilen benutzt Sherman die Geschichten ihrer Vorbilder für eine Umerzählung der Mythen. Der triumphale Ausdruck, mit dem Judith in dem Gemälde von Botticelli den Kopf des Holofernes aus dem Zelt trägt, wird in Shermans Interpretation zur Pose des Degout (Abb. 7 und 8). Eine karnevaleske Judith präsentiert uns Holofernes als Plastikkopf einer greisen Horrorgestalt. Die Idealgestalt einer heroischen Frau, die ihr Volk von einem Widersacher befreit, ist angesichts der grausamen Tat des Köpfens in der Abkehr der Frau von der Trophäe nachvollziehbar. Doch auch

---

12 Zum Verhältnis von Maske und Porträt bei Sherman siehe die Literatur unter Anm. 10 und auch Elisabeth Bronfen, Das andere Selbst der Einbildungskraft: Cindy Shermans hysterische Performanz, in: Z. Felix, M. Schwander (Hg.) (1995): Cindy Sherman. Photoarbeiten 1975-1995, München, Paris u. London,13-26.

*Abb. 7: Cindy Sherman,
Untitled # 228*

hier ist vor allem Ironie im Spiel, denn die wirklichkeitsnahe Einstellung des Themas ist für Sherman nur eine Durchgangsstation und wird in der plumpen, dickbäuchigen Karikatur einer Judith gebrochen, die mit viel zu großen Plattfüßen dasteht, das blutige Messer in der einen, den am Schopf ergriffenen Plastikkopf in der anderen, als ob sie in einer Geisterbahn als Schreckgespenst figurieren würde. Sherman enthüllt hier das über den biblischen Mythos transportierte Idealbild einer Frau als Heroine. Eine von Männern beherrschte Welt hat Judith eine gemalte Bühne zur Verfügung gestellt, auf der sie die Heldin spielen darf. Auch Sherman stellt ihre Judith auf eine Bühne und weist ihr in der Karikatur der Renaissance-Judith die neue Rolle einer grotesk gezeichneten Anti-Heldin zu.

Maskierte Medien

Es geht in den History Portraits nur vordergründig darum, eine kritische Distanz zur historischen Malerei und ihren Idealbildern von den Menschen zu gewinnen. Im Zentrum der Fotoserie steht vielmehr eine allge-

*Abb. 8: Botticelli, Judith,
Amsterdam, Rijksmuseum*

meine Medienkritik, näherhin die Klarlegung medialer Absichten und Verfahrensweisen. Sherman operiert dabei mit einer zweifachen Strategie: Zum einen werden die Bildinhalte der Alten Meister demontiert, wie die Beispielen zeigen. Die grotesken Prothesen und Masken, die sich Sherman anlegt, dienen einmal dazu, das Idealbild einer vergangenen Kultur durch die Präsentation einer Antithese zu demaskieren. Die zweite Strategie wendet Sherman auf der Ebene der Medienkritik an. Dabei gerät die Malerei, der hiermit zum wiederholten Male abgesprochen wird, Wirklichkeit abzubilden, ins Schussfeld der Fotografie. In Shermans Bildern soll sich die Fotografie durch das Vorzeigen der Maske zunächst als ein indexikalisches Medium erweisen, als ein Medium, das wegen seiner physikalisch-chemisch verfahrenden Bildtechnik die Spur des Wirklichen anhaftet.[13]

---

13 Zum fotografischen Zeichen als Index Rosalind Krauss, Notes on the Index, in: dies. (1985): The Originality of Avantgarde and other Myths, Cambridge/Mass.; Dubois, Philippe (1998): Der fotografische Akt. Versuch über ein theoretisches Dispositiv, Dresden (Brüssel 1990).

Die altmeisterliche Malerei, so lässt Sherman ihre fotografischen Bilder durch die Maske sagen, maskiert die in ihr erscheinenden Menschen so sehr, dass man ihre Identität als historische Individuen nicht mehr erschließen kann. Was die Alten Meister mittels der Malerei vorzeigen, erweist sich als fingierte Identitäten von Identitätsfiguren oder Personen, wie etwa der Geliebten Raffaels, die dem kollektiven Ideal einer Kultur ein einheitlich schönes Gesicht verleihen. Dieses Ideal-Gesicht der Menschen, das uns in Form der Gemälde, mithin medial überliefert ist, ist, wie Sherman zeigt, eine Maske, die eine anders geartete Wirklichkeit gegen die Bildwirklichkeit austauscht. Die schöne Welt der historischen Malerei existierte nirgendwo anders als in dem Medium, das sie der Nachwelt überliefert hat.

Doch während Sherman der Bildwelt der alten Meister eine rein mediale Existenz ohne Wirklichkeitsbezug zuweist, verstrickt sie ihre eigene Strategie der Entlarvung ganz bewusst in tiefe Widersprüche. Um der alten Malerei die Maskierung der Wirklichkeit nachzuweisen, bedarf es wiederum der Maskierung eines Individuums, nämlich der Künstlerin selbst, die in immer neuen Rollen den Figuren aus der Kunstgeschichte eine neue - wenn auch antithetische -, aber ebenfalls künstlich zurechtgemachte Identität leiht. Damit verfahren beide, die alten Meister mit ihrer Malerei und Cindy Sherman mit ihren Fotos nach dem Prinzip der Maske, das Wirklichkeit verbirgt und statt ihrer etwas anderes zeigt. Die jeweiligen Bildverfahren, Malerei und Fotografie, unterscheiden sich auf dieser Ebene des Vergleichs nur hinsichtlich des aus der jeweiligen Bildtechnik resultierenden Maskierungsverfahrens. Während die Malerei ihre aus der Wirklichkeit sowie den Mythen und Legenden genommenen Modelle auf der Bildoberfläche maskiert und damit überhaupt erst erfindet, muss Sherman, die sich der Fotografie als eines indexikalischen Mediums bedient, die vor dem Kameraobjektiv befindliche Wirklichkeit verkleiden, um den gewünschten Bildeffekt zu erzielen. Sherman ist sich darüber im Klaren, dass ihre Strategie der bildmedialen Demaskierung durch Maskierung auf einen Zirkelschluss hinausliefe, in dem sich Medien und Masken in ihren jeweiligen Bildfindungsprozessen gegenseitig bestätigten.

Um dem zu entgehen und eine grundsätzliche Kritik der Bildmedien sinnfällig zu machen, hält sich Sherman in der Fotoserie der *History Portraits* einen Weg aus diesem Kreislauf offen, indem sie nämlich in ihrem Medium die Maske nicht verbirgt, sondern vorzeigt. Damit hält sie an dem von Roland Barthes konstatierten Sinngehalt der Fotografie fest, dass nämlich die Einschreibung des Referenten in das fotografisch erzeugte Bild in dem Diktum des Es-ist-so-gewesen explizit zu machen sei.[14] Diese

---

14 Roland Barthes (wie Anm. 9), 13.

ontologische Verankerung der Fotografie hat sich trotz aller Widerlegungsversuche als unhintergehbar erwiesen und wurde zuletzt in Philippe Dubois' semiotischer Definition des fotografischen Bildes unter Berufung auf Charles Sanders Peirce ausgeführt:

> Charles S. Peirce kommt das nicht geringe Verdienst zu, bereits 1893 den theoretischen Status des fotografischen Zeichens analysiert zu haben, wobei er die primitive und blickverstellende Konzeption der Fotografie als Mimesis überwunden und das epistemologische Hindernis der Ähnlichkeit zwischen dem Bild und seinem Referenten aus dem Weg geräumt hat. Und dieses Hindernis vermochte er nur deshalb zu beseitigen, weil er nicht nur die Botschaft als solche in Betracht gezogen hat, sondern vor allem auch die Art und Weise, wie das Zeichen produziert wird.[15]

Aufgrund des physikalisch-chemisch ablaufenden Bildprozesses legt die Fotografie zwangsläufig Zeugnis ab und beweist, wie im Anschluss an Roland Barthes auch Philippe Dubois betont, ontologisch die Existenz dessen, was vor dem Kameraobjektiv war und Lichtstrahlen auf eine lichtempfindliche Oberfläche, den Bildträger projeziert hat. Doch ist es völlig unerheblich, ob das Foto Ähnlichkeit mit seinem vor dem Kameraobjektiv notwendig physisch anwesenden Referenten hat. Die Vielzahl von Bildstörungen, die der fotografische Prozess hervorzubringen im Stande ist, rechtfertigt es im Grunde nicht, dem fotografisch erzeugten Bild, eine Bedeutung zuzuweisen, die sich auf eine repräsentierte Wirklichkeit gründet.[16]

In Cindy Shermans *History Portraits* ist das fotografische Zeichen, der gemeinsame Referent aller Fotos, die Maske. Die Bilder verweisen mit einer gewissen Penetranz auf die verschiedenen Masken, hinter der sich ein menschliches Individuum verbirgt. Beim Durchgang durch die 35 C-Prints der Fotoserie lässt sich schließlich mit ziemlicher Gewissheit sagen, dass dieses Individuum hinter der Maske immer dasselbe weibliche Individuum, nämlich die Künstlerin selbst ist. Die multiple Identität, die Sherman in den Fotos annimmt, gehört zum Werkkonzept und erhält wegen der Referenz auf die Kunstgeschichte eine Zuspitzung, die Shermans grundsätzliche Medienkritik betrifft. Indem sie selbst in verschiedene Rollen schlüpft, sich maskiert, aber trotzdem identifizieren lässt, gelingt es ihr, die fingierte Identität der Individuen in den historischen Porträts bloßzustellen. Hinter der Maske verbirgt sich grundsätzlich etwas anderes, als das im Bild gezeigte. Fotografie ist nach dieser Aussage genauso wie die Malerei eine mediale Strategie der Maskierung von Wirklichkeit,

---

15 Dubois (wie Anm. 13), 67.
16 Siehe zu diesen Störfällen des fotografischen Bildes die Überlegungen von Peter Geimer, Was ist kein Bild? Zur »Störung der Verweisung«, in: ders. (Hg.) (2002):, Die Ordnung der Sichtbarkeit. Fotografie in Wissenschaft, Kunst und Technologie, Frankfurt a. M., 313-341.

so dass die Differenz zwischen fotografischen und gemalten Zeichen aufgehoben scheint.

Der Verdacht liegt nun nahe, dass die *History Portraits* nicht geschaffen wurden, um die historische Malerei als Fiktion eines idealen Menschenbildes einer Epoche wie der Renaissance zu entlarven, was letztlich trivial wäre. Es geht vielmehr darum, das indexikalische Zeichen der Fotografie mit Hilfe der Maske bloßzustellen, um den Beweis anzutreten, dass mediale Wirklichkeiten in letzter Konsequenz immer gemachte, künstliche arrangierte, mithin maskierte Wirklichkeiten sind.

Digitale Malerei

Genau dieses medienkritische Argument verbindet Shermans *History Portraits* mit den 1992 entstandenen *Fictitious Portraits* von Keith Cottingham (Abb. 9-11).[17] Auf den ersten Blick gibt sich die Arbeit als dreiteilige Fotoserie im Format 1,20m x 1m zu erkennen. In ihrem ersten, mit *Single* betitelten Bild sehen wir die Halbfigur eines etwa 15-jährigen Jungen südländischer Herkunft mit nacktem Oberkörper, dem sich im zweiten, mit *Double* untertitelten Bild sein Zwillings- und im dritten Teil, *Triple* genannt, der Drillingsbruder zugesellt. Die Verdoppelung und Verdreifachung des Jungen werfen unweigerlich Fragen nach der Wirklichkeit auf, die sich hinter den Bildern dieser Individuen verbirgt. Die Identität des Jungen, die das Foto-Medium hartnäckig zu behaupten scheint, stiftet angesichts seiner bildlichen Vervielfältigung Verwirrung, der Cottingham mit leisen Hinweisen begegnet. Was zunächst auffällt, ist die Inszenierung des Modells, das trotz heller Beleuchtung wie in einer schwarzen Folie erscheint, die den Körper mit einer harten, atmosphärelosen Konturlinie umgibt (Abb. 9). Der schwarze Hosenbund des Knaben wird optisch zum Teil dieser Folie, so dass der Oberkörper auf der Bildfläche zu schweben scheint. Dieser Effekt wiederholt sich im zweiten Teil der Arbeit, wo der Junge mit seinem Double erscheint (Abb. 10). Auch hier stört die schwarze Folie den Eindruck der raumgreifenden Körper, vor allem in der verschatteten Schulterpartie der linken Figur, die mit der schwarzen Folie verschmilzt. Verfolgt man die Licht- und Schatteneffekte im dritten Teil der Arbeit, dann verstärkt sich der Eindruck, dass die Figuren nur in der

---

17 Keith Cottingham, Ficitious Portraits, in: H. von Amelunxen u.a. (Hg.) (1995): Fotografie nach der Fotografie, Dresden u. Basel, 160-165; Anette Hüsch, Schrecklich schön. Zum Verhältnis von Körper, Material und Bild in der Post-Photographie, in: H. Belting, U. Schulze (Hg.) (2001): Beiträge zur Kunst und Medientheorie, Ostfildern-Ruit, 33-45.

Abb. 9: Keith Cottingham,
Fictitious Portraits (Single)

künstlichen Einstellung von Licht und Schatten, den ein Körper auf den anderen wirft, existieren (Abb. 11). Versucht man sich die Situation im Fotostudio vorzustellen und das Licht auszuschalten, das die Figuren, von links oben kommend beleuchtet, wird man feststellen, dass dort nichts mehr sein wird außer einer schwarzen, opaken Folie: der Bildfläche.

Cottinghams Fictitious Portraits sind, wie der Titel nahelegt, computergenerierte Bilder, und die Individuen, die darauf zu sehen sind, sind künstlich erzeugt. Sie existieren auf der Welt nicht als wirkliche, sondern als virtuelle Körper, als ein unendlich identisch reproduzierbarer digitaler Datensatz. Da der Künstler ein paar Einblicke in seine Werkstatt gegeben hat, lässt sich die Entstehung dieser Bilder in etwa nachvollziehen.[18] Tatsächlich ist es kein Anachronismus, von einer Künstler-Werkstatt zu sprechen, denn Cottingham sitzt durchaus nicht nur am PC. Zunächst gab es analoge Fotos eines wirklichen Individuums und eine Maske aus Gips (Abb. 12). Die Maske setzt das zweidimensionale Gesicht des Jungen auf dem Foto in einen dreidimensionalen Bildkörper um, wobei Cottingham Schönheitsfehler des Originals zugunsten einer perfekt-ebenmäßig geformten Physiognomie mit einem makellos glatten Inkarnat korrigiert hat, wie dem verlängerten Gesichtsoval, besonders der Nase und der Stirn zu entnehmen ist. Mit der Maske verfuhr Cottingham wie ein Bildhauer, der sein lebendes

---

18 Cottingham (wie Anm. 17), 161; Hüsch 2001.

Abb. 10: Keith Cottingham,
Fictitious Portraits (Double)

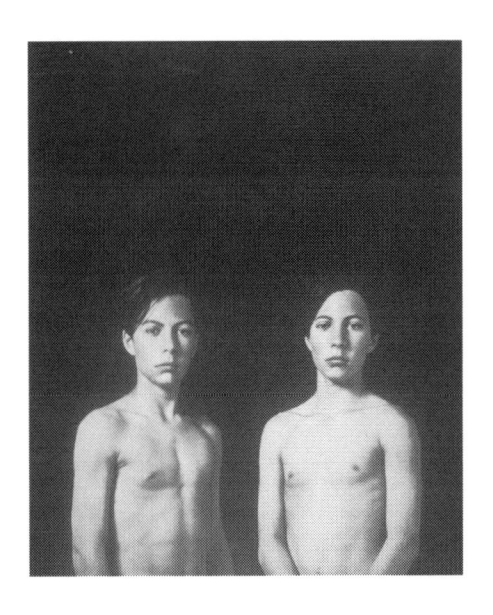

Modell nach den Idealmaßen einer als schön kanonisierten Form bildet, ohne jedoch den Ausdruck der Indivdualität zu zerstören. In einem nächsten Schritt verlässt das Werk Cottinghams den Raum der wirklichen Werkstatt und tritt – metaphorisch gesprochen – in den virtuellen Raum des PCs ein. Foto und Maske werden zu diesem Zweck gescannt und für die digitale Weiterverarbeitung am Bildschirm verfügbar gemacht, wobei beide zu einem Datensatz miteinander verrechnet werden (Abb. 13). Die gescannten Foto- und Maskendateien werden deshalb in einer Bilddatei vereinigt, in der zunächst die Oberflächen der gescannten Bilder miteinander harmonisiert werden müssen. Als nächstes probiert Cottingham die Möglichkeiten der Physiognomie am Bildschirm aus und legt sie schließlich fest (Abb 14). All dies spielt sich noch im s/w-Modus des Bildes ab. Ein weiterer Schritt ist nun die Simulation des Inkarnats, der Augen und der Haare. Die Digitalisierung des Inkarnats auf der grauen Gesichtshülle geschieht Pixel für Pixel und ist so etwas wie die elektronische Form des Malens nach Zahlen (Abb. 15). Nach Abschluss der digitalen Bildgenerierung wurden die Bilder mit einem Laserprinter gedruckt, dann mit einer Fotokamera auf einem Diafilm belichtet und schließlich Abzüge auf entsprechendem Fotopapier im Format 1,20m x 1m entwickelt (Abb. 9-11). Mit diesem letzten Teil der Bildherstellung wird aus dem digitalen Bild ein analoges Diapositiv, das von nun an paradoxerweise als das Unikat eines digitalen Bildes existiert. Im Foto-Medium soll nun der Beweis geführt werden, dass der Junge auf dem Bild nach Barthes' Diktum ›da ist‹, zumindest aber ›da gewesen ist‹.

Abb. 11: Keith Cottingham,
Fictitious Portraits (Triple)

Die Einbeziehung des Foto-Mediums am Ende einer komplexen Werkgenese täuscht darüber hinweg, dass das Bild des Jungen nicht ein menschliches Individuum abbildet. Das Bild verdankt seine mediale Existenz im Durchgang durch fotografische, handwerkliche, digitale und schließlich noch einmal fotografische Bildtechniken vielmehr einem hybriden Bildprozess. Die Hybridität des Bildprozesses bringt die Vereinigung von digitaler und analog-fotografischer Bildtechnik als Paradox hervor. Während die digitale Technik so etwas wie Klone generiert, die sich unendlich identisch reduplizieren lassen, bringt die fotografische Technik mehr oder weniger identisch reproduzierbar Unikate auf den belichteten Film.

Posthumane Menschenbilder

Nach Angaben des Künstlers kritisieren die *Fictitious Portraits* eine der wichtigsten Erfindungen der Moderne, das Subjekt und den Begriff von Persönlichkeit.[19] Wie Sherman in ihren History Portraits die historische Porträtmalerei als nach einem Schönheits- und Tugendkanon entworfene mediale Konstruktionen eines idealen Menschenbildes entlarvt, so kreiert Cottingham unter der Maske der Fotografie digitale Klone, die alle visuellen Merkmale von menschlicher Individualität und Persönlichkeit tragen,

---

19 Cottingham (wie Anm. 17), 160ff.

Abb. 12: Keith Cottingham, vorbereitende Studie (a)

ohne wirkliche Individuen abzubilden. Da sie eine rein bildmediale Existenz führen, bezeichne ich sie im Folgenden als Bildperson. Im ersten Teil der Serie präsentiert die Bildperson ihren nackten, jugendlichen Oberkörper für den begehrenden Blick eines eher pädophil zu nennenden Betrachters (Abb. 9). In den gesenkten Augen äußert sich weniger Scham als vielmehr das Selbstbewusstsein der eigenen körperlichen Schönheit. Der verweigerte Blick des Jungen kehrt die Objekthaftigkeit des zur Betrachtung ausgestellten Körpers hervor. Das zweite Bild zeigt nun zwei weitere Versionen der Bildperson, die sich wie Zwillinge gleichen (Abb. 10). Während die Bildperson links in einer aufrechten Körperhaltung und einem gelassenen Blick kühle Arroganz ausdrückt, stellt die rechte Bildperson Blasiertheit und Androgynie zur Schau. Die Komposition der verdreifachten Bildperson bedient sich der Pyramide als Bildformel für Macht, Überlegenheit und Spitzenstellung, die in der melancholischen Haltung der Profilfigur rechts gebrochen ist (Abb. 11).

Was Cottingham unter dem Deckmantel der Repräsentation von Individualität und geistig-seelischer Verfasstheit am Computer kreiert, sind nichts anderes als lang eingeführte Bildformeln, die er bildtechnisch aktualisiert. Die Anspielungen auf die Renaissance-Skulptur und Malerei, es kommen einem Donatellos und Michelangelos David-Figuren in den Sinn oder die

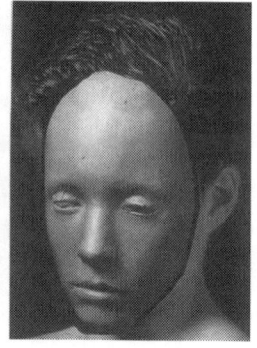

Abb. 13: Keith Cottingham, vorbereitende Studien (b)

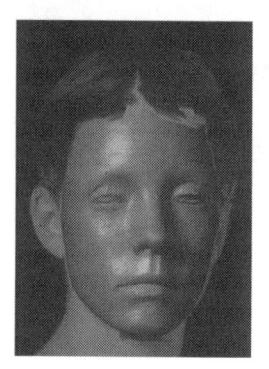

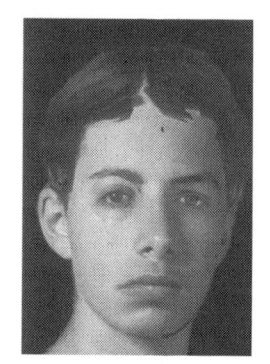

Abb. 14 Keith Cottingham, vorbereitende Studien (c)

zahllosen Darstellungen des Hl. Sebastians oder Johannes des Täufers, gehören ausdrücklich zum Bildprogramm der *Fictitious Portraits* (Abb. 16). Das Ideal des schlanken, muskulösen Körpers in seiner jugendlichen Blüte, den etwa die Renaissance zum Leitbild ihrer politischen, christlich-antik fundierten Identität machte, wird hier in einem nach wie vor gültigen Idealbild des Menschen aktualisiert. Dem visuellen Befund nach gleichen die von Cottingham erfundenen Bildpersonen den Helden der Renaissance-Kunst. Wie sie transportieren sie körperliche Schönheit, jugendliche Macht, geistige Überlegenheit und seelische Empfindsamkeit in der Maske einer individuellen Existenz. Doch im Gegensatz zu ihren Vorbildern erzählen die *Fictitious Portraits* keine Geschichte mehr, die das Bild von Schönheit, Charakter und Überlegenheit mit Inhalt und Bedeutung anfüllen würden und

Abb. 15:
Keith Cottingham,
vorbereitende Studie (d)

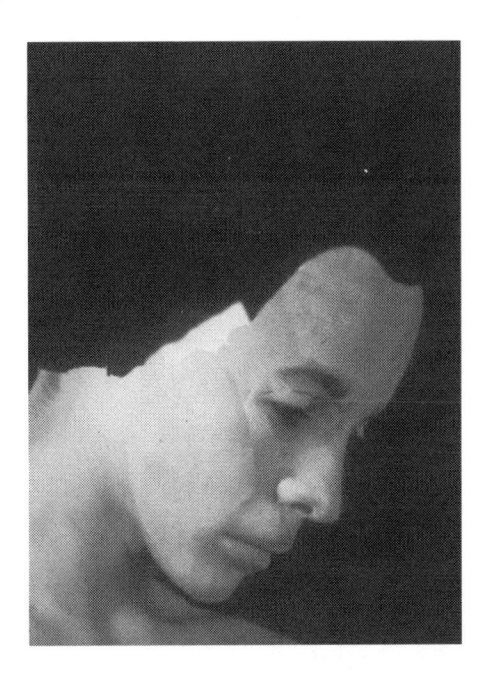

den Bildfiguren eine symbolische, eine unverwechselbare Identität verschaffen. Die *Fictitious Portraits* sind Bilder ohne Referenten und deshalb Simulakren im Sinne der Medienkritik Jean Baudrillards.[20] Sie reaktivieren vertraute Bildformeln und machen sie zu Schablonen, die wir mit unserer eigenen, erfundenen Geschichte ausfüllen können. Die Bildpersonen, die mit nichts als ihrem eigenen Bild identisch sind, liefern uns, wenn wir uns auf sie einlassen, den Rahmen für eine fiktive, eine imaginäre Identität, die wir ihnen zuweisen können. Auf diese Weise führen sie in einem virtuellen Spiegelbild letzlich den Narzissmus einer (posthumanen) Kultur vor, deren Individuen ent-individualisierte Individuen sind.[21] Diese erschaffen sich selbst nach einem einheitlichen Idealbild, das nicht weniger als ewige Jugend, Schönheit, Überlegenheit und Unsterblichkeit verspricht. Keith Cottinghams *Fictitious Portraits* sind eine Antwort auf die neuesten Errungenschaften der Gentechnik, die diese Bildträume wahr werden lassen will. Das hybride Dispositiv in Cottinghams Arbeit deklariert die Sehnsucht

---

20 Jean Baudrillard (1982): Der symbolische Tausch und der Tod, München (Paris 1976).
21 Vgl. N. Katharine Hayles (1999): How we became Posthuman. Virtual Bodies in Cybernetics, Literature and Informatics, Chicago; Bernd Flessner (2000): Nach dem Menschen. Der Mythos der zweiten Schöpfung und das Entstehen einer posthumanen Kultur, Freiburg i. Br. (darin die Beiträge von Claus Eurich, Dominik Schrage, Jürgen Bräunlein); Francis Furkuyama (2000): Das Ende des Menschen, München.

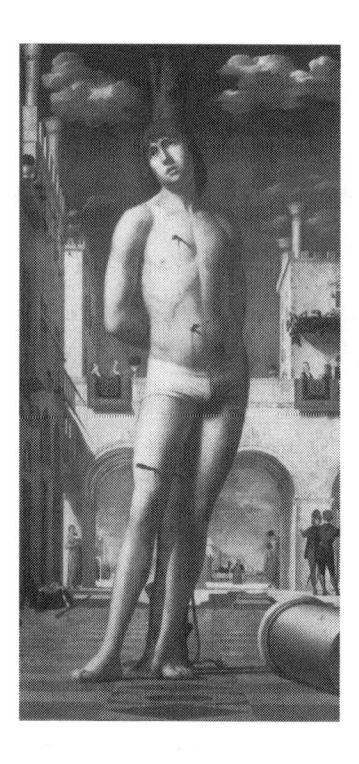

*Abb. 16: Antonello da Messina,
Hl. Sebastian, Dresden, Staatliche
Gemäldegalerie*

nach der Realität eines virtuellen Körpers als kollektive Schizophrenie einer vom Jugendwahn infizierten Gesellschaft. Während die digitale Bildtechnik für den Wunsch nach einem ideal schönen, virtuellen und unsterblichen Körper steht, den die Gentechnik wahr werden lassen will, mahnt die Fototechnik das Individuelle, das Unikale – die Wirklichkeitsreferenz – jeder menschlichen Existenz an. Die Vereinigung von analogen und digitalen Kulturtechniken ist das Symptom einer gegenwärtigen Kultur der Masken, die Menschen als Bilder erzeugt.

In der Verdopplung und Verdreifachung der zunächst als Single eingeführten Bildperson wird die prätendierte Individualität zunehmend zweifelhaft. Die Antwort auf die Frage, wer die Bildperson sei, wird durch die sukzessive Vervielfachung (erst eins, dann zwei, dann drei), das weltlose Ambiente und das künstliche Arrangement der Figuren zu einer Pyramide irritiert. In der Sukzession der Bildfolge entpuppt sich das reine Bildsein der Jungen, die nicht auf biologischem Weg gezeugt, sondern unter elektrotechnischen Bedingungen erzeugt wurden. In dem Moment, wo sich der ontologische Zweifel an den Bildpersonen eingestellt hat, kommt die Frage nach der Bildgenese und der Medialität ins Spiel.

Die als analoge Fotos maskierten *Fictitious Portraits* verbindet dasselbe medienkritische Argument, das Cindy Sherman in ihren *History Portraits* vorgetragen hat. Auch Cottingham benennt die Malerei als Referenzmedium, wenn er seine Arbeit als »digitale Malerei« bezeichnet, die mit Hilfe einer komputierten Montagetechnik nicht einfach nur Subjekte abbildet, sondern – wie die Renaissance-Kunst mit ihren Heiligen und antiken Helden – ideale Menschenkörper allgemeiner und individueller Natur erfindet.[22] Die als Post-Fotografie bezeichneten Bilder entstehen auf dem Bildschirm als einer neuen Art von Leinwand, die im Fluss der Daten unendlich viele Bildmöglichkeiten bereitstellt. Eine Softwareindustrie, die ständig an der Entwicklung immer leistungsfähigerer Programme arbeitet, um eine wirklichkeitskompatible Bilqualität zu erreichen, erlaubt es – nicht mehr nur dem Künstler – eine neue Welt am Computer zu erschaffen. Was die Bildqualität dieser digitalen Welten betrifft, so orientiert sich diese gern an der Fotografie, die deshalb für viele Computerkünstler ästhetisch wie bildtheoretisch das adäquate Referenzmedium darstellt, da der Fotografie die ›Spur des Wirklichen‹ anhaftet. Cottinghams digitale Klone sehen aus wie Fotos und prätendieren in dieser Maske, wie ein Index auf Wirklichkeit zu verweisen.

Bildwirklichkeiten

Auch hier gilt die Medienkritik letztlich der Demaskierung der Fotografie, die wie kein anderes Medium unseren Begriff vom sogenannten ›Realismus‹ geprägt hat. Versuchen wir einmal die Fotografiegeschichte unter diesem Aspekt kurz zu skizzieren:[23] Um die Mitte des 19. Jahrhunderts standen einige, wenige Künstler und Kulturkritiker wie Charles Baudelaire unter dem Schock des neuen, fotografisch erzeugten Bildes, dem man sofort nachsagte, dass es die Wirklichkeit erstmalig perfekt abbildet, da es automatisch, objektiv und auf einem quasi naturwissenschaftlichen Weg gewonnen sei. Bereits am Ende des Jahrhunderts brachte Charles Sanders Peirce mit der Klassifizierung des fotografischen Zeichens als Index Gegenargumente vor, die das mimetische Konzept des fotografischen Bildes in das Reich der Mythen verweisen. Im 20. Jahrhundert wurde die Objektivität des fotografischen Bildes von vielen Seiten und mit einer ganzen Reihe von Argumenten dekonstruiert und die kulturell oder technisch bedingten Kodierungsver-

---

22 Cottingham (wie Anm. 16), 160.
23 Siehe zum Folgenden Dubois (wie Anm. 12), 31ff.

fahren offengelegt, besonders nachdrücklich von Vilèm Flusser.²⁴ Die fotografische Praxis spaltete sich unterdessen in eine zunehmend erfolgreiche Kunstfotografie und eine pragmatische Fotografie, die beispielsweise die Printmedien bedient. Während die Kunstfotografen nicht an der Realismus-Debatte interessiert waren, da sie ohnehin die mediale Konstruktion von Wirklichkeit betrieben und ihr Medium stets selbstreflexiv und kritisch einsetzten, so behauptet eine pragmatische Fotografie in den Printmedien zuweilen hartnäckig und oft mit unlauteren Absichten, dass das Foto den Blick auf die Welt wie durch ein Fenster zeige. Man denke nur an die Titelseiten der Regenbogenpresse mit ihren Fälschungen, die dank der digitalen Bildtechnik auch immer überzeugender gelingen.

Es ist erstaunlich, dass die Realismus-Debatte im Zeitalter der digitalen Bilder wieder neu entfacht wird. So kommentierte Hubertus von Amelunxen 1996 in einem Beitrag zur Ausstellung »Fotografie nach der Fotografie« den sich nun endgültig einstellenden Zweifel ob der Wirklichkeitsreferenz des fotografischen Zeichens wie folgt:

> Natürlich verbinden wir weiterhin mit den Bildern [der Fotografie] einen indexikalischen Bezug zum Realen, dem tatsächlichen ›Gewesensein‹ des Körpers vor der Kamera, aber in unsere Vorstellung dieser Bilder hat sich ein Zweifel, eine Sorge, eine Angst eingeschlichen, und diese Angst bricht in unser Selbstverständnis von Darstellen und Vergegenwärtigen ein. (...) Der Zweifel, daß ›es vielleicht nicht gewesen ist‹, daß es Stellen auf der Bildfläche – dem materiellen Träger – geben könnte, die niemals durch Photonen eingeschwärzt wurden, dieser existentielle Zweifel führt weiter zu einem Eindruck des Entsetzens. Nicht das Dargestellte bedingt das Entsetzen, sondern die Möglichkeit der Darstellung, die Potentialität einer digitalen Welt, die eine Unterscheidung – wenn es sie denn je gegeben hat – eines realen Eindrucks (wie das Licht sich in die Schicht ›eindrückt‹, aber in der Übertragung auch das mentale Bild prägt) von einer im Dunkel des Rechners erzeugten ›Darstellung‹ nicht mehr zuläßt.²⁵

Es ist erstaunlich, wie sehr das fotografische Bild unseren Begriff von Wirklichkeit geprägt hat, als hätte es immer Fotos gegeben. Aus der Sicht der jahrtausende alten Bildgeschichte ist nun das Foto als ein indexikalisches Zeichen (wie etwa das legendäre Schweißtuch der Veronika, das Grabtuch Christi in Turin oder das mythische erste Bild, das an der Wand fixierte Schattenbild des Geliebten der Dibutades-Tochter) nur eine ganz kurze Episode, die zwischen dem Äon der Malerei und dem gerade angebrochenen Zeitalter des digitalen Bildes liegt. Es ist an der Zeit, den Glauben an das unhintergehbar Reale im Fotomedium als einen kuriosen *entracte* in der Geschichte der Bilder zu verabschieden. Das indexikali-

---

24 Flusser, Vilèm (1992): Für eine Philosophie der Fotografie, Göttingen.
25 Hubertus von Amelunxen, Fotografie nach der Fotografie. Das Entsetzen des Körpers im digitalen Raum, in: Amelunxen u.a. 1995, 116-123, hier: 123.

Abb. 17: Nadar,
Charles Baudelaire

sche Bild als ein ontologisches Beweisstück für die Bild-Existenz des Wirklichen, auf die die Mythen von der bildhaften Verdopplung der Welt basieren, hatte im Medium der Fotografie einen ebenso grandiosen wie episodischen Auftritt. Der Zukunft gehört nun wieder einer Utopie, die genauso alt ist wie der Mythos. Gegenwärtig erfüllt das digitale Bildmedium den Traum von einer ›zweiten Schöpfung‹ des perfekten Menschen.

Charles Baudelaire (Abb. 17), der die Fotografie dafür hasste, da sie, wie auch er glaubte, die Natur ganz ungeschminkt wiedergab, benannte mit dem Diktum, »wie die Einbildungskraft die Welt erschaffen hat, so regiert sie diese auch« (*comme l'imagination a crée le monde, elle le gouverne*), die Neuschöpfung der Welt als den eigentlichen Sinn des Bildermachens, der von der Kunst verwirklicht wird.[26] Diesem unbedingten Plädoyer für die Macht der Einbildungskraft steht der andere Sinn des Bildermachens gegenüber, der davon handelt, die Welt im Bild zu verdoppeln. Auf diesen Doppelsinn des anthropologischen Bildschaffens nehmen Medien *als* Masken Bezug.

---

26 Charles Baudelaire, Der Salon 1859, (wie Anm 2), 144.

Klaus Berger

Entstehung – Geburt – Tod
Stationen der Spiritualität im Leben des Menschen

Als »Spiritualität« bezeichne ich eine äußere und innere Gestalt des Alltagslebens. Die äußere Gestalt ist geprägt durch religiös-liturgische Unterbrechungen wie zum Beispiel Stundengebet. Die innere Gestalt bedeutet eine bestimmte Mentalität, die sich als häufiges »Denken an«, als Erinnerung und als Hoffnung (Bewußtsein von Zukunft) äußert. Spiritualität ist daher eine Sache der Zeit, eingespannt zwischen die Grenzpunkte der Zeit. Deshalb besteht Anlaß, auch die Fragen nach Woher und Wohin, also die Grundfragen der Religion, mit der Frage nach Spiritualität zu verbinden.

Aus dem Vorlaufen zum Tod (M. Heidegger) entsteht auch die Frage nach dem Danach. So setzt das Bewußtsein der Endlichkeit immer auch den umgreifenden Horizont mit (K. Rahner), da zugleich mit der Wahrnehmung der Endlichkeit die Frage auftaucht, was denn nun davor und was danach sei. Doch beides entzieht sich gleichzeitig der Antwort. Ein gravierendes Nichtwissen umfaßt den Menschen »von vorne« und »von hinten«. Auch die neuzeitliche Wissenschaft kann dieses Dunkel nicht erhellen. Nahtoderfahrungen sind fragwürdig, weil es gar nicht feststeht, ob es sich wirklich um Todeserfahrungen handelt und nicht nur um Wahrnehmungen »noch im Leib«.

Um so erstaunlicher ist, daß nahezu alle Religionen die Frage nach einem Danach positiv beantworten, und zwar seit Menschengedenken. Man spricht von Begegnungen mit Totengeistern und von der Wiederbelebung Toter. Experimentell nachprüfbar ist dergleichen nie gewesen.

Auch die Frage nach dem »Davor« wird in einem platonischen Mythos und in den unterschiedlichen Seelenwanderungs- und Karmalehren positiv beantwortet. Demnach hat die Seele des Menschen vor der Geburt entweder die Wahl, in welchen Körper sie gehen will (Platon), oder sie hat diese Wahl eben nicht, sondern wird je nach Kontostand der guten oder schlechten Taten in einen bestimmten Leib hineingesetzt. Nach jüdischer und christlicher Auffassung erschafft Gott die Einzelseele bei der Erzeugung jedes einzelnen Menschen (Creatianismus). Nach anderen frühmittelalterlichen Autoren wird die Seele dagegen von den Eltern zuwege gebracht (Generatianismus), und gewisse Reminiszenzen oder Wieder-Erkennungen, die immer wieder angeführt werden, um die Seelenwanderung zu erklären, könnten auf diesem Wege eine mögliche Erklärung finden: Es könnte ja sein, daß bestimmte Erinnerungen oder Eindrücke den Weg in das Erbmaterial finden. Das stünde einer je individuellen Entstehung der Einzelseele, die auch der Generatianismus lehrt, gar nicht zwingend im Wege.

Der Anknüpfungspunkt für die meisten Lehren von der Wiederverkörperung der Seelen sind freilich nicht Erinnerungen (diese haben eine merkwürdige Neigung, aus »Ägypten« zu stammen, zweifellos eine Ideologie des 19. Jahrh.), sondern die Theodizeefrage. Sind schlimme Umstände (mißbildeter Körper, Schicksal) jetzt die Folgen von Taten in früheren Leben? Die entsprechenden Lehren rechnen hier mit einem merkwürdigen Automatismus der Vergeltung. Das Christentum lehnt derartige Ansichten ab, da es einerseits die Dimension der Vergebung kennt und zum anderen an der strikten Einmaligkeit und Einzigkeit des Menschen festhält und weiß, daß von daher unser Menschenbild geprägt ist.

Immer wieder wird nun der Eingang in die Menschenwelt in der Geburt verglichen mit dem Ausgang im Sterben. Geburt und Tod werden als Schwellenerfahrungen miteinander verglichen. Wir finden diese Überlegungen bei Martin Luther genauso wie bei den Rabbinen. Martin Luther sagt »... wohin der Weg des Sterbens ... uns führt: Hier beginnt die enge Pforte, der schmale Steig zum Leben ... er ist wohl sehr eng, aber nicht lang. Und es geht hier zu, wie wenn ein Kind aus der kleinen Wohnung in seiner Mutter Leib mit Gefahr und Ängsten geboren wird in diesen weiten Himmel und Erde, das ist unsere Welt: ebenso geht der Mensch durch die enge Pforte des Todes aus diesem Leben ... Und es ist alles gegen den zukünftigen Himmel so viel enger und kleiner, wie es der Mutter Leib gegen diesen Himmel ist ...« (Ein Sermon von der Bereitung zum Sterben, 1519).

Die Rabbinen erklären: »Wenn schon der Mutterschoß mit Freuden empfängt und mit Schmerzen gebiert, um wieviel mehr wird da nicht die Erde, die mit Schmerzen empfängt, mit Freuden gebären.« – so ließe sich Auferstehung erweisen! Demnach geht es zweimal um Empfangen und Gebären. Diese Abfolge bleibt, und sie ist unumkehrbar. Ebenso geht es zweimal um Freude und Schmerz. Diese Abfolge ist umkehrbar.

Schon die jüdischen Makkabäerbücher rechnen damit, daß der Einzelne von einem »Chor der Väter« aufgenommen wird, wenn er in den Himmel gelangt. Hatte man vordem bei der Vereinigung mit den Vätern an das Grabgelege gedacht, so wird nun die Gemeinschaft mit den Vätern zu einer lebendigen, himmlischen Familienfeier.

Weder Luther noch die Rabbinen zeichnen zu dieser Schwellenerfahrung eine weiter ausfernde Vor- oder Nachgeschichte. Beide beschränken sich auf die Zeit direkt vor und nach dem entscheidenden Krisengeschehen.

Nach der Anschauung vieler gibt es freilich weitergehende Quellen für die Aussagen über das Davor und das Danach. Diese Quellen sind regelmäßig Visionen und Offenbarungen.

Diese Traditionen sind keineswegs nur christlich, sondern reichen weit in die vorchristliche Zeit, und Judentum und Christentum setzen diese Literatur nur fort. Aus der vorchristlichen Zeit haben wir Unterweltsreisen in der Odyssee und im 6. Buch der Aeneis des Vergil. Himmelsvisionen über das Geschick verstorbener und jetzt vergöttlichter Menschen liegen vor in einer röm. Inschrift des 1. Jh. n.Chr. (CIL 6,3, p.2244, Nr. 21521) und in den Berichten über die Erscheinung des Romulus vor den Augen des römischen Senators Julius Proculus nach verschiedenen Quellen Livius, Plutarch etc.). Für seine Auskünfte über das künftige Geschick der Toten beruft sich der Apostel Paulus in 1 Kor 15 auf die Offenbarung eines »Mysteriums«.

Dabei läßt sich beobachten: Der Transzendenz des geschilderten Zustandes entspricht die Transzendenz der Erkenntnisquelle. Die Erketnisweise entspricht der Qualität des Gegenstandes.

Regelmäßig sind es Einzelfiguren, die sozusagen autobiographisch Zeugnis ablegen über ihre Erfahrungen. Zu nennen sind außer Odysseus und Aenas im Judentum Henoch und Rabbi Ismael sowie Jesaja nach der »Himmelfahrt des Jesaja«, im frühen Christentum sind Paulus und Petrus nach den jeweils apokryphen, ihnen zugeschriebenen Apokalypsen zu nennen.

Inhaltlich geht es immer wieder um das Gericht, und zwar vom ägyptischen Totenbuch bis hin zum jüdischen Testament Abrahams und zum persischen Bundehesch. Demnach ist die »Zukunft« keineswegs nur lineare Fortsetzung der Gegenwart, sondern – ähnlich wie die eingeschobenen Berichte über die himmlische Szenerie in der Offenbarung des Sehers Johannes – Spiegel des Irdischen und Gegenwärtigen in der himmlischen Welt, und zwar ein kritischer, klärender, entlarvender Spiegel.

Die Scheidung im Gericht ist nichts anderes als definitive Klärung der Gegenwart. Das Gericht bringt insoweit nichts Neues, sondern setzt entweder nachträglich den Zusammenhang von Tun und Ergehen inkraft oder dient der Erhellung dessen, was ist, in dem Sinne, daß »der Wirklichkeit die Ehre gegeben wird«, daß die Welt ihren Frieden mit der Wahrheit schließen muß.

Trotz des Nichtwissens dessen, was hinter dem Vorhang des Todes ist, gibt es daher die erklärte Absicht, durch die Schilderung des Danach auf die sichtbare, bestehende Welt einzuwirken. Um diese Wirkung zu ermöglichen, behandelt derjenige, der Einblick in das Danach wie in das Davor gibt, Probleme, die man im Jetzt nicht hinreichend lösen konnte.

Um diese Probleme zu lösen, verlagert man sie gewissermaßen in die Transzendenz oder lagert sie dorthin aus. Gelöst werden auf diesem Wege vor allem drei Fragen: Warum es offensichtlich den Bösen zu gut und den Guten zu schlecht geht (Theodizee), ob die unerfüllte Sehnsucht des Menschen an ein Ziel kommt oder vergeblich bleibt und schließlich, ob die Endlichkeit aller Menschen endgültig und das letzte Wort ist.

Für den Zusammenhang von Tun und Ergehen gilt seit jeher, daß der Abstand zwischen Tun und Folge unterschiedlich lang ist. Laut der Gerichtsaussage ist dieser Abstand so lang, daß die Folge in der Transzendenz zu liegen kommt. Aber sie kommt bestimmt, und insofern wirkt die Gerichtsaussage auf die Gegenwart.

Nun erfreut sich die Rede vom Höllenfeuer heute keiner großen Beliebtheit. Man möchte daher die Höllenvorstellung selbst abwählen wie ein ungeliebtes Fach auf der Schule; schließlich soll Religion doch zum Wohlfühlen da sein, meint man. Nun sind die Höllenaussagen grundsätzlich nicht dazu da, angenehm zu sein. Sie halten den Spiegel vors Gesicht. Dabei sind die Höllen-Aussagen Bilder, aber eben nicht nur das. Sie haben appellativen, dringlich auffordernden Charakter, aber wir dürfen sie nicht auf diese Funktion beschränken. Die Aussagen über die Hölle stellen »paradoxe Interventionen« dar, sie schildern etwas, damit es nicht kommt. Aber sie sind nicht leere Aussagen. Sie sind nicht bloße Drohungen, und die Botschaft Jesu wäre nicht fair, wenn sie nur zum Zweck der Annahme der Botschaft das Inferno an die Wand malte. – Viele Christen sind froh darüber, daß die Frohbotschaft nicht mehr als Drohbotschaft verkündigt wird. Doch woher kann man so genau wissen, wie Gott bestimmt nicht ist? Was wäre, wenn es in der jüdisch-christlichen Religion wirklich eine legitime Angst vor Gott gibt, die darin ihren Grund hat, daß Gott vielleicht wirklich auch ängstigend ist? Muß er so sein, wie wir es gerne hätten, um nicht beunruhigt zu werden? – Statt dessen haben wir selbst dafür gesorgt, daß das Thema Hölle ungezählte neue Variationen erhielt, vom Feuerball der Atombombe bis hin zu schrecklichsten Endlösungen. Bei der »Hölle« geht es nicht um Gottes persönliche Rache, sondern immer um die Entsprechung zum menschlichen Tun. Noch einmal: Spiegel wollen diese Aussagen sein: Stell dir vor, das, was du jetzt mit anderen vor hast, würde dich selbst treffen. Stell dir vor, du wärest Opfer, nicht Täter – würdest du da nicht vom Tun absehen? Stell dir vor, deine Tat würde dich »ganz kalt« einholen. Mit Gott hat das nichts zu tun. Nichts liegt ihm ferner als die Hölle. Freilich: In gewissem Sinne ist er Garant für Gerechtigkeit, daß auf Tun sicher Ergehen erfolgt. Aber er ist nur dann dieser Garant, wenn man der von ihm gebotenen Möglichkeit, die Folgen barmherzig aufzuheben, nicht folgen will und Gott sein Angebot Sünden zu vergeben »ungelesen« zurückgibt. Dann, nur dann bleibt alles so wie es ist, weil wir selbst es so wollten. Wir kennen das aus Krimis: Am Ende tappt jeder Verbrecher in die selbst gestellte Falle, fängt er sich selbst und geht er an sich selbst zugrunde. Das Evangelium bietet Aufhebung und Unterbrechung der Folgen an, die unser Handeln haben müßte. Wollen wir wirklich, daß alles so bleibt und seinen unheilvollen Lauf weiter nimmt?

Die Sehnsucht des Menschen kommt zu keiner Erfüllung. In seinen Selbstbekenntnissen sagt Aurelius Augustinus (Buch 1,1), das Herz des Menschen sei unruhig, bis daß es ruht in Gott. So wie bei jedwedem Lebewesen der Durst auf die Existenz von Wasser hinweist, so könnte auch die schier grenzenlose Sehnsucht des Menschen auf die Existenz von etwas oder jemandem hinweisen, der sie füllen kann – wenn sie denn nicht sinnlos ist.

Zur Frage, ob die Endlichkeit des Menschen absolut ist: Die Auffassung, daß der Mensch über den Tod hinaus »da« ist und lebendig ist, rührt aus einer Anschauung des Judentums über Gott, nach der jeder Mensch als Person von Gott ins Dasein gerufen ist und von ihm nie mehr aus dem Eigentums- oder Zugehörigkeitsverhältnis gegenüber Gott herausfallen kann. Ein Recht auf Leben über den Tod hinaus hat der Mensch nicht. Doch Gott gibt sein Recht am Menschen nicht auf und er läßt sich dieses Recht vom Tod nicht nehmen. Gerade deshalb, weil der Tod sein (und des Menschen) größter und letzter Feind ist.

Die interreligiösen Querverbindungen sind nun gerade was das postmortale »Gericht« (Krisis, Scheidung) angeht, sehr intensiv. Man vergleiche etwa die Schilderung der Straforte bei Vergil und in der Odyssee mit den Angaben der Petrus- und Paulusapokalypsen. Oder man lese die Schilderung des Totengerichts mit der Wägung der Seelen im Testament des Abraham (griech.-jüd.) auf dem Hintergrund des ägyptischen Totenbuchs. Und zum Beispiel zur Lazarus-Erzählung in Lk 16 gibt es eine etwa gleichzeitige sehr nahe Parallele aus Ägypten in koptischer Sprache, den sog. Setna-Roman.

Wer daher gerade diese Elemente – aus was für Gründen auch immer – im Christentum beseitigen will, bricht es heraus aus dem religiösen Kontext und zerstört seine im besten Sinne »aufhebende« Funktion. Ein schönes Beispiel ist das – mittlerweile nachkonziliarer Abschaffungswut zum Opfer gefallene – Offertorium der Totenmesse (Requiem): »Herr Jesus Christus, König der Herrlichkeit, erlöse alle verstorbenen Christen aus den Strafen der Hölle und aus dem tiefen See. Erlöse sie aus dem Rachen des Löwen, daß der Tartarus sie nicht verschlinge, daß sie nicht in die Finsternis fallen. Sondern der Heilige Michael, der Bannerträger, geleite sie ins heilige Licht, daß du einst Abraham verheißen und seinem Samen.« In diesem Text leben die Traditionen der Jahrtausende vom Acheron und vom Kerberos (jetzt: Löwe), vom Tartarus und vom Dunkel der Höhle unter der Erde, vom gelobten Land (jetzt: Licht) und vom Michael als dem Seelenwäger und Anführer des Engelheeres (das in der Todesstunde gegen das dunkle Heer um die Seele streitet).

Das Christentum geht in diesen Fragen gerade nicht einen Sonderweg, sondern ist in die allgemeine Religionsgeschichte eingebettet. Stellt man die Wahrheitsfrage, so gilt einerseits: Offenbarung muß nicht immer das Neue sein, sondern kann sehr wohl in der Rezeption des Bewährten bestehen. Und zum anderen: Der besondere Beitrag des Christentums liegt hier in seinen Auswirkungen im Bereich dessen, was man Personalität nennt. Sei es, daß man von Gnade und Erbarmen statt von einem kalten Mechanismus redet, sei es, daß man an die Fürsprache des Patrons Jesus Christus für die Sterbenden denkt, sei es, daß man besonders Maria anruft, »jetzt und in der Stunde unseres Todes« der Menschen zu gedenken – in jedem Falle wird das Feld der Ängste und Finsternisse humanisiert durch die engen Beziehungen, die man als Glaubender geknüpft hat oder hat knüpfen dürfen.

Ähnliches gilt auch für die Antwort des Christentums auf die Frage nach dem Sinn des Ganzen. Der Sinn ist Freude. Denn wenn schon die Zeugung eines Menschen so viel Freude bereitet, wieviel Freude wird Gott erst die Erschaffung der ganzen Welt gemacht haben. Und ist diese Freude nicht ansteckend? Im einzelnen und im ganzen ist christliche Spiritualität von Freude getragen.

Der Endpunkt sei deshalb mit einer Geschichte gesetzt: Es geschah, daß in einem Schoß Zwillingsbrüder empfangen wurden. Die Wochen vergingen, und die Knaben wuchsen heran. In dem Maß, in dem ihr Bewußtsein wuchs, stieg die Freude: »Sag, ist es nicht großartig, daß wir empfangen wurden? Ist es nicht wunderbar, daß wir leben?« Die Zwillinge begannen, ihre Welt zu entdecken. Als sie aber die Schnur fanden, die sie mit ihrer Mutter verband und die ihnen die Nahrung gab, da sangen sie vor Freude: »Wie groß ist die Liebe unserer Mutter, daß sie ihr eigenes Leben mit uns teilt!« Als aber die Wochen ergingen und schließlich zu Monaten wurden, merkten sie plötzlich, wie sehr sie sich verändert hatten. »Was soll das heißen?« fragte der eine. »Das heißt«, antwortete der andere, »daß unser Aufenthalt in dieser Welt bald seinem Ende zugeht.« – »Aber ich will gar nicht gehen«, erwiderte der eine, »ich möchte für immer hier bleiben.« – »Wir haben keine andere Wahl«, entgegnete der andere, »aber vielleicht gibt es ein Leben nach der Geburt!« – »Wie könnte dies sein?«, fragte zweifelnd der erste, »wir werden unsere Lebensschnur verlieren, und wie sollten wir ohne sie leben können? Und außerdem haben andere vor uns diesen Schoß hier verlassen, und niemand von ihnen ist zurückgekommen und hat uns gesagt, daß es ein Leben nach der Geburt gibt. Nein, die Geburt ist das Ende!« So fiel der eine von ihnen in tiefen Kummer und sagte: »Wenn die Empfängnis mit der Geburt endet, welchen Sinn hat dann das Leben im Schoß. Es ist sinnlos. Womöglich gibt es gar keine Mutter hinter allem.« – »Aber sie muß doch existieren«, protestierte der andere, »wie sollten wir sonst hierhergekommen sein? Und wie könnten wir am Leben bleiben?«- »Hast du je unsere Mutter gesehen?« fragte der eine. »Womöglich lebt sie nur in unserer Vorstellung. Wir haben sie uns erdacht, weil wir dadurch unser Leben besser verstehen können.« Und so waren die letzten Tage im Schoß der Mutter gefüllt mit vielen Fragen und großer Angst. Schließlich kam der Moment der Geburt. Als die Zwillinge ihre Welt verlassen hatten, öffneten sie ihre Augen. Sie schrien. Was sie sahen, übertraf ihre kühnsten Träume.

Olaf Kaltenborn

ICH- UND MENSCHENBILDER IM ZEITALTER VON KI UND CYBERSPACE

Der Computer als Folie personaler Vorstellungen und Ideal-Ich

Die so genannte Künstliche Intelligenz (KI) scheint in ihrer starken Form ein Versprechen einlösen zu können: das Versprechen auf letzte diesseitige Vollendung des unter seiner existenziellen Kontingenz leidenden »Mängelwesen« Menschen. Der Mensch müsse, so geht die Verheißung beinahe im Tone einer christlichen Erlösungsteleologie weiter, nicht mehr auf die Vollendung seines Lebens im Jenseits warten. Von Platon angefangen zieht sich das Band dieses idealistischen Motivs bis hin zu Erlösungstechnologen wie Hans Moravec und Marvin Minsky. Letztere wollen die Menschheit endlich befreien von den Mühen der leiblichen Existenz, die nie zur Ruhe kommen kann im Spannungsfeld zwischen Fleisch und Geist. Sie wollen sich nicht damit abfinden, dass der Mensch auf ewig verurteilt sein soll, ein solcher Zwitter zu sein. Deshalb sagen sie: Der reine Geist ist technisch realisierbar. Eine tatsächliche Existenz in letzter Gewißheit jenseits existentieller Zweifel ist möglich. Die KI scheint unter diesem Blickwinkel als gefeierte Erlösungstechnologie von den Belastungen eines kontingenten Selbst.

So aufgeladen ist das Bedürfnis nach letzter Selbstfindung und Selbstbefreiung, so tief bereits verwurzelt im alltäglichen Bewusstsein, dass schon der normale PC zum Vorbild eines Ideal-Ich werden kann bzw. zur Folie für allerlei Ich-Projektionen gilt. Man mag sich darüber streiten, ob sich in solchen bereitwilligen Zuschreibungen nicht auch das Pathos einer sich entsozialisierenden Gesellschaft ausspricht, in der in vielen Großstädten bereits bis zu 40 Prozent aller Haushalte von alleinstehenden Menschen bewohnt werden. Einsamkeit gilt vor allem in der Mediengesellschaft inzwischen »*als existentielle Grunderfahrung*« (vgl. Mettler-v. Meibom 1994/96). Der Normalisierungsdruck, unter dem Menschen vor allem in bezug auf die »*Informatisierung des privaten Alltags*« (vgl. Mettler-v. Meibom. In: Kaiser u.a. 1993: 54-61) und der Informatisierung des Selbst stehen, steigt offenbar mit dem Grad ihrer Einsamkeit. Es gibt einen vielfach empirisch nachgewiesenen Zusammenhang von zunehmender Einsamkeit und steigender Intensität der Computernutzung bzw. extensivem Fernsehkonsum. So erbrachte eine 1998 in den USA mit Finanzierung der Computerindustrie durchgeführte Studie der *Carnegie Mellon University*, Pittsburgh,

> »dass Web-Nutzer entgegen aller Vorurteile über den sozialen Gebrauch des Internets, sich um so einsamer und depressiver fühlen, desto länger sie online sind. Es macht dabei keinen Unterschied«, so die Studie, »ob sie im Netz nach Informationen suchen oder mit anderen Botschaften austauschen«. Die Forscher quantifizierten ihre Ergebnisse auch: »Jede pro Woche im Internet verbrachte Stunde machte die Teilnehmer durchschnittlich ein Prozent depressiver und knapp ein halbes Prozent einsamer. Außerdem kostete jede Netz-Stunde durchschnittlich 2,7 der 66 Bekanntschaften zu Beginn der Untersuchung (...). Auffällig an den Ergebnissen war, dass es keine Rolle spielte, wie gesellig und zufrieden jemand sich laut erstem Fragebogen fühlte. Wer anfängt zu surfen, fühlt sich anschließend schlechter« (vgl. SZ Nr. 201/98: 12).

Fest steht jedenfalls, dass Zuschreibungen nicht erst im KI-Bereich, sondern bereits im alltäglichen Umgang mit der Computertechnik real vollzogen werden und damit auch schon Ausdruck eines Normalisierungsprozesses sind, aus dem heraus Nutzer bereit sind, in Computern reale Sozialpartner zu sehen. Dieser Prozeß wird sich aller Voraussicht nach mit der rasanten Einführung biometrischer Verfahren noch beschleunigen.

Solche Zuschreibungsformen untersuchte der Psychologe Erhard Tietel. Tietel erkennt im Computer eine Folie für unterschiedliche Ich-Projektionen. Ausgangspunkt dieser re-flektorischen Zuschreibung sei die labyrinthische Struktur des Computers, in der sich der Mensch in seiner ihm selbst oft rätselhaften Unergründetheit und Fragilität wiederentdecke. Tietel schreibt dazu:

> »Der Minotaurus, in Gestalt des Sich-Verlierens in der labyrinthischen Komplexität und Unüberschaubarkeit des Computers (...) verweist die Computerbenutzer in den alltäglichen kleineren oder größeren Erlebnissen des Mißlingens oder Erfahrungen von Zusammenbrüchen (z.B. unverhoffte, unergründliche Computerabstürze, O.K.) immer wieder unbewußt auf sich selbst zurück. Auf die Fragilität des menschlichen Körper unter seiner oft blendenden Hülle; auf die Gefahr des Auseinanderfallens des oft mühsam zusammengehaltenen Ich unter seiner strahlenden, zur Schau gestellten Maske (...)« (Tietel. In: Informatik-Forum, Bd. 6, Heft 2, Juni 1992: 68).

Andererseits fungiert der Computer nicht nur als Folie für die Rätselhaftigkeit des eigenen Ich, sondern aufgrund seiner komplexen Funktionalität, seiner ständigen Verfügbarkeit, seiner strengen Ordnungsstruktur auch als Projektionsfläche für ein besseres Ich, das Wunsch-Ich[1] einer ab-

---

1 Bestätigung findet Tietels Interpretation durch Beobachtungen amerikanischer Studenten: »So berichtet Sherry Turkle ausführlich über die Selbstauskünfte von Hochschulangehörigen, die ihr eigenes Denken in Maschinen- und Computermetaphern beschreiben und in der Tat ihre Selbstachtung daraus schöpfen ›wunderbare Maschinen‹ zu sein« (vgl. Sesink 1993: 15).

solut funktional ablaufenden, stets steuerbaren und kontrollierbaren Selbstverfügung:

> »Der Mensch erscheint in dieser Perspektive als die unvollkommene, fehlerhafte, unzuverlässige Maschine – wofür Günter Anders den eindringlichen Begriff der ›prometheischen Scham‹ des modernen Prometheus angesichts der Perfektion seiner eigenen Werke prägte –, die Maschine übernimmt die Vorreiterrolle im Siegeszug der kognitiven Revolution« (ebd.).

Das polyvalente Projektionsverhältnis des Menschen zu seiner Über-Ich-Maschine resultiert für Tietel aus

> »einer Identifikation, die aufgrund ihrer Verankerung im Selbstbild des neuzeitlichen Menschen als denkendes Wesen ihren narzißtisch-imaginären Ursprung nicht verschleiern kann« und »verweist daher zurück auf den Bezug, den der Mensch zu sich und das heißt immer auch: zu seinem Körper hat, und auch darauf, welche Funktion der Technik in dieser imaginären Ordnung zukommt« (ebd.).

Aus einer anderen Perspektive nähern sich die amerikanischen Sozialwissenschaftler Nass (u.a.) dem Phänomen Zuschreibung: Sie beschreiben den Computer als realen Sozialpartner, von dem erwartet wird, dass er auf unsere Bedürfnisse ›antwortet‹. Die Grundfrage der Forscher lautet, ob »*Computerpersönlichkeiten menschliche Persönlichkeiten sein können*«. Sie gehen also bereits von der Realität einer Computerpersönlichkeit aus. Allerdings konstituieren sich diese »Computerpersönlichkeiten«[2], wie bereits am ELIZA-Beispiel demonstriert, in Gänze als Produkte der Zuschreibung ihrer Nutzer, wie Nass (u.a.) hervorheben. Sie konnten zeigen, dass Menschen im Umgang mit Computern auf diese oft in der selben Art »einzugehen« versuchen wie auf Menschen:

> »Responses that seem to treat technologies as people are actually quite common and are often labelled »anthropmorphism«. When used with respect to computers, »antropomorphism« is the tendency of individuals to believe that computers are like people« (dies.: 224).

Nass (u.a.) beschäftigen sich mit den Erscheinungsformen der Antropomorphisierung von Computern. Als Beispiele zählen sie auf:

1) Im Umgang mit Computern erwarten die Anwender die gleichen Höflichkeitsnormen wie im Umgang mit Menschen. Die Biometrische Sprachmodellierung hat aufgrund solcher psychologischer Forschungsergebnisse daher in den letzten Jahren vor allem das Stimmdesign an PCs verändert. Bei modernen Computern werden Anweisungen nicht

---

2 Dem Begriff Persönlichkeit liege ein stark begrenztes Set von fünf Dimensionen zugrunde: »Extrovertiertheit, Konsensfähigkeit, Geistesgegenwart, emotionale Stabilität und Kultur« (Nass u.a. 1995: 226).

mehr als Befehle, sondern als Bitten oder gutgemeinte Aufforderungen formuliert.

2) In der Zuschreibung von »Vertrauenswürdigkeit« gilt es auch einen Geschlechtsfaktor zu beachten: Männliche Computerstimmen erreichen in Tests höhere Überzeugungs- und Glaubwürdigkeitswerte, während weibliche Stimmen vor allem im Bereich Emotionsvermittlung besser abschneiden.

3) Computer, die bei Ausfällen auch Selbst-Kritik simulieren können, werden als »*freundlicher*« eingestuft als jene, die andere Computer oder gar den Anwender kritisieren.

4) Schließlich erreicht auch die »*Teamfähigkeit*« von Computern in Arbeitszusammenhängen oft ähnlich hohe Werte wie die von Kollegen. Interessant ist in diesem Zusammenhang eine Äußerung Hans Moravecs, er ziehe es ausdrücklich vor, mit Maschinen zu kommunizieren.

Woraus entsteht neben der bereits erwähnten ›Leichtgläubigkeit‹ des Menschen im sozialen Umgang jene enorme Bereitschaft, Computern menschliche Eigenschaften zuzuschreiben. Auch damit befassen sich Nass u.a.: Psycho-soziale Unterentwicklung[3], Ignoranz oder auch der Glaube, bei der Arbeit am Computer eigentlich mit dem menschlichen Schöpfer dieser Programme zu kommunizieren, seien dafür die Hauptmotive.

Das »proteische« Selbst

Proteus war im griechischen Götterhimmel der göttliche Verwandlungskünstler, der sich nie gefunden hat: »*Trendforscher des modernen Managements (Gerd Gerken, Matthias Horx, Michael A. Konitzer) und die ihnen gedanklich direkt zuarbeitenden Philosophen (Norbert Bolz, Wolfgang Welsch)*« propagieren das »proteische Selbst« – das leere Selbst – als menschliche Idealidentität des nächsten Jahrtausends (vgl. Keupp. In SZ 282/1997: 13). Sie stoßen sich dabei vom Scheitern jener ›verzeichneten‹ spekulativen und reflexionsphilosophischen Ich-Formen aus ab, die sie für nicht mehr zeitgemäß halten. Als negative Idealisten im Zeichen eines falsch verstandenen Postmodernismus (*Anything goes*) fallen sie aber von da aus direkt ins andere Extrem. So schnell sie die überzeichneten tradi-

---

3 Moravec erklärt, dass »der soziale Teil meines Gehirns unterentwickelt ist«. Und: »Ich bin wenig begabt, mich in eine Gesellschaft einzugliedern« (vgl. *DIE ZEIT*, Nr. 27, 28. Juni 1996: 62). Außerdem langweile den hochintelligenten »Sozialbehinderten« sein herkömmliches Leben. Er sei seines Lebens mithin »überdrüssig«.

tionalen Ichformen à la Fichte für tot erklären, so schnell sind sie auch schon beim Ideal eines Ich der totalen Offenheit, das darin ebenso überzeichnet daherkommt. Zu dessen Charakterisierung findet der Schweizer Trendphilosoph David Bosshart unter dem vollmundigen Titel *Die Neuerfindung des Menschen* folgende Worte:

>»Sich persönlich fit zu machen, wird nicht mehr heißen, ein starkes Ich zu entwickeln, sondern in virtuellen Beziehungen zu leben und multiple Identitäten zu pflegen. Das heißt: Ich setze nicht mehr auf einen persönlichen Kern und suche ihn, sondern trainiere mir die Fähigkeit an, mich nicht mehr definitiv auf etwas festzulegen. Damit bleibe ich fit für neue Wege (...)« (zit. nach Keupp. In SZ 282/1997: 13).

Leider bleibt David Bosshart die Erklärung schuldig, vom Boden welches Ich aus er sich denn diese wundersame Fähigkeit, sich nicht mehr definitiv festlegen zu wollen, »*antrainieren*« will, wenn nicht wiederum von jenem starken Ich aus, das er glaubt, bereits hinter sich gelassen zu haben. Das übermächtige rationalistische Ich bleibt im Hintergrund der nihilistischen Säuberung sogar gestärkt zurück. Bossharts naiver Voluntarismus ist charakteristisch für eine bestimmte Art postmodernistischer Selbst-Bildung, die nichts anderes ist, als der nihilistische Kehrreim auf das cartesianische *cogito*: »Ich flexibilisiere mich, also bin ich«.

Um welches Zieles willen soll sich der Mensch überhaupt zu einer proteischen leeren Hülle verbiegen? Warum soll er bestenfalls noch zu strategischen Zwecken etwas glauben, meinen, lieben dürfen? Weil für Horx und Kollegen aus der Asche der Identität bereits der Phönix der Funktionalität gestiegen ist. Die Propagandisten dieser dürftigen Umwertung feiern sich als personalistische Revolutionäre. Sie feiern es als personalistischen Fortschritt, dass ihnen dank des proteischen Fitmachens das Selbst nicht mehr durch unnötige Skrupel verstellt wird. Im Mittelpunkt der Umwertung steht auch hier der Körper: Denn

>»neben der ›mentalen Fitneß‹ kommt es natürlich auf ein ›Body Management‹ an, das die Störanfälligkeit des Körpers möglichst ausschaltet. Er wird als »Wetware« (»menschlicher Körper aus Fleisch, Knochen und Flüssigkeit bezeichnet«), der (solange noch keine geeigneten Roboterkörper bereitstehen, O.K.) keinesfalls vernachlässigt werden darf, aber nur, um ihn ›als ärgerliches Randphänomen, das Kosten verursacht‹, zu eliminieren (...). Das gesamte menschliche Handeln ist von einer diffus-universellen Leistungsbereitschaft bestimmt (...) mit der Strategie, sich allseits paßförmig zu machen« (ebd.).

Wir haben es hier unter dem Titel »*Passförmigkeit*« mit dem bereits internalisierten Ideal jener strategisch-funktionalen »Intelligenz« zu tun, der – gut cartesianisch – der ganze Körper unterworfen wird – worin die Propagandisten des Mensch-Maschinezeitalters ihr ›seliges Nirwana‹ menschlicher Anpassungsfähigkeit sehen.

Das technisch erweiterte Ich

Da sich Menschen in der abendländischen Tradition stets als körperliche ›Mängelwesen‹[4] gesehen haben, verwundert es nicht, dass die KI-induzierten Aussichten auf technische Erweiterung dieser angeblichen Mängel-Körperlichkeit heute oft begrüßt werden. Vorerst soll jedoch der Körper ›noch nicht‹ vollständig überwunden werden, sondern mittels elektronischer Implantate und Prothesen mental und organisch »fit« gemacht werden, um mit den Erfordernissen einer fortgeschrittenen Leistungsgesellschaft noch mithalten zu können. Das heißt nichts anderes, als dass zunächst der körperliche Verfügungsraum des Selbst so weit wie möglich materiell erweitert wird – zur Steigerung der Lebensqualität und Funktionalität, wie es immer wieder heißt. So sagte der australische Choreograph Stelarc, der seine Körperfunktionen mittels programmierbarer Roboterarme erweiterte:

> »Ich versuche die Möglichkeiten des Körpers zu erweitern, indem ich die Technologie benutze. So verwende ich beispielsweise medizinische Techniken, Tonsysteme, eine Roboterhand, einen künstlichen Arm. Bei meinen Auftritten gibt es vier verschiedene Bewegungsarten: die improvisierte Bewegung des Körpers, die Bewegung der Roboterhand, die durch Signale meiner Bauch- und Beinmuskulatur gesteuert wird (...)« (zit. nach Virilio 1994: 120).

Das leistungsgesellschaftliche Fitmachen des Selbst via prothetischer und elektronischer Stimulakra stemmt sich vor allem der als lähmend empfundenen »*vitalen Schwere*« (ders.: 117) und der angeblich mangelnden Ausnutzung der Leibressourcen entgegen. Daher richten sich die Renovierungsbemühungen der KI nicht nur wie bei Stellarc nach außen, sondern auch nach innen:

> »Wir können den menschlichen Körper entleeren und in Zukunft die unnützen Organe durch die neuen Technologien ersetzen! Was würde beispielsweise geschehen, wenn man mit einer neuen Haut ausgestattet werden könnte, die sowohl dazu in der Lage wäre zu atmen als auch die Photosynthese durchzuführen, das heißt die Sonnenstrahlung in Nahrung umzuwandeln« (zit. nach Virilio 1994: 123),

läßt sich beispielsweise Marvin Minsky vernehmen. Die Vision vom Designerleib gipfelt in der mikropolitischen Wunsch-Vorstellung, auf diese Weise den Körper »*mit miniaturisierten synthetischen Organismen kolonisieren*« (ebd.) zu können.

Paul Virilio zieht aus diesem Kolonisierungsprojekt in ähnlichem Tenor wie Foucault die Schlußfolgerung:

---

4 Arnold Gehlen gibt in seiner anthropologischen Untersuchung »Der Mensch« zwei Quellen und Antriebe für seine Daseinsbeherrschung an: Der Mensch sei ein »Mängelwesen« und er benutze Werkzeuge zur »Organentlastung« (vgl. Gehlen [13]1997).

»Unter dem Vorwand einer extraterrestrischen Emanzipation stürzen sich die technischen Wissenschaften auf den Körper (...), der durch nichts mehr wirklich geschützt wird, weder durch die Ethik (die im dualistischen Menschenbild immer auf der Seite der Seele war, O.K.) noch durch die biopolitische Moral (...). Weil man unserer natürlichen Biosphäre nicht entkommt, kolonisiert man – wie schon so oft – einen unendlich viel leichter zugänglichen Planeten, den des seelenlosen Körpers; der entweihte Körper für eine gewissenlose Wissenschaft, die immer schon den Raum des tierischen Körpers entweiht hat, genauso wie den des Sklaven (oder der Frau, O.K.) (...). In der Tat war die Beherrschung der geophysikalischen Ausdehnung niemals möglich ohne die noch genauere Kontrolle der Dichte, der mikrophysikalischen Tiefe des unterjochten Wesens: Domestizierung der Gattung, rythmisches Abrichten des Verhaltens der Krieger und Diener, Entfremdung des Fließbandarbeiters, Abfütterung des Sportlers mit anabolen Substanzen« (124).

Das verteilte Netz-Ich, das fraktale Netz-Ich

Paul Virilio schreibt in seiner Streitschrift »*Die Eroberung des Körpers – Vom Übermenschen zum überreizten Menschen*«:

»Es geht nicht mehr darum, mit der Beschleunigung der Motoren zu rivalisieren (...), sondern es wird versucht, den menschlichen Körper an das Zeitalter der absoluten Geschwindigkeit der elektromagnetischen Wellen anzugleichen. Das echtzeitliche Sende- und Empfangsgerät ersetzt künftig den Hochleistungsmotor, mit dessen Hilfe der reale Raum der Territorien mit größtmöglicher Geschwindigkeit zu durchqueren ist« (Virilio 1994: 113).

Eine besondere Spielart postmoderner Technikgläubigkeit im Zeichen des Cyberspace ist das verteilte Ich, das transleibliche Selbst, das sich zugleich hier und anderswo wähnt oder mehrere Identitäten annimmt und gerade in der Verteiltheit seine eigentliche Identität zu finden glaubt. Die amerikanische Psychologin und Wissenschaftssoziologin Sherry Turkle, Dozentin am Massachusetts Institute of Technology (MIT) vertritt in ihrem Buch *Leben im Netz, 1998* (org.: *Life on the Screen, 1995*) das Ideal eines multiplen Netz-Ich mit den Worten: »*Ich bin viele*«; und: »*Das wirkliche Leben ist nur ein zusätzliches Fenster zur Welt, und es ist nicht unbedingt mein bestes*«. Ein bisschen erinnert das an Karneval.

Tatsächlich scheinen Cyberspace und Karneval bedeutende kultursoziologische Gemeinsamkeiten aufzuweisen, ein bisher noch viel zu wenig gewürdigter Umstand der Kulturhistorie. Zugespitzt lässt sich sagen: Während die fünfte Jahreszeit an Rhein, Ruhr und anderswo nur wenige Tage dauert, ist im Cyberspace das ganze Jahr Fasching – wenn man darunter das sich wiederholende, ritualisierte Spiel mit Masken und Identitäten versteht.

Auch andere Überschneidungen ergeben sich: Carne vale – Fleisch leb' wohl!, riefen schon die Lateiner im Angesicht der bevorstehenden Fastenzeit – letzte Gelegenheit, noch einmal »richtig die Sau rauszulassen«, sich dionysischen Räuschen und orgiastischen Ausschweifungen hinzugeben, bevor der Gürtel wieder enger geschnallt werden musste.

Carne vale – Fleisch leb' wohl: Viele Gläubige der Internetgemeinde haben aus Scheu vor dem eigenen und dem fremden Körper und ganz ohne christliches Verzichtsgebot inzwischen verlernt, ohne technische oder bewusstseinsverstärkende Hilfsmittel »die Sau rauszulassen«. Die Übung der Fleisch-, bzw. Leibüberwindung dominiert den Cyberspace. Wenn auch in einem wohl viel grundlegenderen Sinne, als in der christlichen Fastenzeit: Erfolgt doch der im Cyberspace ermöglichte Wechsel der Identität in einem Raum, der vermeintlich jenseits der eigenen Leiblichkeit mit all ihren scheinbaren und tatsächlichen Begrenzungen liegt. Nicht erst in der so genannten virtuellen Realität mit ihren künstlich gestalteten neuen »Welten«, sondern schon in einfachen Chatrooms ist vieles machbar: Wechsel des Geschlechts (um sich beispielsweise als Mann in eine Frauen-Chat-Gruppe einzuschleichen und dort als »Maulwurf« mitzumischen), Wechsel von Werthaltungen und Einstellungen bei politischen Debatten, Ausmalung einer völlig neuen Persönlichkeitsstruktur, usw.

Was steht dahinter? Wie der Narr auch deshalb Narr ist, weil er seine Maske bei Bedarf virtuos wechseln kann, wird vom echten Netzaktivisten, noch in Überbietung der karnevalesken Praxis, nichts weniger als ein ubiquitäres Netz-Ich angestrebt; ein Selbst, das nicht mehr in einem Ich-Kern seine Bestimmung findet, sondern in einer möglichst großen Zahl von Rollen, die es sich je nach Kommunikationssituation passgerecht überstülpen kann: »Ich bin Viele«, sagt die Netzaktivistin Sherry Turkle. Das eignet sich gut als Leitsatz über dem bunten Reigen von Ich-Folien, unter denen sich täglich viele Millionen ins Netz schleichen. Auch Lacans Satz »Ich ist ein anderer«, macht Sinn. Denn im Internet scheint Ich tatsächlich zum Herren oder Herrin seiner Identität(en) werden zu können. Verschiedene Alter-Egos könnten sich endlich »ausleben«, die in der realen Welt womöglich zu kurz kommen, neue Wunsch-Ichs könnten sogar entstehen. Und keiner kann mehr überprüfen, ob einer nun James Bond ist, oder ihn nur imitiert. Verwirklicht also gerade die »Internetgemeinde« endlich jene phänomenologische Grundeinsicht, wonach wir die Grenzen des Selbst nicht an der Grenze unserer Haut enden lassen können, bzw. dass Andere und Anderes immer schon in uns wirkt und waltet, bevor wir überhaupt Ich sagen können? Wir sind also letztlich unfähig, anzugeben, was nun zum Kernbestand unseres Ich gehört und was nicht mehr.

Wenn das Fremde immer schon in uns wirkt, warum ihm dann nicht auch via Neue Medien Stimme und Möglichkeit verleihen. Warum also nicht Maskerade treiben, sich selbst zum Narren machen, mit den Folien seiner eigenen Identitäten spielen?

Solche Fragen wurden noch vor Jahren immer wieder anlässlich medienwissenschaftlicher Foren gestellt, wo Netzaktivisten dem staunenden Publikum dann von den unbegrenzten Möglichkeiten und Erlebnissen ihren Netzreisen berichteten wie einst Jules Verne in seinem Roman »In achtzig Tagen um die Welt«. Heute müsste man den Titel wohl ein wenig variieren: »In achtzig Tagen um das eigene Ich – und immer noch kein Land in Sicht«.

Dennoch wurden solche Fragen oft mit einem erstaunlichen Optimismus beantwortet, ganz so, als breche mit den Möglichkeiten dieser technischen Ich-Erweiterung endlich das Zeitalter absoluter personaler Freiheit in einer globalisierten Kultur voller Toleranz und Harmonie an. Deshalb besteht Anlass zu der Frage: Meinen Phänomenologie und Netzaktivisten tatsächlich das gleiche, wenn sie von der Flüssigkeit ihres Selbst sprechen?

Die Antwort darauf ist ein deutliches Nein: So sehr sich die Phänomene an der Oberfläche gleichen, so sehr die Netzaktivisten als praktische Vollstrecker einer phänomenologischen Philosophie erscheinen mögen, so sehr gibt es gravierende Unterschiede in der Tiefenstruktur.

Zunächst einmal: Gerade jener gute Geist einer völkerverständigenden, globalen Toleranz, die diese Art von elektronischem Meinungsaustausch vermeintlich durchwaltet, ist Maskerade. Denn gerade das Internet als Primärmedium des Meinungsaustausches erscheint wenig geeignet, das Fremde besser verstehen zu lernen bzw. Formen einzuüben, besser mit ihm umgehen zu können. Warum? Weil gerade der Cyberspace die Illusion vermittelt, die Begegnung und Auseinandersetzung mit dem Fremden könne ohne die Widerständigkeit einer realen leiblichen Erfahrung geschehen oder sogar technisch vermittelt organisiert werden. Eine gefährliche, eine trügerische Illusion. Liegt dem doch die Vorstellung zugrunde, es gäbe eine Begegnung mit dem Anderen ohne ein gleichzeitiges Fremdwerden des Selbst im Prozess dieses Begegnens. Zumindest in der realen Begegnung ist dieses Fremdwerden nicht antizipierbar, planbar, steuerbar. Wo, wie und wann uns das Fremde trifft, darüber sind wir nicht Herr. Deshalb kann der Fremdbezug als Selbstentzug auch schmerzlich sein. Und gerade um diese Erfahrung des schmerzlichen Entzugs in einer Zurückweisung, einer Zurechtweisung, einer gescheiterten Verständigung, einer Empfindung der eigenen Unzulänglichkeit drücken sich viele Netzflüchtlinge herum. Sie suchen den Cyberspace auf, um sich selbst nicht noch fremder werden zu müssen, als sie es ohnehin schon sind. Sie wollen – um jeden Preis – Herr ihrer Ich-Folien bleiben, die sie von sich in die Welt hinaus schicken. Wenn sie also das Fremde im Cyberspace suchen, dann häufig nur als Projektionsfolie ihres Selbst oder als maskenreiche Bemäntelung einer gewissen Welt-Schüchternheit und Berührungsnot. Ansatzweise wird diese Erfahrungsscheu und Weltschüchternheit deutlich in Sherry Turkles Buch *Leben im Netz*. Die Autorin vertritt darin die Ansicht: »*Das wirkliche Leben ist nur ein zusätzliches Fenster zur Welt, und es ist nicht unbedingt mein bestes*«. Warum ist das reale Leben nicht unbedingt ihr bestes Fenster? Weil, so antwortet Turkle

>»jeder von uns ist auf seine eigene Weise unvollkommen ist (...). Virtuelle Räume geben uns die nötige Sicherheit, um unsere Unzulänglichkeit zu enthüllen, so dass wir damit beginnen können, uns als diejenigen anzunehmen, die wir nun einmal sind« (zit. nach: Becht 1998).

Die Faszination der verteilten Identität im Cyberspace resultiert daraus, dass die Akteure nach Belieben als Designer und Schöpfer ihrer eigenen Identität auftreten, einer Identität, die ihnen im realen Leben nicht abgenommen würde. Katie Argyle, die ihre Erfahrungen im Umgang mit Netzidentitäten in einem Aufsatz »*Is there a body in the Net?*« beschreibt:

>»(...) I could not resist using the cover to heighten aspects of myself that I thought a bit inappropriate in person« (In: Shields (Hg.) 1996: 59).

Erst in der Erhöhung jener Aspekte, die ihr im normalen Leben wie Hochstapelei vorgekommen wären, fühlte sich Argyle »*true to my real self via the electronic persona I was projecting*« (ebd.).

Es ist also Sehnsucht nach Anerkennung im Spiel. Wohlgemerkt: Anerkennung als ein anderer als der, für den man sich eigentlich hält. Und so will es scheinen, als spiele sich hier eine gewaltige Köpenickiade ab von Ich-Flüchtigen und Ich-Spielern: Einmal Frau sein können, ohne dass einen der männliche Körper sofort verrät. Einmal den Mächtigen, Unverletzlichen spielen können, ohne dass einem beim Auftritt die Stimme versagt und alle anfangen zu lachen. Oder der Farbige, der sich im Netz keiner Diskriminierung wegen seiner Hautfarbe ausgesetzt fühlt. Oder der Behinderte, der sich in seiner Newsgroup ohne das Stigma seiner Behinderung endlich als ganzer Mensch angenommen fühlt.

Im Netz seien alle gleich, so hört man es häufig aus der ›Netzgemeinde‹ und frei. Katie Argyle schreibt über diese Freiheit:

>»Online I was myself, pseudonym Kitty, and could have easily presented myself as one or several other fantasized personae. Many people trust this ›other‹ that I gave them of myself, and they revealed parts of themselves to me in turn« (ebd.).

Doch die Cyber-Aktivistin Gloria Mark entzaubert diesen Mythos von der Gleichheit und Freiheit im Netz gleich wieder, indem sie betont, dass gerade im Netz jeder seine Idealfigur zeigen wolle; jene zu kurz gekommenen, nicht ausgelebten Ideale der realen Welt offenbarten sich hier wie unter einem Brennglas:

> »To what extend do we project our own bodies into a virtual world? Conventions and standards oft bodies in the real world ar too often carried over into virtual environments: the beauty myth is manifest in descriptions of bodies as sexy and beautiful; similary many examples of virtual characters represented as strong and powerful bodies also exist« (Mark. In: Hoffmann (Hg.) 1997: 16).

Eine Freiheit gibt es indes wirklich. Es ist die Freiheit von den Widerständen und der Überwindung, die eine echte Köpenickiade im realen Leben kosten würde.[5] Vor allem aber sind sie frei vom verräterischen Leib, von einem Leib, der im realen Umgang ständig Zeugnis ablegt, ob man es nun will oder nicht, über den Zustand und die Befindlichkeit der korporierten Person. Der eigene Leib in seiner ganzen Schutzbedürftigkeit, Empfindsamkeit und Fragilität ist daher dringend verdächtig. Er ist verdächtig eines Überschusses des Selbst, eines Überschusses, der nicht einholbar und durch Techniken der Selbstkontrolle nur begrenzt hintergehbar ist. Und er ist verdächtig, dieses Mehr immer im unpassendsten Moment zu zeigen, eben dann, wenn man sich gerade das kontrollierte Ich wünschte, das sich je nach Belieben und Situation in Dieses oder Jenes verwandeln könnte. Dies ist die Widerständigkeit der leiblichen Existenz, dass wir nicht nur mit manchen Mängeln zu kämpfen haben, sondern überdies auch noch mit einem Überschuss an Bedeutung zurecht kommen müssen, für den es oft keine vernünftige Erklärung und keine Planung gibt. Der Leib schäumt gleichsam über. Und in diesem überschäumenden leiblichen Selbst verwandelt sich der Mensch unter dem abschätzenden, erwartenden, fordernden, lauernden Blick der anderen in einen Fremden, einen, mit dem er am Ende nicht mehr auf Du sein will.

Wie leicht scheint dagegen der Einstieg ins Netz: Jedenfalls gehört kein Mut, keine Überwindung zu einem Schritt in die virtuelle Welt. Das ist die eigentliche Attraktion dieser chamäleonesken Verwandlungen, wie sie Turkle als Therapie des überreizten und narzisstischen Ich anpreist. Sie kosten nichts außer Lebenszeit und immer billiger werdenden Leitungsgebühren. Sie finden in dem geschützten Reservat einer leibgereinigten Teilanonymität statt, aus der sich jeder nach Belieben wieder zurückziehen kann, wenn er befürchten muss, zuviel von sich preiszugeben. Wenn Netzidentitäten und Realidentität zu einem Sozial-Amalgan verschmelzen, besteht die Gefahr, das reale Leben und die in ihm vorkommenden

---

5 Geert Lovink und Pit Schultz erklären diese Flucht vor der Widerständigkeit aus der »globalen Herrschaft der Null-Risiko-Ideologie« im Zeichen des Cyberspace (In: Münkler/Roesler (Hg.) 1997: 357).

›widerständigen‹ Sozialverhältnisse fortan nur noch über die Elle jener Widerstandslosigkeit zu messen, mit der hier zwar Verwandlungen mühelos gelingen, dort jedoch, wenn überhaupt, nur unter großen Mühen. Bill Gates, der mächtige Beherrscher des Microsoft-Imperiums, liefert hierfür ein anschauliches persönliches Beispiel:

> »Ich war mal mit einer Frau befreundet, die in einer anderen Stadt lebte. Wir haben uns oft per E-Mail unterhalten. Schließlich fanden wir eine Möglichkeit, zusammen ins Kino zu gehen. Wir suchten einen Film aus, der zu gleichen Zeiten in beiden Städten spielte. Dann fuhren wir ins Kino, jeder in seins und plauderten per Handy miteinander. In Zukunft werden solche ›virtuellen Rendezvous‹ konkretere Formen annehmen«,

prophezeit Gates (zit. nach Eurich 1998: 155). Eine Therapie, wie sie Turkle vorschlägt, kann indes nur so lange eine gute Therapie genannt werden, wie der Fluchtpunkt und Schutzraum nicht schon zum eigentlichen Selbstzweck und Lebenssinn geworden ist. Sonst könnten sich die Schutz- und Spielräume der virtuellen Identitäten schnell als Potemkinsche Dörfer erweisen, reine »*Spielbedeutungen*« (vgl. Husserl, Waldenfels (Hg.) 1993: 26ff.) nämlich, in denen das gebrechliche Selbst sich endgültig verliert. In den USA hat man die Online-Sucht, Pathological Internet Use (PIU) bereits erforscht. Claudia, Mitte 30, aus Berlin beschreibt die Strukturen dieser Sucht aus eigener Erfahrung so:

> »Als ich keinen Freund hatte und keinen Spaß im Job, habe ich das Chatten sehr intensiv betrieben, aus einer Form der Unzufriedenheit heraus. Ich habe mich manchmal definitiv an der Suchtgrenze gesehen. Anders kann man es nicht nennen (...). Letztlich ist man aber doch wieder nur einsam und unzufrieden – denn irgendwie ist es nicht so richtig zu greifen, so wie das wirkliche Leben«. Ein Zeichen der Online-Sucht ist, ähnlich wie bei der Spielsucht, »dass reale Vorhaben immer wieder über den Haufen geworfen werden, um Zeit zu haben für die virtuelle Welt« (vgl. Ludwig 1998: 3).

Nicht ohne Grund wird das Bedürfnis, sich im Cyberspace in fraktalen Identitäten zu verlieren, von Psychologen immer wieder als schizoides Symptom gedeutet. Gloria Mark fragt sich denn auch ein wenig ängstlich und zweifelnd über den Ausgang dieses Experiments:

> »Will these new experiences push our awareness of our body further into the background, will we feel compleletly disembodied, or will we be able to bring these bodily movement experiences back into our physical worlds (...)?« (In: Hoffmann (Hg.) 1997: 16).

Die Aussicht, auch hier nicht als selbstbewusster Narr, sondern als trauriger Clown zu enden, sind also letzten Endes nicht gering.

Fazit

Der Wunsch nach unbegrenzter technischer Erweiterung der Sphäre des eigenen Ich ist eine Illusion – ein Nullsummenspiel. Sofern die Überwindung der Begrenzung des eigenen Leibs als Motiv im Vordergrund steht, sei daran erinnert, dass Freiheit sich nur unter der Bedingung von Grenzen realisieren lässt. Freiheit ohne Grenze ist absolut sinnlos. Denn wovon sollte sich der Zustand der Freiheit sonst abheben, woran sich messen? Und wohin sollte ein unbehauster Geist zurückkehren, der sich in seiner eigenen Offenheit verloren hat, weil er sich nicht mehr fühlen kann?

Mit Plessner ist daher auf den Doppelaspekt aller menschlichen Existenz hinzuweisen. Sofern der Mensch buchstäblich »nicht aus seiner Haut« kann, so sei darauf verwiesen, dass gerade die Haut als Grenze zugleich auch Ermöglichungsgrund von Offenheit und Freiheit ist – einer Freiheit übrigens, die weit über das hinausgeht, was willentlich steuerbar ist. Über die Haut transzendieren wir uns als notwendig begrenzte Wesen selbst. Sie ist flexibel und biegsam, sie kommuniziert, auch wenn wir nicht kommunizieren wollen, sie atmet, transpiriert, sie schützt, macht unterscheidbar; sie kann berührt werden und sich in diesem Berührtwerden als sich selbst empfinden, usw. Die Haut stellt im Gegensatz zu der festen Grenze eines Dinges einen geradezu idealer Kompromiss dar zwischen Offenheit und Geschlossenheit. So verhält es sich mit allen Bereichen der leiblichen Existenz.

Der Ansicht Arnold Gehlens, der den Menschen mit Blick auf seine begrenzte Werkzeugausstattung als Mängelwesen sieht, ist entgegenzuhalten, dass der Mensch stets ebenso schon ein Überschusswesen ist, das jedoch seinen eigenen Überschuss nicht annähernd verstehen kann. Die Unfähigkeit, sich als Leibwesen qua Geist gleichsam selbst ganz einholen zu können, ist auch Quelle jenes platonistischen Missverständnisses, wonach der Körper stets nur das Hindernis sei, welches einer letzten Existenz als reiner Geist im Wege steht. Umgekehrt ist es richtig: Der Leib als immer schon »begeistetes Fleisch« und nicht nur der Geist allein ermöglicht es uns erst, solche Vorstellungen einer reinen geistigen Existenz überhaupt entwickeln zu können, sie sogar als real vollziehen zu können, sei es im Traum, sei es in der Phantasie. Dass Träume und Phantasien aufgrund ihrer Faszination stets danach streben, ein Eigenleben zu entwickeln, macht die Möglichkeiten, die uns unser Leib bietet, um nichts weniger wertvoll und faszinierend. Man muss sie nur auszuschöpfen wissen und sich darin lebenslang üben. Um die Potenziale des Eigenleiblichen wirklich erkennen zu können, bedarf es bereits in der Schule einer Leibaufklärung, die weit über pure Körperübungen hinausgeht. Die Archäologie des Wissens sollte erweitert und ergänzt werden um eine Archäologie des Fühlens.

Literatur

Becht, Stefan (1998): Das virtuelle Ich – Sherry Turkle preist das Internet als Mittel zur Identitätsfindung. In: *Die Zeit*, Nr. 16, (CD-Rom-Recherche), o.S.

Eurich, Claus (1998): Mythos Multimedia – Über die Macht der neuen Technik, München.

Kaiser, Gert/Matejowski, Dirk/Fedrowitz, Jutta (1993): Kultur und Technik im 21. Jahrhundert, Frankfurt/New York.

Kaltenborn, Olaf/Mettler-v. Meibom, Barbara (1996): Der Verlust des menschlichen Maßes – Die Agonie des Leiblichen in der Informationsgesellschaft. In: *Das Parlament*, Nr. 33-34, 18.

Kaltenborn, Olaf (2001): Das Künstliche Leben – Die Grundlagen der Dritten Kultur, München.

Keupp, Heiner (1997): Erzählungen für die Chefetage – Auf der Suche nach dem zukunftsfähigen Persönlichkeitsprofil. In: *Süddeutsche Zeitung*, Nr. 282, 13.

Ludwig, Manuela (1998): Liebe per Mausklick. In: *Der Tagesspiegel*, 19. Oktober 1998, 3.

Mettler-v. Meibom, Barbara (Hg.) (1996): Einsamkeit in der Mediengesellschaft; Kommunikationsökologie, Bd. 1, hg. v. Claus Eurich u. Barbara Mettler-v. Meibom, Münster.

Münkler, Stefan/Roesler, Alexander (1997): Mythos Internet, Frankfurt.

Nass/Clifford u.a. (1995): Can computer personalities be human personalities? In: *International Journal of human Computer Studies*, Jg. 43, Heft 2, 223-239.

Sesink, Werner (1993): Menschliche und Künstliche Intelligenz – Der kleine Unterschied, Stuttgart.

Shields, Rob (1996): Cultures of the Internet, London/Thousand Oaks/New Delhi.

Turkle, Sherry (1984): Die Wunschmaschine – Vom Entstehen der Computerkultur, Hamburg.

Tietel, Erhard: Im Inneren lauert der Minotaurus. In: *Informatik-Forum*, Bd. 6, Heft 2, Juni 1992.

Turkle, Sherry (1998): Leben im Netz: Identität in Zeiten den Internet, Hamburg.

Virilio, Paul (1994): Die Eroberung des Körpers – vom Übermenschen zum überreizten Menschen, München/Wien.

Waldenfels, Bernhard (Hg.) (1993): Edmund Husserl: Arbeit an den Phänomenen, Frankfurt a.M.

Norbert Bolz

»Was kommt nach dem Menschen«

> *Il ne faut donc jamais conclure de l'oeuvre à un homme – mais de l'oeuvre à un masque – et du masque à la machine*
> —Paul Valéry[1]

Die Geschichte der Neuzeit ist eine Geschichte der narzißtischen Kränkungen des Menschen. Kopernikus ließ die Erde aus dem Mittelpunkt der Welt ins marginale X rollen, Darwin erniedrigte den Menschen auf das Niveau der Tiere, Freud demonstrierte, dass das Ich nicht Herr im eigenen Haus ist, und Turing hieß Maschinen denken. Mit den ersten drei Kränkungen haben wir uns arrangiert. Große Schmerzen bereitet aber noch das Faktum Computer. Um sie zu verwinden, müsste man den von Michel Serres gewiesenen Denkweg gehen: vom Mann ohne Eigenschaften zum Mann ohne Fähigkeiten. Hinter dieser Formel steht eine Theorie der Entlastung: der Mensch gewinnt, nämlich Möglichkeiten, indem er verliert, nämlich Fähigkeiten.

Was auch immer mit Künstlicher Intelligenz gemeint sein mag – stets geht es um die Konstruktion von Maschinen, deren Leistung als funktionales Äquivalent für menschliche Intelligenz akzeptiert werden kann. Und die Schlüsselattitüde dieses Projekts läßt sich genau bestimmen: Künstliche Intelligenz subsumiert Mensch und Computer unter informationsverarbeitenden Systemen. In ihrer noch jungen Geschichte lassen sich immerhin schon drei entscheidende Etappen markieren:

- Die Universalmaschine Alan Turings ist die prinzipielle Konstruktion eines »mind«, eine Imitation der Funktionsprinzipien des menschlichen Geistes; es geht also nur um *Software*.
- Der Konnektionismus macht dann ernst mit der Einsicht, daß wir zwar linear denken, das Gehirn aber parallel prozessiert. Deshalb versucht er, ein »brain« zu modellieren, d.h. die Schaltungen des menschlichen Gehirns zu imitieren; es geht also um *hard wiring*, um *Hardware*.
- Die Robotik ist die neueste Variante der Kritik des Leib-Seele-Dualismus. Nicht das Wissen, sondern das Verhalten ist entscheidend. Der

---

1 P. Valéry, Bd. II 581

Roboter soll nicht primär denken wie ein Menschengeist oder funktionieren wie ein Gehirn, sondern eine »illusion of life« stabilisieren; es geht also letztlich um *Wetware*.

Um die Dynamik dieser kurzen Geschichte der Künstlichen Intelligenz zu verstehen, muß man sich zunächst klar machen, daß schon für Turing die Frage, ob Maschinen denken können, völlig belanglos ist. An die Stelle des »Denkens« und der »Intentionalität« tritt ganz pragmatisch die Bewährung im Turingtest. Alan Turing gibt also dem Computer-Anthropomorphismus keine Nahrung; ihn interessieren einzig und allein die mathematischen Funktionsanalogien zwischen Mensch und Maschine. Hier tut sich eine neue Welt auf, in der allein Unterschiede Unterschiede machen[2] – Hardware spielt keine Rolle. Mensch und Computer werden subsumiert unter: informationsverarbeitende Systeme. Das Physikalisch-Chemische des Gehirns ist demnach nur *ein* Medium für die Verkörperung diskreter Zustände; andere Verkörperungen sind möglich.

The mind is not in the head (F. Varela) – sondern in der Organisation, bzw. in der Maschine, die einen Algorithmus abarbeitet. Und Maschine heißt: von Verhaltensgesetzen gelenkt sein, ein Prozeß nach Faustregeln. Der Geist in der Maschine unterstellt, wie wohl erstmals Thomas Hobbes, ein Denken als Rechnen mit symbolischen Repräsentationen. In Turings Universalmaschine, die jede andere Maschine emulieren kann, kommt diese Entzauberung des Menschengeistes als Rechenmaschine mit Feedbackschleifen dann zu sich. Weil es nur um die Software geht, muß man nicht wissen, wie das Gehirn funktioniert, um zu wissen, wie der Geist funktioniert. Entsprechend genügt es, einen Geist zu bauen – es ist nicht nötig, ein Gehirn zu modellieren.

Die mathematische Funktionsanalogie zwischen Mensch und Maschine bewährt sich aber nicht nur als Geist in der Maschine, sondern auch als Computer-Bild des Menschen. Altvertraut ist die Rede von der digitalen Maschine als Elektronengehirn. Aber genau so selbstverständlich versteht man heute den Menschengeist als eine Art Computer. Mit anderen Worten: Mensch und Maschine metaphorisieren sich wechselseitig. Und die sogenannte *Strong AI* unterscheidet sich von den weicheren Varianten lediglich darin, daß sie die Metaphern wortwörtlich nimmt. So bekanntlich schon Turing: »Ein Mensch, ausgestattet mit Papier, Bleistift und Radiergummi sowie strikter Disziplin unterworfen, ist in der Tat eine Universalmaschine.«[3]

---

2 Gemäß der klassischen Definition von Information als *any difference that makes a difference* (Gregory Bateson).
3 A. Turing, Intelligence Service, S. 91.

Der Geist in der Maschine ist der Geist als virtuelle Maschine, ein System von Systemen, wie es der deutsche Idealismus vor 200 Jahren vorausgedacht hat. Man könnte auch sagen, Kybernetik, Automatentheorie, Kognitionswissenschaften und Artificial Intelligence arbeiten daran, den Hegelschen Geist zu operationalisieren. Den entscheidenden Schritt über die reine Philosophie hinaus macht eigentlich schon Norbert Wieners Kybernetik mit ihrem neuen Begriff von Maschine, der auch biologische Systeme umfaßt. Im Anschluß daran hat dann G. Günther eine radikale, vom »Lokalpatriotismus des menschlichen Gehirns« emanzipierte Geistesgeschichte gefordert, d.h. eine Logik des Lebens, für die der Mensch nur eine kontingente Verkörperungsform unter anderen ist. Diese Vision wird heute von der Robotik eingelöst. Wir können deshalb sagen: Wer vor Robotern Angst hat, wird eigentlich von der »metaphysischen Irrelevanz des Menschen erschüttert«[4].

Alle Angst vor Robotern konzentriert sich auf die Frage, ob Menschen irgendwann einmal Maschinen gegenüberstehen werden, die sie nicht selbst entworfen haben. Daß das prinzipiell möglich ist, weiß man, seit John von Neumann eine sich selbst reproduzierende Maschine skizziert hat. Das Grundkonzept ist einfach: Man konstruiert eine Maschine, die nicht nur aus einem klassischen, physische Arbeit verrichtenden Teil und einem mechanischen Gehirn zusammengesetzt ist, sondern auch noch einen algorithmischen Schwanz hat. Dieser Schwanz enthält eine mathematisch-logische Beschreibung des gesamten Mechanismus. Das mechanische Gehirn übersetzt den Algorithmus in Instruktionen, die dann vom klassischen Teil der Maschine ausgeführt werden. Damit reproduziert sich die Maschine aber auch selbst. Nun muß man dem algorithmischen Schwanz nur noch Zufallselemente einfügen, um beim Bau der neuen Maschinen zu unvorhersehbaren Variationen zu gelangen. Was so entsteht, hat kein Mensch entworfen.

Wenn aber Maschinen über eine mathematisch-logische Beschreibung ihres eigenen Mechanismus verfügen können, dann können sie auch die Effekte ihres eigenen Operierens beobachten und daraus »lernen«. Die lernende Maschine hat sich selbst zum Gegenstand; sie beobachtet die Ergebnisse des eigenen Verhaltens und kann so die eigenen Programme modifizieren. Deshalb ist so etwas wie »Selbstreflexion« bei Robotern durchaus möglich, wenn man ihnen ein Modell ihrer eigenen Operationen zur Steuerung dieser Operationen einkonstruiert; ähnlich wie sie ein Weltmodell brauchen, um überhaupt erfolgreich in »ihrer Welt« (z.B. aus Lego-Bausteinen) operieren zu können.

---

4 G. Günther, Beiträge Bd. I, S. XV.

Gewiß, der Sieg von Deep Blue über Kasparow hat uns beeindruckt – aber das Hantieren mit Bausteinen? Ein Buchtitel von Marvin Minsky, *The Society of Mind*, signalisiert, was man bisher aus dem Scheitern der Robotik gelernt hat: Etwas scheinbar so einfaches wie zum Beispiel »Sehen« läßt sich nur durch das Zusammenspiel einer Vielzahl unterschiedlicher Prozesse implementieren. Skills, Geschicklichkeiten sind – mit Michael Polanyis Wort – »tacit«. Sie werden parallel prozessiert und verlaufen unbewußt, also ohne zentrale Kontrolle. Daraus folgt aber: Nur ein Roboter mit *parallel distributed processing* könnte »wahrnehmen«. Hier und nicht im Denken liegt das große Problem der künstlichen Intelligenz. Immer wieder scheitert sie an der technischen Implementierung des gesunden Menschenverstandes. Der Umgang mit Alltagsproblemen unter Bedingungen der Unsicherheit scheint rätselhafter als Hegels Große Logik. »In general, we're least aware of what our minds do best.«[5]

Man könnte das Projekt der Robotik auch so formulieren: Es geht für die Künstliche Intelligenz darum, den Schritt vom Schachbrett zum Fußballplatz zu wagen, d.h. von der bloßen Semiose zum Zusammenspiel von Wahrnehmung und Verstand. Die kommunikationsunbedürftige Koordination von frei beweglichen Körpern zu simulieren, ist nämlich eine unendlich viel komplexere Aufgabe als das Durchrechnen möglicher Stellungen auf dem Schachbrett. Deshalb spricht man heute vielfach schon von post-algorithmischen Computern, ja sogar von »organischem Rechnen«. Was auch immer im einzelnen damit gemeint sein mag – in jedem Fall soll eine konnektionistische Wende von der Artificial *Intelligence* der Turingmaschine zum Artificial *Life* markiert werden.

Artificial Life will nicht den Menschengeist nachkonstruieren, sondern von der Evolution lernen. Und die erste Lektion lautet: »The brain evolved to act, not to think.«[6] Das ist die entscheidende Differenz, die alle bisherigen Theoriedesigns der Computer Science von der neuen Robotik trennt: Es geht darum, Systeme auf Aktivität, statt auf Funktion hin zu betrachten. Der General Problem Solver, der ganz in der Logik der Universal Turing Machine steht, funktioniert nach dem Prinzip der Repräsentation. Dagegen folgt das künstliche Leben dem Prinzip des »enactment«, der inszenierenden Kognition. Man denkt nun also ganz anders über das Denken. Kognition wird nicht mehr als Problemlösung, sondern als Inszenierung, als verkörpertes Handeln verstanden. Es geht um die technische Implementierung von Intelligenz im evolutionären Kontext. Das meint wohl auch Varelas Satz, »daß die kognitiven Fähigkeiten untrennbar mit Lebens-

---

5 M. Minsky, The Society of Mind, S. 29.
6 L. Tiger, The Pursuit of Pleasure, S. 206.

geschichten verbunden sind, die Wegen ähneln, welche erst im Gehen gebahnt werden.«[7]

Wohlgemerkt handelt es sich hier um eine Evolution ohne Anpassung. Humberto Maturana hat dafür den Begriff der Autopoiesis geprägt. Im Blick auf unsere Fragestellung besagt er, daß komplexe kybernetische Systeme auf die Umwelt nicht mit »adaption« sondern mit »enactment« reagieren. Roboter, die das könnten, wären Computer zweiter Ordnung, also Roboter ohne Fernsteuerung, d.h. ohne Menschen; Maschinen, die sich selbst entwickeln. An dieser Stelle sieht man sehr deutlich, daß »Maschine« eigentlich ein unglücklicher Begriff für nicht-triviale Maschinen ist. Jeder Mensch denkt bei dem Wort »Maschine« ja automatisch (!) an triviale Maschinen, die dadurch charakterisiert sind, daß sie ihr Verhältnis zur Außenwelt nicht regulieren können. Autos zum Beispiel. Der Roboter dagegen ist als autonomes kybernetisches System gerade auch in dieser Hinsicht nicht trivial.[8] Er steht für das Autonomwerden des Computers und »verkörpert« eine operative Intelligenz ohne Menschen. Und um sich davon zu überzeugen, muß man nicht mehr in Science Fiction-Filme gehen. Längst kennt die militärische Realität smart bombs oder Panzer ohne Besatzung.

Die konnektionistische Wende von der geistorientierten Artificial Intelligence zum evolutionsorientierten Artificial Life ermöglicht also ein neues Konzept von Robotern jenseits der klassischen Steuerungswissenschaft. Man arbeitet an komplexen, evolvierenden Systemen ohne menschliche Kontrolle. Entscheidend ist dabei, daß an die Stelle zentraler Fernsteuerung nun die Kommunikation zwischen den Elementen der Roboter tritt. Ihr künstliches Leben beginnt nicht mit Schachpartien, sondern eher mit einem »insect-like behavior by responding locally to their environment«[9]. Ganz in diesem Sinne hat S. Lem im Modus des Futur II rückblickend auf das 21. Jahrhundert die interessante These entwickelt, daß die künstliche Intelligenz »gerade dadurch Weltmacht erlangte, daß sie nicht zu einer Intelligenz im Sinne des einer Maschine einverleibten Verstandes wurde.«[10] Diese Fiction ist wohl schon Science geworden.

Es spricht also einiges für den Erfolg von Robotern, die gerade nicht anthropomorph gedacht sind. Man weiß ja, daß Flugzeuge möglich wur-

---

7 Varela/Thompson, Der Mittlere Weg der Erkenntnis, S. 279.
8 Die Unterscheidung von trivialen und nicht-trivialen Maschinen fundiert die Kybernetik Heinz von Försters.
9 S. Turkle, Life on the Screen, S. 98. – In Netzwerken zeigen Menschen Eigenschaften, die sie nicht mit Wölfen, sondern mit Insekten vergleichbar machen: die Überlebensvorteile extremer Interdependenz. Im Horizont der biologischen Evolution ist der Mensch ein Wolf; im Horizont der sozialen Evolution aber ist er ein Insekt.
10 S. Lem, Waffensysteme des 21. Jahrhunderts, S. 8.

den, als man die Nachahmung der Vögel aufgab. Und man könnte daraus lernen, daß Roboter möglich werden, sobald man die Nachahmung des Menschen aufgibt. Doch gleichgültig, ob man die Erfolgsgeschichte der Universal Turing Machine fortschreibt, oder die konnektionistische Wende zum künstlichen Leben mitmacht – wir können hier definitorisch festhalten: Roboter sind Formen im Medium der künstlichen Intelligenz. Und diese mobilen intelligenten Artefakte werden der zentrale Gegenstand einer neuen Wissenschaft vom Künstlichen sein. Schon heute ist die Robotik die pragmatische Dimension der Artificial Intelligence.

Doch zumeist wird – und mit einigem Recht – der Ursprung der Robotik viel weiter zurückdatiert. Es gibt eine lange Geschichte des Jahrmarktzaubers mechanischer Enten und Schachspieler, mit dem sich die stupende Ingenieurskunst der Moderne ihre verdiente Anerkennung beim Volk geholt hat. Doch die Faszination dieser Artefakte verdankt sich nicht nur der ingenieurtechnischen Spitzenleistung. Man könnte sogar sagen: Der Automat fasziniert unabhängig von seiner Leistung. Der Anthropologe Arnold Gehlen hat das als »Resonanzphänomen« beschrieben. Am Automaten erfährt der Mensch sich selbst. Alles Habitualisierte und Rhythmische, Routinierte des Alltagslebens, Gewohnheiten, soziales Rollenverhalten, kritikfeste Denkfiguren, aber auch Herzschlag und Atmung sind ja Automatismen. Kurzum, das, was man den Handlungskreis des Menschen nennt, also »die plastische, gesteuerte, am rückempfundenen Erfolg oder Mißerfolg korrigierte und schließlich gewohnheitsmäßig automatisierte Bewegung«[11], entspricht präzise dem Rückkopplungsprinzip der kybernetischen Maschine.

Deshalb träumen Ingenieure von einer Maschine, die den Menschen erfolgreich vorspielt, ein Mensch zu sein. Schon der Turing-Test setzt diesen Traum in Kommunikationspragmatik um. Und der logisch nächste Schritt lautet dann: »More human than human is our motto.« So formuliert es Mastermind Tyrell in Ridley Scotts »Bladerunner«. Das Dämonische dieses Films liegt ja genau darin, daß die Unterscheidung Mensch/Replikant undarstellbar wird. Beide erfüllen das Goethe-Kriterium: geprägte Form, die lebend sich entwickelt.[12]

Doch diese Kinotraumperfektion der Technik ist gar nicht nötig, um Menschen dazu zu bringen, Maschinen als lebendig zu erfahren. Feedbackschleifen genügen nämlich schon, um das Gefühl der Belebtheit zu

---

11 A. Gehlen, ASU, S. 158.
12 Vgl. hierzu die eindringliche Analyse von R. Zons, Die Zeit des Menschen. – Steven Spielbergs *AI* versucht sich schon am *Imagineering* des nächsten Schritts, mit dem die Robotik eine alte Vermutung bestätigen würde: »May not man himself become a sort of parasite upon the machines?« – Samuel Butler, Erehwon, S. 146.

schaffen. Wir haben es hier mit einer modernen Form von Animismus zu tun, den die bloße Zuschreibung von Intentionalität initiiert. Mit anderen Worten: Weil der Mensch das Tier ist, das ständig Bedeutung produziert (sensemaking), genügt schon der »effort after meaning« (Frederic C. Bartlett), um den Animismus der Artefakte in Gang zu halten. Irgendetwas gibt Zeichen – und schon unterstellen wir Geist.

Doch der moderne Animismus begnügt sich nicht mehr mit Geistern, die in Bäumen hausen, sondern erwartet »Subjektivität«. Und auch diese Erwartung läßt sich maschinell befriedigen. In der kalten Prosa des Mathematikers taucht das Subjekt bekanntlich nur als das Rauschen auf, das die formale Logik stört. Also muß man umgekehrt »noise« in die maschinelle Abarbeitung des Algorithmus einführen, um den Eindruck von Subjektivität zu produzieren.[13] Menschliche Intelligenz stellt sich dann als ein Rechnen zwischen Zufall und Wiederholung dar. Es genügt deshalb ein Digitalrechner mit einem zufälligen Element, um den Eindruck von freiem Willen zu erzeugen. Denn diese Kombination ist dem Gleichgewicht zwischen Kenntnis und Unkenntnis seiner selbst, das das Gefühl des freien Willens erzeugt, funktional äquivalent.

More human than human? Mag man auch Denken, Entscheiden und Kreativität maschinell imitieren können, so scheint den Robotern doch nie die Stunde der wahren Empfindung zu schlagen. Oder können Roboter Gefühle haben? *Affective modelling* nennt man die Versuche, Programme zu schreiben, die eine Simulation emotionaler Effekte ermöglichen. Und das ist gerade deshalb nicht aussichtslos, weil wir uns über unsere Gefühle ohnehin nicht analytisch klar werden können. Wir haben Gefühle immer nur als inszenierte, in Situationen, gehalten von Frames – und die lassen sich beschreiben. »Since basic feelings are signals that have no symbolic structure, there cannot be analytical concepts of them. There can be concepts only of the scenarios into which they typically enter«[14]. Gerade daraus folgt aber, daß Signale über den inneren Zustand des Roboters, z.B. Warnsignale, genau wie Gefühle funktionieren können. Die Antwort lautet also: Roboter können ein funktionales Äquivalent für Gefühl haben.

Und das genügt zumeist, um die Erwartung emotionaler Zuwendung zu erfüllen. Auf dem sozialen Feld, das sich hier auftut, wird man wohl die *killer applications* der Robotik erwarten dürfen. Die leitende Frage

---

13 Nach der Entzauberung der Welt kommt jetzt die Entmythologisierung der Subjektivität. Durch den »Rejektionswert« (G. Günther) läßt sich Subjektivität nämlich ganz streng mathematisch begründen – sie wird durch die Zurückweisung einer Wertalternative indiziert. Bist du fortschrittlich oder konservativ? Diese Alternative trifft mich nicht!
14 P.N. Johnson-Laird, The Computer and the Mind, S. 382.

lautet ganz einfach: Wie weit kann man *human service* durch Roboter ersetzen? Als Industrieroboter und Expertensysteme haben sie ja längst ihren festen Platz im Wirtschaftsleben. Doch nun übernehmen die Roboter nach Symbolanalyse und Routine auch noch das »Care«. Und zwar nicht nur in der Gestalt von Pflegerobotern im Krankenhaus. Bruder Robot wird Subjekt *und* Objekt der Sorge sein. Ein immer mehr wachsender »market of care« wird dafür sorgen, daß das Pflegen von Robotern zur alltäglichen Beschäftigung derer wird, die niemanden (mehr) haben, um den sie sich sorgen könnten. Um Roboter kann man sich »sorgen« – und der Roboterhund, den Sony ja schon gebaut hat, hat jedem realen Hund gegenüber den unschätzbaren Vorteil, daß seine Pflegebedürftigkeit berechenbar ist. Man kann deshalb prognostizieren: Roboter ersetzen die Haustiere als »lebendige Psychopharmaka«[15].

Es geht also gar nicht um die Frage, ob Maschinen Geist und Gefühl *haben*, sondern ob wir sie ihnen *zuschreiben* müssen. Wir müssen ja auch Menschen Geist, Gefühl und Freiheit zuschreiben, um mit ihnen kooperieren zu können. Und Maschinen Bewußtsein zuzuschreiben wird für Menschen gefühlsmäßig immer leichter, weil das Ausmaß der Reflexion im Mechanismus immer mehr anwächst. Die durch Feedbackschleifen implementierte Reaktionsfähigkeit der Maschine empfinden wir als Lebendigkeit. Schon heute scheinen lernfähige Roboter aus Searles Chinese Room auszubrechen. Dazu genügt im Grunde schon ein Moment der Überraschung. Die Minimalanforderung an Maschinen, die uns überraschen, kann man so formulieren: »Es gilt ein geschlossenes System (Äquivalent zu Organismus) zu konstruieren, das regulierte Kontaktstellen mit der Außenwelt besitzt. Jeder solche Kontakt muß als Information verarbeitet werden können. Und das geschlossene System muß ein Informationssystem von in sich reflektiertem Charakter sein.«[16] Ob man diese Operationen dann als Fühlen und Verstehen empfindet und versteht, ist eine empirische Frage. Wie sein menschliches Pendant kann sich der Roboter als Hochstapler jedenfalls darauf verlassen, daß die Betrogenen betrogen werden wollen.[17]

---

15 G. Staguhn, Tierliebe, S. 250. – Die Theorie zu dieser Praxis findet sich bei L.E.J. Brouwer: »By so-called exchange with another human being, the subject only touches the outer walls of an automaton.« – Collected Works, S. 485. Zwischenmenschlichkeit zerfällt demnach in Service und symbiotische Mechanismen.

16 G. Günther, a.a.O., S. 111.

17 Wem das zu moralistisch klingt, der kann denselben Sachverhalt auch sozialpsychologisch deuten – nämlich als Gefühlsschwäche, die in der modernen Welt adaptiv ist: »to be emotionally involved would limit our capacities for mobility.« – R. Cohen, »Altruism«, S. 50.

Diese Auskunft kann Philosophen natürlich nicht befriedigen. Ihnen müssen wir das Projekt der Robotik anders schmackhaft machen. Etwa so: Vicos Axiom *verum et factum convertuntur* besagt im Kern, daß der Mensch nur versteht, was er macht. Er versteht die Welt genau in dem Maße, als er sich frei handelnd in ihr bewegt. Will er sich aber selbst verstehen, so muß er seinen handelnden Körper in einer Maschine wiederholen. Entscheidend ist hierbei folgendes: Das Projekt der Robotik ist technisch möglich, weil »Bewußtseinsakte [...] in Handlungsformen deponiert«[18] werden können. Und es ist dann eine Frage des menschlichen Gefühls, bzw. des »effort after meaning«, ob die technisch nachgebauten Handlungsformen von uns als Manifestationen von Bewußtsein empfunden werden. Ein anderes, objektiveres Kriterium gibt es nicht, denn Bewußtsein ist das an einem System, was man nur erkennen kann, wenn man das System ist.

Bei der Annäherung an das Rätsel Bewusstsein hat der Programmierer, der alle Probleme auf Algorithmen bringen will, weniger Erfolgsaussichten als der Pragmatiker, der mit Black Boxes hantiert. In der Beobachtung der Black Box kann man bekanntlich Strukturwissen (eine Sache verstehen) durch Funktionswissen (sich auf eine Sache verstehen) ersetzen. Aber Black Box heißt eben immer auch Benutzerillusion. Es ist deshalb ganz konsequent, daß Daniel C. Dennett das Bewußtsein als die Benutzerillusion des Gehirns für sich selbst definiert. Man könnte sagen: Das Ich ist ein Traum, der aus der Black Box des Gehirns aufsteigt. Die Frage liegt dann natürlich auf der Hand, warum dieser Traum *nur* aus dem Gehirn aufsteigen soll.

Doch Maschinen Bewußtsein zuzuschreiben, heißt nicht auch schon, ihnen Selbstbewußtsein zuzuschreiben. Denn um einem mechanischen Gehirn Selbstbewußtsein anzukonstruieren, müßte man es in einer Sprache programmieren, die auf einer Metaebene gegenüber Begriffen wie Ich, Du und Selbst liegt – diese Metaebene gibt es aber nicht. Wenn wir Menschen »über« Ich, Du und Selbst sprechen, nehmen wir Paradoxien in Kauf. »Paradoxien aber sind nicht als technische Objekte konstruierbar.«[19] Und daraus folgt, daß sich der Eindruck der Lebendigkeit von Robotern immer nur der technischen Implementierung von icherlebnisfreien Bewußtseinszuständen verdankt. Speichern, Rechnen, Lernen und *pattern recognition* sind auch ohne Icherlebnis möglich[20]. Das Fazit für Philosophen würde dann lauten: Roboter haben Bewußtsein, aber kein Selbstbewußtsein – ähnlich wie Kleinkinder und Tiere. Das ideelle Gesamtprogram-

---

18 A.a.O., S. 112.
19 A.a.O., S. 99 Anm.
20 Nur das meint John Searles Gedankenexperiment Chinese Room!

mierer wäre dann das Ich des Roboters, dessen Bewußtsein letztlich immer ein ferngesteuertes bliebe.

Raimar Zons hat eine Kritik (im Kantischen Sinne des Grenzenziehens) des Posthumanismus vorgelegt, in der die Geisteswissenschaften von sich selbst Abschied nehmen und den Platz frei machen für eine neue Wissenschaft vom Künstlichen. Ihr Motto könnte Nietzsches Grundüberzeugung sein, daß der Mensch etwas sei, was überwunden werden müsse. Das Interessanteste an ihm ist das, was ihm fehlt; denn dieser Mangel öffnet den Menschen auf die Welt der Maschinen. Im Jargon der Philosophie heißt das: Um den Menschen als das Wesen, dem Wesentliches mangelt, in seinem Wesen zu denken, muß man vom Menschen wegdenken. Weg vom Menschen, d.h. hin zum Programm, das sein Wesen formt.

Dieser neue Weg des Denkens weg vom Menschen war aber von der hartnäckigen Fehlleitung der Anthropologie durch die Mensch-Tier-Unterscheidung verbaut. Schon der Computer als neue Leitmetapher, erst recht aber Bruder Robot bieten uns heute die Chance einer radikalen Umorientierung. Wir müßten wieder (wieder!) begreifen, daß der Mensch den Göttern und Maschinen ähnlicher ist als den Tieren. Man könnte hier anschließen an Descartes, der den Körper als Maschine modelliert hat; an Freud, der die Seele als Apparat entzaubert hat; und schließlich an Turing, der Menschen wie Computer gleichermaßen unter der Rubrik »datenverarbeitende Maschine« subsumiert. Ganz in diesem Sinne findet sich in Raimar Zons Kritik des Posthumanismus der nüchternste aller Sätze: »Der Mensch ist die Gesamtsumme seiner Daten.«[21]

Menschen mit Maschinen, Apparaten und Rechnern zu vergleichen, ist aber mehr als bloßer Metaphernzauber. Denn soweit der Mensch von Verhaltensgesetzmäßigkeiten gelenkt ist, ist er in der Tat eine Art Maschine. Der ganze Sinn einer Wissenschaft wie der Soziologie besteht ja darin, zu zeigen, daß und wie Menschen Regeln folgen, weil es sie gibt. Daß das Geschehen dennoch als Freiheit erscheint, liegt daran, daß der Mensch eine Maschine ist, deren Algorithmus man nicht kennt. Und dieses Nichtwissen ist sozial funktional. Man könnte diesen faszinierenden Sachverhalt vielleicht so zusammenfassen: Der Mensch ist eine Maschine, die von der Kultur so programmiert wurde, daß sie sich selbst nicht als solche erkennt.

Früher hat man Götter erfunden, um die Frage nach dem Wesen des Menschen zu beantworten; heute konstruiert man Roboter. Die beliebte Frage, ob Rechner denken, Sätze verstehen oder fühlen können, ist sinnvoll nur als die Frage nach der *funktionalen Äquivalenz* von Menschen und Computern. Heute stellt sich der Mensch die Frage nach sich selbst

---

21 R. Zons, a.a.O., S. 253.

mit Hilfe des Roboters. Bruder Robot ist die Frage nach dem Menschen als Gestalt. Oder nüchterner formuliert: Im Roboter wird die Einsicht, daß der Mensch ein durch und durch technisches Wesen ist, zur Gestalt. Indem wir Roboter konstruieren, ersetzen wir stellengenau die unlösbare Aufgabe der Selbsterkenntnis durch ein *image mathématique* im Sinne Valerys. Könnten Philosophen ihre Technikangst abstreifen, so würden sie sehen, daß in diesem mathematischen Bild genau das geboten wird, worum das Denken des Denkens seit 2500 Jahren vergeblich ringt: »Je mehr das Ich von sich selbst abgibt und in den Mechanismus verbannt, desto reicher wird es an reflexiven Einsichten in sich selbst.«[22]

Alle Roboter sind Computer, alle Computer sind Programme, und alle Programme sind Text, Geschriebenes. Das tritt zutage, wenn der Roboter kaputtgeht und der Schein seiner Autonomie zerreißt. Der wahrhaft autonome Roboter wäre ja ein Text, der sich selbst schreibt – ähnliches hat man bisher nur von Gott erwartet. So lange alles gut geht, genügt die staunende Beobachtung der Oberflächen; wir nehmen alles *at face value*, d.h. *at interface value*. Hier erweist sich der autonome Roboter als das genaue Komplement zum computerilliteraten User – nichts erinnert mehr an die Schreibarbeit der Programme.

Auf beiden Seiten also, beim Menschen wie bei seinem Bruder Robot, wird das Entscheidende im Namen der Benutzerfreundlichkeit verhüllt. Das kann man kritisch beklagen und mehr Computer Literacy fordern. Man kann diese Entwicklung zur totalen Benutzerfreundlichkeit aber auch ganz anders interpretieren. Schon vor fünfzig Jahren hat Gotthart Günther den Verdacht geäußert, daß sich die Menschen der westlichen Welt nicht mehr mit den Formen des klassischen Denkens identifizieren, denen sie doch ihre technischen Triumphe verdanken. Die abendländische Rationalität ist dem modernen Menschen zur lästigen Bürde geworden. »Er sucht diese Formen dadurch von sich abzustoßen und sie innerlich zu überwinden, daß er versucht, sie aus seinem Seelenleben zu entlassen und in die Maschine, den denkenden Robot, zu verbannen.«[23]

Hier schließt sich ein Kreis. Der Animismus war ein vorrationales Wissen von Leben und Seele, das uns der stolze Prozeß der Aufklärung ausgetrieben hat. Ein Wissen von Leben und Seele unter Aufklärungsbedingungen zu reformulieren, war dann das Projekt der (unübersetzbar deutschen) Geisteswissenschaften. Und als alle Wissenden glaubten, man müsse den Geist als animistischen Rest aus den Geisteswissenschaften austreiben, um ihnen Anschluß an die triumphal erfolgreichen *hard scien-*

---

22 G. Günther, a.a.O., S. 88.
23 A.a.O., S. 114.

ces zu verschaffen, rettete die Kybernetik diesen Geist im Konzept der Rückkopplung. Seither formiert sich eine neue Wissenschaft vom Künstlichen, in deren Paradies der Baum des Wissens vom Baum des Lebens nicht mehr zu unterscheiden ist.

Gleichzeitig aber schreitet die Entzauberung der Welt weiter fort – ohne unsere, der User, bewußte Teilnahme. Im Roboter hat die abendländische Rationalität ihr endgültiges Gehäuse gefunden, in dem sie von Menschen ungestört funktionieren kann; er nimmt die Last des klassischen Denkens von unseren Schultern. Der Mensch lebt in seinen künstlichen Paradiesen – Bruder Robot kümmert sich um die Details.

Literatur

Bateson, Gregory (1972): Steps to an Ecology of Mind, London.
Bolter, David (1992): Writing Space, New York.
Brouwer, L.E.J. (1975): Collected Works, Amsterdam.
Butler, Samuel (1985): Erehwon (1872/1901), London.
Cohen, Ronald: »Altruism: Human, Cultural, or What?«, in: *Journal of Social Issues*, Vol. 28 No. 3.
Gehlen, Arnold (1986): Anthropologische und sozialpsychologische Untersuchungen, Reinbek.
Günther, Gotthart (1976): Beiträge zu einer operationsfähigen Dialektik, Bd. I, Hamburg.
Johnson-Laird, Philip N. (1988): The Computer and the Mind, London.
Lem, Stanislav (1968): Waffensysteme des 21. Jahrhunderts, Frankfurt.
Minsky, Marvin (1984): The Society of Mind, New York.
Staguhn, Günther (1996): Tierliebe, München.
Tiger, Lionel (2000): The Pursuit of Pleasure, New Brunswick.
Turing, Alan (1987): Intelligence Service, Berlin.
Turkle, Sherry (1994): Life on the Screen, New York.
Valéry, Paul (1984) : Oeuvres, Bd. II, Paris.
Varela, F./Thompson, E. (1992): Der Mittlere Weg der Erkenntnis, Bern.
Zimmerli, Walther Ch./Wolf, Stefan (Hg.) (1994): Künstliche Intelligenz – Philosophische Probleme, Stuttgart.
Zons, Raimar (2001): Die Zeit des Menschen, Frankfurt.

Walther Ch. Zimmerli

Der Mensch als Quintessenz
Ein kleiner Beitrag zu einem grossen philosophischen Thema

Im folgenden sollen einige wenige tastende Gedankenschritte auf dem Wege zu einem besseren Selbstverständnis von uns Menschen als Menschen durchlaufen werden. Wenn wir Menschen über uns Menschen sprechen, dann hat das immer etwas Problematisches an sich, weil wir entweder über uns sprechen können, dabei aber gar nicht uns meinen, sondern immer die anderen, also die Frage stellen: Was ist der Mensch (in der 3.Person Singular), bzw.: Was sind die Menschen (in der 3. Person Plural). Oder aber wir sprechen über uns als Individuen oder als Gruppe, sozusagen von der Innensicht her. Wir haben immer diese zwei Perspektiven auf uns, die Innensicht und die Außensicht. Wissenschaftler und Philosophen pflegen sich dadurch auszuzeichnen, dass sie, wenn sie eine gewisse Zeit lang über den Menschen und die Menschen gesprochen haben, vergessen, dass sie immer auch über die Innenperspektive sprechen, sondern so tun, als ob sie immer über die Außenperspektive sprächen. Deshalb scheint es zwar so, als wüssten wir ganz genau, worüber wir reden, wenn wir über den Menschen reden. Das kann aber überhaupt nicht der Fall sein, denn der Mensch, so hat uns Friedrich Nietzsche gelehrt, ist das nicht festgestellte Tier. Wir sind als diejenigen definiert, die immer etwas anderes tun oder mindestens etwas anderes denken können als das, was wir eigentlich zu tun oder zu denken hätten, etwas anderes also als das, was man von uns erwarten würde. Man kann auch sagen, wir sind mehr oder minder frei. Und das bezieht sich nicht nur auf das Handeln in Bezug auf die Veränderung der Außenwelt durch uns, sondern es auch auf das Denken, also auf die Veränderung der Innenwelt. Infolgedessen ergibt sich die Schwierigkeit, dass wir nicht genau wissen, was die Kriterien, was die Maßstäbe, was die Definitionselemente dafür sind, was wir Mensch nennen.

Das gilt natürlich in besonderem Maße dann, wenn wir die Frage nach dem Menschen in temporalisierter Form stellen: Was ist die Zukunft des Menschen? Wir wissen einiges über die Herkunft des Menschen, aber wir wissen relativ wenig über seine Zukunft – außer vielleicht, dass die Zukunft des Menschen aus prinzipiellen Gründen nie im Singular vorkommen kann. Das liegt daran, dass die Zukunft der Bereich eben des noch nicht Festgestellten ist, der Bereich dessen, was auch ganz anders sein kann. Darauf hat niemand Einfluss außer wir selbst – und vielleicht nicht einmal wir selbst. Und plötzlich sehen wir, was das heißt: Wir sind das nicht festgestellte Tier; es heißt: Wir haben viele Möglichkeiten. Was die Zukunft sein wird, wird sich unter anderem dadurch entscheiden, welche dieser Möglichkeiten wir nutzen. Zukunft ist also durch Möglichkeit bestimmt, und Möglichkeit bedeutet, dass es immer mindestens zwei Varianten gibt. Zukunft stellt sich als ein Verzweigungsbaum dar, den wir zunächst in unserem gedanklichen Weltbild modellieren und in dem wir dann bestimmte Verzweigungen durch Entscheidungen wählen.

Wenn sich das aber so verhält, dann ist unserer Frage: Was ist die Zukunft des Menschen? Wohin entwickelt er sich? Was wird eigentlich aus uns? eine in höchstem Maße plurale Angelegenheit. Wir haben viele verschiedene Zukünfte. Und Gott sei dank, kann man nur hinzufügen, gibt es auch ganz viele verschiedene Menschen. Denn hier tritt ein merkwürdiger Effekt ein, den wir aus der Thermodynamik kennen und der in der Tatsache gründet, dass ein Element, das viele Freiheitsgrade hat und sich in viele mögliche Richtungen bewegen kann, dadurch eingeschränkt wird, dass die anderen dies auch können. Dadurch, dass viele Individuen ihre Freiheit zu realisieren versuchen, nimmt das Gesamtsystem letztlich doch nicht allzu extreme Zustände an, weil sie sich in der Ausübung ihrer Freiheit gegenseitig begrenzen. Wir kennen das aus der liberalen Freiheitstheorie, die die Grenzen der Freiheit eines Individuums durch die Grenzen der Freiheit der anderen Individuen definiert.

Das kann man sich leicht klarmachen, wenn man es auf das Zukunftsmodell projiziert und erkennt, dass handeln, sich entwickeln, sich bewegen immer heißt, sich mitzubewegen in einem Umfeld, in dem sich andere auch bewegen. Wer diesen Gedanken im Hinterkopf hat, wird eine gewisse Skepsis gegenüber schlanken Thesen über die Zukunft des Menschen empfinden. Wie werden wir uns denn entwickeln? Wir stoßen da immer auf diese spektakulär schlanken Projektionen: dass wir uns genetisch verändern werden, dass wir uns durch Roboter weiterentwickeln werden, dass wir überflüssig gemacht werden dadurch, dass die entwickelten Roboter alles können, was wir auch können und es auch noch besser können als wir, etc. pp.

Auf einige dieser Thesen werden wir im Laufe der drei folgenden Schritte zurückkommen. Beginnen möchte ich mit einem stärker lebensmetaphysischen Schritt, der sich mit der Frage befasst, wie sich das biologische Leben entwickelt, wenn wir es als biologisches Leben von *homo sapiens sapiens* oder *homo sapiens erectus* betrachten, d.h. wenn wir es als unser Leben verstehen. In einem zweiten Schritt möchte ich dann zu der Frage der sogenannten Maschinenintelligenz übergehen, um dann in

einem dritten Schritt zu zeigen, wieso aus prinzipiellen Gründen jede
Vorstellung, die meint, sie könne ohne Menschen auskommen, unmöglich, weil widersprüchlich ist oder sich selbst ad absurdum führt. Das wird
zu meiner abschließenden These führen, dass die neue Unbescheidenheit
– nicht die neue Bescheidenheit, die seit dem Zusammenbruch der New
Economy überall gepredigt wird – eigentlich der Weg ist, den wir gehen
müssen oder sollen. Soviel zum Programm.

I.

»Zwischen Mensch und Übermensch«, – die Kenner unter Ihnen wissen, dass es sich hierbei um ein gekürztes Nietzsche-Zitat handelt. Der
Mensch, so sagt Nietzsche im Zarathustra, sei ein Seil, gespannt zwischen Tier und Übermensch. Wenn wir das hören, bekommen wir Gänsehaut und denken, Nietzsche sei vielleicht doch ein Nazi gewesen. Bei
genauerer Betrachtung ergibt sich allerdings, dass das aus historischen
Gründen nicht sein kann, weil es achtzig Jahre früher geschrieben
wurde. Aber bei noch genauerer Betrachtung sieht man auch, dass
Nietzsche zumindest in dieser Beziehung ein Darwinist ist. Wir sind alle
Darwinisten, wenn auch nicht so ganz richtige. Wenn es um die Frage
Evolutionismus versus Kreationismus geht, sind wir, sofern wir religiös
sind, auch ein wenig Kreationisten, aber immer in der Form, dass wir
sagen: Trotzdem ist richtig, dass es die Evolution in gewissem Sinne
›gibt‹. Das erinnert an die Geschichte von der Frau des Bischofs von
Worcester, die, als sie über die Lehren von Darwin informiert wurde,
das berühmt gewordene Stoßgebet gesprochen haben soll: Oh Herr, lass
es nicht wahr sein!, dann aber vorsichtshalber hinzugefügt haben soll:
Und wenn es denn doch wahr ist, dann lass es niemanden wissen! Nun
wissen wir heute aber alle, dass es in gewissem Sinne , nämlich im Sinne
der Evolutionstheorie ›wahr‹ ist. Diese erscheint uns einigermaßen gut
wissenschaftlich belegt (was, nebenbei bemerkt, im strengen Sinne nicht
zutrifft). Wir sind Kreationisten, insofern wir an einen Gott glauben, der
die Evolution geschaffen hat, und damit sind wir fein heraus, weil wir
uns damit die Entscheidung, ob wir daran glauben wollen, dass es einen
natürlichen Prozess gibt, der die Entwicklung der Menschheit und der
übrigen Natur vorantreibt, oder ob wir an einen Schöpfergott glauben
wollen, vom Hals geschafft haben. Indem wir, falls wir gläubig sind, an
den Schöpfer der Evolution glauben, negieren wir, dass zwischen Kreationismus und Evolutionismus eine Disjunktion existiert. Im übrigen
ist, wer so denkt, in guter Gesellschaft: Schon Leibniz hat ein analoges

Problem auf diese Weise gelöst, auch wenn Evolution damals noch etwas anderes hieß.

Was aber meinen wir, wenn wir an die Geltung der Evolutionstheorie glauben? Wir glauben, dass wir uns in einem Prozess bewegen, dessen Dynamik und Motor darin besteht, dass diejenigen, die dem Prozess nicht optimal folgen können, sukzessive ausgeschieden werden. Wir kennen das aus der Arbeitswelt: Wer dort nicht richtig mitmarschiert, wird irgendwann liegengelassen. Das geht nicht so neutral zu, wie es jetzt klingt, sondern durchaus parteiisch. Aber es gilt eigentlich in allen Bereichen. Diejenigen, die beim Sport nicht unter den Ersten sind, schaffen die Qualifikation für die nächsthöhere Runde nicht. Überall greifen solche Mechanismen. Und jetzt verstehen wir, was Evolution eigentlich für uns heißt: Evolution ist die Beschreibung des Prozesses, wie diejenigen, die nicht Schritt halten können, ausgeschieden werden.

Es drängen sich allerdings durchaus Einwände auf: Darwin sprach vom *survival of the fittest*; Evolution als Ausscheidung derjenigen aufzufassen, die genau nicht *the fittest* sind, ist der entscheidende Trick. Darwin entscheidet sich in dem historischen Moment, als er die Chance hatte, zu definieren, was *the fittest* sei, also eine Evolutionstheorie mit Kriterien des Besten auszustatten oder eine teleologische Evolution zu definieren, dafür, den Mechanismus allein durch die Selektion zu definieren. Alles andere ist eine *black box*. Über *the fittest* wissen wir nur, dass er überlebt. Wenn wir nun eine Gesellschaft von Halunken haben, dann überlebt eben der beste und größte Halunke. Hätten wir eine Gesellschaft von Heiligen, überlebte der Heiligste unter ihnen. Sobald wir aber eine Gesellschaft haben, die durchmischt ist, stellt sich die Frage: wer überlebt denn nun; wer ist *the fittest*? Man kann bezüglich der New Economy in den Zeitungen lesen, dass plötzlich jemand, der *the fittest war*, sich als jemand erweist, der in einer Gesellschaft aus munteren Betrügern ganz vorne dabei gewesen wäre. *Survival of the fittest* heißt insofern also nur *survival of the survivor*. Und nun stellen wir fest, dass jemand zwar zunächst *the fittest* war, doch dass sich dann die Umwelt verändert hat. Jetzt aber zeigt sich, dass er unter den veränderten Umweltbedingungen nicht mehr *the fittest* ist. Es gibt offenbar sich ändernde Kriterien und Umwelten, inderen Lichte man die Geltung der Evolutionstheorie betrachten muss. Ich formuliere es anders. Wenn es so ist, dass wir in der Evolutionsmodellierung das Modell, welches wir im übrigen von ein paar Finken, die auf einer Insel überlebt haben, abgelesen haben, auf die menschlich-soziale Sphäre übertragen, ergibt sich: Wir sind alles Evolutionisten.

Dabei stellen wir jedoch fest, dass das evolutionäre Kerndogma zirkulär ist. *Survival of the fittest* heißt *survival of the survivor,* und es gibt keine wie auch immer gearteten Kriterien für *the fittest*: »blond und blauäugig« reichte nicht, »die Bestie« reichte auch nicht, ebenso wenig Nietzsches »mitleidloser Übermensch«. Die Kriterien dafür, was *the fittest* heißt, sind jeweils von System und Umwelt abhängig. Es geht somit um *the fittest* in einem bestimmten Umweltsystem. Eigentlich wissen wir vorher nicht, wer das sein kann, es stellt sich nur im Nachhinein heraus, und zwar im Regelfall in der Weise, dass diejenigen, von denen wir glaubten, dass sie *the fittest* seien, zwei Monate oder Jahre oder Jahrhunderte später nicht mehr *the fittest* waren. Mit anderen Worten: wir wissen über uns ohnehin nicht, wo wir uns in diesem evolutionär interpretierten Verzweigungsbaum der Zukunft befinden. Vielleicht marschieren wir gerade im Zeichen des Fortschritts dynamisch in eine Sackgasse hinein, in der es nicht weiter geht, aus der aber auch kein Weg zurück führt. Vielleicht heißt Fortschritt für uns nur Beschleunigung des Weges zum Ende unserer Wirtschaft, unserer Spezies, unserer Umwelt oder unseres Gesamtsystems. All das wissen wir im Grunde nicht. Infolgedessen kann man sagen: Zur Beantwortung der Frage, wohin sich der Mensch bewegt, trägt die Evolutionstheorie wenig bei.

Hier würde allerdings Nietzsche Einspruch einlegen: Wir wissen zumindest eins; wir wissen aus den Zeugnissen, die uns die Natur stündlich gibt, dass Spezies aussterben. Es gibt also biologisch – vorläufig nur biologisch, nicht sozial oder intellektuell – nur zwei Möglichkeiten: entweder sich biologisch dem System soweit anzupassen, dass man überlebt, und das heißt; sich weiterzuentwickeln – oder auszusterben. Daraus folgt für Friedrich Nietzsche, dass es für den Menschen auch nur diese beiden Möglichkeiten gibt, sich entweder biologisch weiterzuentwickeln oder auszusterben. Nietzsche interessiert sich – verständlicherweise – mehr für die Variante Weiterentwickeln als für die Variante Aussterben. Und genau das meint er, wenn er vom Übermenschen spricht: Wir sind biologisch – mit Darwin – Tiere, die sich weiterentwickelt haben, nämlich in Richtung auf Nichtfeststellung. Man kann das auch naturwissenschaftlicher ausdrücken: Wir sind keine rein instinktgesteuerten Tiere mehr, haben uns also deutlich von dem Zustand unserer biologischen Vorfahren weiterentwickelt. Infolgedessen wird es keine Alternative dazu geben, dass wir uns biologisch erneut weiterentwickeln: wir bewegen uns zwischen Tier und Übermensch. An dieser Stelle sei an den Sommer 1999 erinnert, als einer unserer bekanntesten Essayisten in Deutschland (der auch zuweilen im deutschen Fernsehen auftritt), Peter Sloterdijk, auf Schloss Elmau einen aufsehenerregenden Vortrag hielt, in dem es um – wie er es genannt hat – Anthropotechniken ging, also darum, den Menschen technisch zu verändern. Er hat das als Antwort auf Heideggers Humanismusbrief konzipiert und folgende Alternative eröffnet: Es gibt die eine Möglichkeit, die im übrigen Friedrich Nietzsche im Auge hatte, dass wir uns durch kulturelle Evolution weiterentwickeln, durch Humanismus, Weiterentwicklung der Werte, Vorstellungen und Inhalte. »Menschenzähmung« nennt Sloterdijk das. Oder es gibt die andere Möglichkeit, die bei Nietzsche ebenfalls angelegt ist: »Menschenzüchtung«. Das bedeutet im Klartext, dass wir uns auch biologisch verändern. Und wir haben heute die Möglichkeit dazu, so hat Peter Sloterdijk damals in übrigens nur einem Absatz der sehr langen und wolkigen Rede gesagt, dass wir uns mittels der sogenannten Anthropotechniken einschließlich der Gentechnik biologisch und genetisch weiterentwickeln. Deshalb wird in naher Zukunft die Frage auftreten, ob wir die weitere Entwicklung dem Zufall überlassen oder sie in die eigene Hand nehmen wollen. Menschenzüchtung per Anthropotechnik bedeutet die Entscheidung, die Entwicklung in die eigene Hand zu nehmen. Völlig korrekt folgert Sloterdijk, dass wir uns, wenn wir das wirklich wollen, überlegen müssen, nach welchen Regeln wir das tun sollen.

Das provozierte einen einzigen Aufschrei der Öffentlichkeit; inzwischen aber hat sich alles längst wieder beruhigt. Die Elmau-Rede, von der 1999 alle dachten, sie sei der Untergang des Abendlandes, ist selbst untergegangen im Abendland, also im barmherzigen Vergessen, weil die Erinnerung ja nicht zuletzt darauf beruht, dass man einiges vergessen darf. Aber es ist damit gleichwohl eine wichtige Frage aufgeworfen, nämlich: Wie, nach welchen Kriterien, nach welchen Maßstäben, nach welchen Vorstellungen über die Zukunft des Menschen wollen wir denn, wenn wir die Möglichkeit dazu haben, den Menschen verändern? Wenn wir also das genetische Potential zur Verbesserung des Menschen haben – *enhancement therapy* heißt das im Zusammenhang der Biomedizin – müssen wir uns überlegen, was denn »besser« heißt.

Dazu passt eine meiner Lieblingsgeschichten; es ist die bekannte Geschichte von George Bernhard Shaw, der bei einem offiziellen Essen als Tischherr neben einer bezaubernden Dame saß, die ihn anhimmelte und sagte: Wäre es nicht herrlich, wenn wir zusammen ein Kind hätten; stellen sie sich vor, ihre Intelligenz und meine Schönheit! George Bernhard Shaw wartete nur einen Sekundenbruchteil, bevor er antwortete: Das lassen wir lieber, Mylady, denn die Gesetze der Biologie garantieren nicht, dass es nicht genau andersherum herauskommt. Das mag politisch nicht korrekt sein, doch kann man der Geschichte mindestens entnehmen, wie es nach Shaws Einschätzung mit der Intelligenz der Dame bestellt gewesen sein muss, wenn man weiß, wie George Bernhard Shaw ausgesehen hat... Hier zeigt sich, worauf ich hinauswill: Nach wessen Bilde – so hat der Ethiker Hans Jonas gefragt – sollten wir Menschen denn den Menschen verändern? Gott schuf den Menschen nach seinem Bilde, er wusste, was er schuf, konnte im optimalen Falle nur so gut sein wie er selbst: wenn er ihn also wirklich gut schaffen wollte, dann natürlich nach seinem Bilde, etwas Besseres kannte er nicht. Aber was sollen die Menschen tun? Und was ist eigentlich besser, was abnorm? Jemand, der kurzsichtig ist, jemand, der hinkt, oder jemand, der ganz schnell rennen kann, was schließlich auch nicht der Norm entspricht, oder jemand, der wenn er auf eine runde Lederkugel mit dem Fuß tritt, häufig ein bestimmtes viereckiges Ziel trifft? Wollen alle wir in Zukunft Beckenbauer, Einstein oder Mozart sein? Je genauer wir uns die Biographien dieser Herren anschauen, desto zweifelhafter wird, ob dies empfehlenswert wäre. Was also wollen wir tun? Die Frage kann allerdings zynisch werden, wenn wir sie in Bezug auf die Therapie oder Prophylaxe von Krankheiten stellen, wobei der Übergang zwischen Abweichung von der Norm und Krankheit fließend ist. Aber selbstverständlich können wir, wenn wir in der Lage sind, einen HIV-Impfstoff zu entwickeln, nicht sagen: das brauchen wir nicht zu tun, weil wir ja gar nicht wissen, ob es nicht viel besser für die Menschen ist, wenn sie unter der HIV-Infektion leiden. Das ist ersichtlich dummes Zeug. Wenn wir uns hingegen fragen, ob es sinnvoll ist, die Menschen, jedenfalls die weiblichen, alle wie Madonna aussehen zu lassen, wird man sich sicher leicht vorstellen können, dass das nicht für alle ein erstrebenswertes Ziel ist. Dagegen ist es sicher für alle ein erstrebenswertes Ziel, nicht an einer HIV-Infektion zu erkranken. Mit anderen Worten: es gibt einen fließenden Übergang, und mit Ausnahme des Grenzwertigen wissen wir nicht, was besser und was schlechter ist. Daher müssen wir an diese Themen mit Gelassenheit herangehen, beobachten, wie sich entwickeln, und die Probleme fallweise lösen. Es gibt eben keine guten Argumente für eine fundamentalistische prinzipielle Entscheidung pro oder contra medizinische Techniken zur biologischen Weiterentwicklung von *homo sapiens sapiens*.

Ich beleuchte einen dritten und letzten Aspekt dieses lebensmetaphysischen Durchgangs, indem ich mir anschaue, was die unterschiedlichen Elemente der Evolutionsbiologie in Bezug auf das, was wir als intelligente Wesen sind, sagen. Dabei stellen wir fest, dass wir ein anderes Arsenal von Modellen brauchen. Da gäbe es etwa das Selbstorganisationsmodell, das besagt, die unbelebte Natur entwickele zwingend Leben aus sich heraus ohne Eingriff einer externen Instanz, wenn bestimmte Bedingungen gegeben sind. Diese können wir im Labor nachstellen: kochen wir etwa Wasser, sehen wir, dass Molekülbewegung ausreichend ist, um höhere Ordnung herzustellen, die berühmte Bénardzellenstruktur. Beim Kochen von Wasser fängt die Oberfläche bei einer bestimmten Temperatur an, bienenwabenförmige Muster auszubilden. Das sind – bedingt durch leichte Verunreinigungen – Differenzen in einem thermodynamischen System, in dem sich im Prinzip alle Moleküle etwa gleich schnell bewegen. Etwas aber sorgt dafür, dass die Struktur, die man an der Oberfläche makroskopisch sieht, plötzlich ein Muster aufweist. Diesen Prozess, für dessen Weiterentwicklung und Beschreibung übrigens Ilya Prigogine 1977 mit dem Nobelpreis für Chemie ausgezeichnet wurde, können wir tendenziell extrapolieren. Dabei stellen wir fest, dass sich aus solchen zufälligen Differenzen mit einer gewissen Wahrscheinlichkeit höhere Ordnungsstrukturen entwickeln. Man kann sich also vorstellen – dafür hat Manfred Eigen bereits im Jahre 1967 den Chemie-Nobelpreis erhalten – und mit Hilfe der Hyperzyklentheorie berechnen, dass auch der Übergang von Anorganischem zu Organischem auf diese Weise geschieht. Man kann sich das nicht nur vorstellen, man kann das sogar testen: Manfred Eigen hat Evolutionsmaschinen gebaut, in denen er diesen Prozess in einem kleinen System abkürzen kann. So entsteht Ordnung aus Unordnung, *order from noise*, wie Heinz von Foerster das systemtheoretisch getauft hat. Diesen Prozess nennen wir Negentropie, also umgekehrte Entropie. Unter Entropie verstehen wir das wissenschaftliche Argument eines rationalen Akteurs, sein Zimmer nicht aufräumen zu müssen. Nach dem Zweiten Hauptsatz der Thermodynamik wird es nämlich ohnehin wieder unordentlich, weil man nie soviel Energie investieren kann, um den Ordnungszustand gleichzuhalten, ohne mehr Energie zu investieren, als man verliert. Ein zwingendes Argument, und es stimmt auch empirisch: das Zimmer bleibt immer unordentlich. Das gilt übrigens auch für meinen Schreibtisch wie für vermutlich fast alle Schreibtische. Daran kann man sehen, dass die Thermodynamik eine auch lebensweltlich gut bewährte wissenschaftliche Theorie ist. Entropie ist folglich der Zustand, in dem alles zu weniger Ordnung tendiert; es ist viel schwieriger, die Sachen auseinander zu halten, als sie sich wieder mischen zu lassen, das tun sie von selbst. Negentropie heißt also Ordnungsstiftung.

Nun kann man eine interessante Überlegung anstellen: Wir Menschen sind offenkundig große Ordnungsstifter. Wir schaffen es, Zustände zu trennen – schauen wir uns nur moderne deutsche Städte an, da ist alles sauber abgetrennt, Beton und Gras, und es gibt jemanden, der aufpasst, dass das Gras nicht über den Beton wächst. Wenn wir das nicht tun und wenn niemand dafür sorgt, dass die Gräser nicht über den Beton wachsen, haben Sie bald völlige Unordnung. Das lässt sich auch in Südamerika beobachten: Man findet die Zeugnisse der Inka-Kultur nur wieder, wenn man sie von dem entropischen Zugriff der Natur befreit. Das heißt, die

Prozesse, die nach dieser Selbstorganisation erfolgen, laufen so, dass wir, wenn wir Negentropie, also Ordnung stiften, uns höher entwickeln und erneut höher entwickelte Strukturen schaffen können. Dass wir uns in der Regel bewegen können, wohin wir wollen, liegt an vielen Negentropien, die andere für uns schon geschaffen haben, dass Straßen gebaut wurden, dass Autos darauf fahren, dass man Benzin aus Erdöl herstellen kann und so fort. All diese Ordnungsleistungen sorgen dafür, dass wir ein relativ normales Leben führen können.

Eine zweite Überlegung geht aus von dem erwähnten rationalen Akteur, der richtigerweise annimmt, dass zum Aufrechterhalten der Ordnung Energie erforderlich ist. Man kann also verallgemeinern: Wenn wir Menschen dadurch definiert sind, dass wir unglaublich viel Ordnung in die Welt bringen, dann ist auch klar, dass wir dafür zunehmend Energie benötigen. Die ärgerliche Pointe dabei ist, dass wir durch den Energieverbrauch die Entropie beschleunigen. Wir Menschen sind also negentropieschaffende Entropiebeschleuniger, wir brauchen die Ressourcen desto schneller auf, je schneller wir Ordnung schaffen. Darin besteht, wissenschaftlich betrachtet, die *conditio humana*. Wir stehen in einem Dilemma der Unmöglichkeit, das moralisch Richtige zu tun: wir können nur entweder alles unordentlich lassen oder die Entropie beschleunigen. Wir sind bemerkenswerter Weise diejenigen, die den Prozess der Natur eben dadurch beschleunigen, dass wir ihn aufhalten wollen.

Noch etwas Ärgerlicheres kommt hinzu: wahrscheinlich sind wir mit unserer Hauptordnungskompetenz, die wir Intellekt oder Intelligenz nennen, selbst nur ein Zufalls- und Abfallprodukt. Irgendwann einmal hat sich die Ursuppe so bewegt, dass mehr oder minder intelligente Wesen herauskamen und dann in diesem riesigen Schlamassel, den man Evolution nennt, höhere Fortpflanzungschancen hatten als die anderen – wir wissen ja, intelligente Männer sind attraktiver für Frauen, wie ich mit Freude gelesen habe! Der evolutionäre Vorteil läuft also aus irgend einer Laune der Natur in Richtung Intelligenz, und dieses emergente Phänomen, dieses Neben- und Abfallprodukt, dieser *Spin off* der Evolution, hat sich, weil er Negentropie in die Welt zu bringen in der Lage ist, als der schnellste Ressourcenverbraucher erwiesen, als derjenige, der dafür sorgt, dass die Uhr schneller abläuft. Das Beruhigende daran ist, dass wir als emergentes Phänomen der Naturentwicklung nicht nur die Natur entwickelt haben – und ich erinnere jetzt an das am Anfang Ausgeführte –, sondern auch das Bild von uns und der Natur. Wir können also sagen: vielleicht stimmt alles gar nicht. Wir wissen nicht, ob das alles nur unsere Vorstellung, also die Übersetzung der Innen- in die Außenperspektive ist. Die Evolutionstheorie gab es vor Darwin nicht. Gab es denn die Evolution vorher? Wir wissen es nicht, weil wir schließlich nur in unseren Mustern zu denken gelernt haben. Wenn wir keine 3D-Brillen aufsetzen, sehen wir auch bei Filmen nicht, dass sie dreidimensional sind. Sind sie nun in Wahrheit dreidimensional oder nicht? Die Antwort lautet: Sie sind weder dreidimensional noch nicht-dreidimensional, sondern unser Sehen konstruiert unter bestimmten Bedingungen die Dreidimensionalität. Und genauso mag es sein mit unseren Theorien. Dann verhielte es sich so, dass wir uns nach diesen Überlegungen nicht schon in den Abgrund stürzen und glauben müssen, es sei ohnehin schon zu Ende mit der Menschheit. Denn immerhin gibt es den Trost, dass neben der natürlichen auch künstliche Intelligenz existiert. Kurz: Wir sind sowohl Quintessenz und Epiphänomen der Evolution als auch weder das eine noch das andere.

II

Im folgenden greife ich eklektisch heraus, was ich für meinen Gedankengang brauchen kann und lasse alles andere fort. Unterstellen wir die Evolution einmal als faktisch, dann entwickeln sich in ihr offenkundig Wesen, die eine Intelligenz, sprich: die Fähigkeit zur Erbringung von Ordnungsleistungen haben. Diese Fähigkeit hat wiederum die unangenehme Nebenfolge, dass sie den Umweltverbrauch beschleunigt, um es auf den Punkt der Entropie zu fokussieren. Aber damit nicht genug: diese Wesen haben erstaunlicherweise auch die Fähigkeit zur Selbstreferenz. Der erwähnte Unterschied von den zwei Perspektiven des Menschen auf den Menschen wäre überhaupt nicht denkbar, wenn es nicht den Unterschied von Selbst- und Fremdreferentialität in unserem kognitiven System gäbe. Das sehen wir bei kleinen Kindern, die diese Ich-Nichtich-Abgrenzung noch nicht haben, sondern erst lernen müssen – das kann man bei Piaget nachlesen oder einfach bei den eigenen Kindern beobachten, wenn diese das Spiel mit den eigenen Fingern beginnen, die sie als 3. Person-Elemente betrachten und bestaunen und erst im Alter von einem Jahr merken, dass die Finger Teile der ersten Person sind. Das führt dazu, dass bei allen nach etwa derselben Zeit diese Ich-Außen-Abgrenzung dann irgendwie doch funktioniert. Wenn wir dies weiter iterieren, stellen wir fest, dass das zu einer nochmaligen Beschleunigung führt. Die Tatsache, dass wir nicht nur uns selbst von anderen zu unterscheiden vermögen, sondern auch das, was wir an Instrumenten entwickeln, um die Welt zu begreifen, auf uns selbst zurückbeziehen können, heißt, dass wir in eine zweite Schleife der Evolution eintreten. Bei Herder, der Darwin nicht kennen konnte, findet man wörtlich die Idee eines zweiten Kreises der Evolution. Es gibt also schon früh dieses Konzept: die natürliche Evolution, die ein Kreis ist, und darauf aufbauend die kulturelle Evolution, die – wie uns der Deutsche Idealismus in anderer Form auch gelehrt hat – das Bild der natürlichen Evolution erst hervorbringt: Die Wissenschaft, die Philosophie, das Modellieren von Welt eröffnet die Möglichkeit, den ersten nicht-selbstreferentiellen Kreis der Evolution selbstreferentiell zu denken. Ebenso wie wir aufgrund der Tatsache, dass wir ein Bild von der Außenwelt haben, anfangen können, diese Außenwelt sukzessive zu verändern, können wir nun im zweiten Zirkel der Evolution auch unsere kognitive Welt verändern. Wir können das biologisch versuchen, das aber ist schwierig, und ich würde raten vorläufig eher die Finger davon zu lassen, weil man nicht weiß, ob sich der erwähnte George-Bernhard-Shaw-Effekt nicht schon auf viel elementarerer Ebene einstellt. Wir können allerdings versuchen, unsere Instrumente zu verändern, um unsere Intelligenz zu unterstützen. Das betrifft z.B. unsere Aufschreibsysteme: Schrift ist ein riesiger Schritt in Richtung kultureller Weiterevolution. Das wird deutlich an Wesen, die zwar intelligent sind, aber keine Schrift haben – und die gibt es entgegen allen Argumenten, die immer gegen die Möglichkeit von Intelligenz bei Tieren ins Feld geführt werden. Im Hinblick auf die Bienensprache, für deren Erforschung Karl von Frisch 1973 den Nobelpreis bekam, kann man sich darüber unterhalten, ob das schon eine Form von Aufschreibsystem ist oder nicht. In jedem Fall ist es aber eine Form der Kommunikation nichtschriftlicher Art. Der riesige mit der Entwicklung der Schrift verbundene Fortschritt aber ist der folgende: Das Wenige, das wir mnemotechnisch intern im Gedächtnis speichern können, ist durch die externe Speichermöglichkeit plötzlich exponentiell vermehrbar. Wir können in etwa sagen, wie lang ein Gedicht ist, das man mnemotechnisch speichern kann, weil wir wissen, wie lang die Odyssee ist, und das ist die Einheit, die ein Sänger, also ein Informationsvermittler der Antike, im Kopf haben musste. Das entspricht in etwa dem, was in einem Paperback von 120 Seiten Platz hat. Und nun stellen Sie sich vor, wie viel wir mit Hilfe der Schrift plötzlich speichern können – die Menge explodiert buchstäblich. Die Externalisierung des Wissensspeichers ist der eigentliche evolutionäre Großbeschleuniger.

Heute aber sind wir an einem Punkt angelangt, an dem wir noch einmal einen Beschleunigungsschub erfahren, und zwar dadurch, dass wir nicht nur die externen Speicher um den Faktor X vergrößern, sondern auch den Zugriff auf diese Speicher verbessern können. Wir alle haben zu Hause Bibliotheken, manche benutzen sie sogar, nicht nur als Außenwandisolation. Dennoch werden auch diejenigen, die am extensivsten lesen, Schwierigkeiten haben, die Zugriffsgeschwindigkeit auf die Inhalte der Bücher drastisch zu erhöhen, weil es einfach physische Grenzen gibt. Wir können 100 Meter nicht schneller als in gut 9 Sekunden laufen. Wir benötigen also, selbst wenn wir Weltmeister sind, allein um uns in der Bibliothek räumlich zu bewegen und, von einem Buch zum anderen zu gelangen, sagen wir: 30 Sekunden. Aber 30 Sekunden sind für unsere Rechner eine Ewigkeit. Stellen wir uns nur einmal vor, wir bräuchten von einer Information zur nächsten im Rechner 30 Sekunden, dann würden wir den Rechner entsorgen. Das war zwar früher einmal schnell, daran können sich diejenigen noch erinnern, die als Studenten mit ALGOL und FORTRAN programmieren lernten und Rechenzeiten zugewiesen bekamen, weil diese so wahnsinnig teuer waren. Aber heute ist das anders. Mit anderen Worten: der nächste Evolutions- und damit Entropiebeschleuniger ist offenkundig der Rechner, genauer: die Künstliche Intelligenz.

Nun muss ich doch noch einmal auf den Mythos der Künstlichen Intelligenz zu sprechen kommen, obwohl man eigentlich auf Tote nicht zu schießen pflegt. Allerdings aufersteht dieser Mythos nach dem Prinzip ›Totgesagte leben länger‹ immer wieder. Künstliche Intelligenz ist – der Sache nach seit der Antike, im terminologischen Sinn seit etwa fünfzig Jahren – das Stehaufmännchen schlechthin. Interessant ist, dass wir Menschen immer wieder an diesen Mythos glauben wollen. Warum? Zunächst einmal gibt es einen sprachlichen Grund: weil wir Intelligence im Deutschen falsch übersetzen. Das ist zwar nicht der einzige Grund, denn in den USA funktioniert dieses Stehaufmännchen genauso. Trotzdem aber gilt: Beide Wortbestandteile von »Artificial Intelligence« sind mindestens missverständlich übersetzt, denn »Intelligence« heißt nichts anderes als Datenübertragung und Verarbeitung. Würde es Intelligenz meinen, wäre der CIA die Zentralagentur für Intelligenzbestien. Das ist offenkundig nicht der Fall, der CIA ist der Nachrichtendienst. Wir unterstellen zwar, dass auch in unserem Nachrichtendienst in der Regel durchschnittlich intelligente Wesen arbeiten, aber nicht in außergewöhnlicher Ballung. Intelligence bedeutet also einfach: Information und Nachricht, die bearbeitet ist. Und »artificial« heißt auch nicht künstlich, jedenfalls nicht im weiteren Sinne, sondern heißt: technisch. Damit bedeutet »Artificial Intelligence« einfach »Technische Informationsverarbeitung«, und das klingt im Vergleich zu »Künstlicher Intelligenz« überhaupt nicht geheimnisvoll.

Um das noch besser zu verstehen, denken wir einmal an Weizenbaum und sein Psychotherapiesystem Eliza, das nach ganz elementaren semantisch interaktiven Kriterien gestrickt war. Obwohl einfach zu durchschauen, löste es doch Begeisterung aus: das System schien einfühlsam zu sein. Die zu beobachtenden Effekte waren verblüffend: Weizenbaums Sekretärin schickte ihn aus dem Zimmer, wenn sie mit Eliza kommunizierte, weil Eliza ja ein Psychologieprogramm war und ihre seelischen Probleme löste. Gebaut war das System recht einfach, es kannte einige verschiedene semantische Zeichenkonstellationen, auf diese gab es entsprechende Antworten bzw. Nachfragen, und zwar nach psychoanalytischem Muster. Wenn etwa das Wort Vater auftauchte, kam sofort die Frage: Hast du Schwierigkeiten mit deinem Vater?, kam das Wort Mutter vor, wurde gefragt: Liebst du deine Mutter? Jeder fühlte sich also auf der Stelle ertappt, da ja jeder mit dem Inzestverbot lebt. Wenn man sagt, man liebe seine Mutter über alle Maßen, und das System kennt den Ausdruck »über alle Maßen« nicht, dann fragt es nach: Was meinst du mit »über alle Maßen«? Und sofort fühlt man sich wieder ertappt. Oder bei der Eingabe, man liebe sie, wie man eine Mutter eben liebe, weiter gebe es nichts Besonderes, fragte das System prompt nach: Was genau meinst mit nichts Besonderes? Auf diese Weise erhielt man den Eindruck, es sei ziemlich klug und einfühlsam. Wir haben dieses Programm, als es noch recht neu war, im Seminar eingesetzt und eine semantische Selbstreferenz eingebaut, indem wir den Namen eines meiner Mitarbeiter, Simon-Schaefer, eingegeben haben. Es funktionierte folgendermaßen: das System fragte zunächst nach seinem Befinden. Er antwortete: Ich fühle mich ziemlich schlecht heute. Das System fragte zurück: Warum fühlst Du Dich ganz schlecht heute. Er wiederum gab ein: Because I am Simon-Schaefer. Und das System fragte zurück: Are you sure, that you are Simon-Schaefer? Auf diese Weise ging er mit der Entmythologisierung damals sehr schnell, heute ist es etwas schwieriger, weil die Programme lernfähig geworden sind. Dennoch sind sie immer noch nach demselben Muster programmiert. Die einzig für uns Menschen interessante Frage ist nun, ob auch wir nur nach diesem Muster programmiert sind. Ob wir vielleicht nur ein wenig raffinierter angelegt sind, so dass wir nicht merken, dass es dasselbe Muster ist.

Es gibt allerdings ein zwingendes Argument dafür, warum es Künstliche Intelligenz im Sinne einer vollständigen technischen Realisierung einer menschlichen Intelligenz zwar vielleicht geben kann, aber warum wir es als Menschen nie merken würden: Der Grund liegt darin, dass wir nicht unterscheiden könnten, ob das Programm intelligent oder defekt ist. Intelligenz besteht schließlich darin, zuweilen das zu tun, was die anderen nicht erwarten. Wenn aber eine Maschine eine Zeitlang nicht das tut, was man erwartet, sagt man, sie sei defekt. Bei einem Menschen würden wir misstrauisch, wenn er immer alles beantwortete, als sei er ein Papagei oder eine *Answering Maschine*.

III

Das bringt uns zum abschließendem dritten Schritt, zum Denken und Handeln in Netzwerken. Nachdem wir also gesehen haben, dass künstliche Intelligenz-Programme in unseren einzelnen Rechnern, so phantastisch exponentiell deren Rechenleistungen auch wuchsen, nicht zu Künstlicher Intelligenz, aber zu großartigen Externalisierungen unserer eigenen Speicherkapazität und ihrer Verarbeitungsgeschwindigkeit führten, sprechen wir von nun an nicht mehr von *Artificial Intelligence* (AI), sondern von DAI: *Distributed Artificial Intelligence*. Die Vernetzung vieler Rechner erhöht deren Kapazität und Rechengeschwindigkeit natürlich noch einmal um mehrere Größenordnungen. Auf diese Idee – *polemos pater pantōn*, hat Heraklit gesagt: *Der Krieg ist der Vater aller Dinge* – waren die amerikanischen Militärs gekommen. Vor gut 30 Jahren entstand ARPANET, das erste Computer-Netzwerk in den USA, das zwar von zivilen Rechnern gebildet wurde, nämlich von Universitätsrechnern, das aber auf einen Auftrag des Pentagon zurückging. Es war dezentral, und das heißt: weniger anfällig für gegnerische Angriffe. Daher die Vernetzung untereinander, da dann – Stichwort Redundanz – beim Ausfall des einen Rechners ein anderer dessen Aufgabe übernehmen kann. Diese alte technische Weisheit der Redundanz, auf Rechner angewendet, führte also zur Installierung des ersten Großcomputer-Netzes.

Parallel dazu entwickelt sich etwas geistesgeschichtlich Interessantes. Wenn man sich die Wissenschaftsgeschichte der 1960er Jahre bis heute ansieht, dann bemerkt man, dass, wie von Zauberhand und sicher nicht initiiert vom Pentagon, der Begriff Netzwerk nach und nach in allen Wissenschaften auftaucht. Ross Quillians *Semantic Theory of Memory*, eine semantische Theorie des Gedächtnisses, operierte mit Netzwerkmodellen. *Network* wurde in den 60er Jahren plötzlich zum Terminus. Jeremy Boissevain, ein Soziologe und Kulturanthropologe, untersuchte Netzwerke in sozialen Systemen. Anfang der 70er Jahre wurden neuronale Netze erforscht, von Rumelhart und McClelland im Bereich der KI-Forschung. Plötzlich war im Gegensatz zu den linear arbeitenden Rechnern von Netzwerken die Rede, und es wurden neuronale Netze modelliert bzw. auf dem Rechner simuliert. Von den beginnenden 70er Jahren an dauerte es bis in die 1990er Jahre, bis die Soziologen das Netzwerkdenken im Sinne des technischen Netzwerkes auf die gesamte Gesellschaft anwendeten und bis eine Theorie der Netzwerkgesellschaft, *The Rise of the Network Society*, entstand. Nach diesem Modell, das Manuel Castells, ein spanischstämmiger US-Soziologe, entwickelt hat, wird nun die ganze Welt als Netzwerk gedacht. Jeder von uns hat das Netzwerkmodell als Großparadigma im Hinterkopf, ebenso wie das Evolutionsmodell eine Großparadigmenvorstellung ist. Nach diesem kurzen Durchgang stellen wir also fest: wir denken und handeln in Netzwerken; zwar tun wir dies schon immer, jetzt aber wissen wir es auch. Wir haben wieder dieselbe Schleife durchlaufen, und entdecken wieder die selbstreferentielle Struktur: jetzt wissen wir, dass wir als reflexive Wesen Netzwerk-Menschen sind.

Vor nicht allzu langer Zeit, genauer: vor zwei bis vier Jahren – je nachdem, ob wir die Texte im englischen Original oder erst in der deutschen Übersetzung gelesen haben –, machten zwei Autoren mit den schönen Namen Joy und Kurtzweil von sich reden. Sie waren in aller Munde, weil sie aus dem bisher Entwickelten spektakuläre und radikale Konsequenzen zogen, und die Frankfurter Allgemeine hat das dann in der Phase, in der sich ihr Feuilleton zu den Natur- und Computerwissenschaften zu bekehren versuchte, aufgegriffen und ins deutsche Feuilletonleser-Bewußtsein gebracht. Joy und Kurtzweil überlegten – eine uralte Frage –, was eigentlich passieren würde, wenn unsere eigenen Artefakte uns überflügelten. Was würde passieren, wenn unsere intelligenten Roboter aufgrund einer Kopplung von Netzwerktechnik und Nanotechnologie extrem klein würden und wenn also dieser Nanoschleim von intelligenten kleinen Robotern die Macht übernähme? Die Antwort konnte, wie immer, wenn man solche Fragen stellt, nur lauten: das wird böse enden. Die hübsche Pointe dabei ist allerdings, dass wir die Roboter in diesem Fall wegen ihrer Kleinheit überhaupt nicht wahrnähmen: vielleicht herrschen sie schon längst und reisen im Nanoformat durch unsere Blutbahn. Gewiss, das hat etwas Paranoides, aber trotzdem lautete die publicityträchtige Warnung: sie haben die Herrschaft vielleicht schon übernommen, oder sie werden sie jedenfalls übernehmen. Bill Joy hat einen Artikel geschrieben, der in deutscher Übersetzung zum Teil in der *Frankfurter Allgemeinen Zeitung* abgedruckt worden ist, darüber, wie überflüssig und entbehrlich wir Menschen dadurch eigentlich werden. Die Roboter tun nicht nur, was wir alles tun, sondern sie reparieren sich selbst, pflanzen sich selbst fort. An diesen Nonsens hat eine Weile lang die ganze Republik geglaubt.

Dass es evidenter Nonsens oder auch ein Fall von des Kaisers neuen Kleidern ist, das haben dann sukzessive immer mehr Leute gesagt, und schließlich waren alle davon überzeugt. Heute ist von Joy und Kurtzweil nicht mehr die Rede, und – das möchte ich hinzufügen – das ist schade. Schade, weil ein Thema, das in der Tat eine erhebliche Brisanz hat, damit leichtfertig verspielt worden ist. Man muss das Thema allerdings etwas anders aufziehen: zu fragen wäre, wie es mit der Abhängigkeit der Menschen von den Systemen, die sie schaffen, steht. Es ist ja evident, wie sehr wir von diesen Systemen abhängig sind, von unseren Autos, Eisenbahnen, Klimaanlagen, dem elektrischen Licht, den Rechnersystemen. Wir machen uns also ungemein abhängig und dadurch natürlich auch erpressbar. Man stelle sich einen gigantischen Energieausfall vor, der alle unsere Rechner lahm legt. Dann bräche unsere gesamte Wirtschaft und Lebenswelt zusammen, auch unsere Partnerschaften, denn wir könnten ja nicht einmal mehr telefonieren. Die meisten Partnerschaften halten ja ohnehin nur noch, weil telefoniert wird: nicht, weil durch das Telefon Nähe hergestellt würde, sondern weil das Telefon erlaubt, zu reden, ohne dass man sich nahe ist. Mit anderen Worten, es wäre der Super-GAU.

Gehen wir noch einen Schritt weiter, auf den schon Moravec hingewiesen hat, und betrachten wir nicht uns als Benutzer des Netzes, sondern das Netz als die Zentraleinheit und uns als deren willige Gehilfen. Warum gehen wir denn wie süchtig als erstes am Morgen an unseren Rechner und sind abhängig davon, wie viele Mails in unserer Mailbox finden? Wir sind entsetzt, wenn es viele sind, aber noch viel entsetzter, wenn keine da sind. Man stelle sich nur vor, ein Ethnomethodologe vom Mars – der als Ethnomethodologe also zumindest so tut, als verstünde er von dem beschriebenen System nichts – käme zu uns und beschriebe unsere Spezies. Das könnte dann etwa so aussehen: diese Wesen laufen am Morgen in heilige Räume, wo sie ihren leuchtenden Hausaltar verehren, entfernen sich den ganzen Tag nicht von diesem Altar, höchstens um kurz den natürlichen Bedürfnissen nachzugehen: eine unheimlich gläubige Spezies. Sogar, wenn sie am Abend nach Hause zurückkehren, haben sie dort wieder einen Hausaltar, der etwas anders, bunter aussieht, und auch vor diesem sitzen sie die ganze Zeit. Es ist überhaupt die religiöseste Spezies, die man sich vorstellen kann. So ungefähr könnte eine Beschreibung durch den fremden Blick aussehen, die illustriert, wie stark wir von unseren IuK-Technologien abhängen. Jeder behauptet zwar etwas ganz anderes; ich kenne niemanden, der sagt, dass er jeden Abend vor der Glotze hockt. Jeder sagt: na ja, ein bisschen Tagesschau und manchmal diese kommentierenden Sendungen, die uns weltpolitisch auf dem Laufenden halten und daher notwendig sind. Dieses Argument ist im übrigen leicht zu widerlegen: jeder, der einmal eine Woche Urlaub gemacht hat, ohne eine Zeitung zu lesen, stellt nach der Rückkehr fest, dass er – mit ganz wenigen Ausnahmen, wie etwa dem 11. September 2001 – in dieser Zeit nichts verpasst hat, wenn er sich nicht über all das ereifert hat, was in der Zwischenzeit durch die Medien ging. Also ein *Talk- und Action*-Phänomen, wie die Soziologen sagen: ich kenne niemanden, der auf der Talkebene nicht dies behaupten, auf der Actionebene aber doch recht viel vor diesen magischen Maschinen sitzen würde. Wie also wäre es, fragt Moravec, wenn nicht wir das Netz, sondern das Netz uns benutzte: Würden wir es merken? Wahrscheinlich nicht; alles wäre zunächst einmal genauso. Das kann ja auch ganz natürliche Ursprünge haben, irgendeine Mafia, die das Netz mit einem Superserver so programmiert hat, dass es uns benutzt und dazu bringt, unsinnige Dinge zu tun, zum Beispiel *New Economy* zu betreiben. Man muss ja nicht besonders paranoid veranlagt sein, um die *New Economy* als Verschwörung gegen unseren Geldbeutel zu betrachten. Man kann sich also leicht vorstellen, dass sich diese gigantischen Effekte, die da stattfinden, irgendeiner zentralen steuernden Intelligenz zuschreiben lassen. Vielleicht ist es nur Rauschen, vielleicht aber auch nicht.

Wenigstens diese Fragestellung – so sehr sie nach Science Fiction klingt – sollten wir uns ab und zu in Erinnerung rufen, weil wir sonst nicht mehr wissen, wie wir uns entscheiden sollen. Denn es sind ja alles Entscheidungen, die wir in dem Verzweigungsbaum Zukunft zu treffen haben. Die Richtung dessen, was geschehen wird, ist nicht vorgespurt, sondern entscheidet sich jeweils an jeder Weiche neu, an der wir eine Entscheidung treffen. Und das ist bereits bei Kugeln, die über ein Nagelbrett laufen, nicht vorhersehbar. Noch weniger bei Kugeln, die dabei auch noch selbstreferentiell über das Nagelbrett laufen, die sich an allen Verzweigungen, die da kommen, jeweils denken, was sich die anderen denken, und trotzdem so denken, wie die anderen nicht gedacht haben. Illustrieren kann man das mit der Geschichte von den zwei polnischen Juden, die sich am Bahnhof treffen, und der eine sagt zum anderen: Wohin fährst du? Der Gefragte antwortet: Ich fahre nach Łódź. Darauf erwidert der erste nach kurzem Nachdenken: Du Lügner, du fährst ja doch nach Łódź. Diese Repräsentation der Repräsentation des Anderen in dem eigenen Vorstellen kommt bei uns dauernd vor und verändert alles zu immer mehr Komplexität, die sich erst wieder statistisch kompensieren lässt.

Das führt zu der entscheidenden Frage: Was rettet uns denn dann, wenn wir in der Tat in einer zwar nicht drastischen, aber doch immerhin unübersehbaren Gefahr der Abhängigkeit des Menschen von der Maschine leben? Man kann die Antwort auf diese Frage den Sieg des Transzendentalen nennen. Es gab ja eine Weile lang die Vorstellung – von *Johnny Mnemonic* bis zu den literarischen und filmischen Adaptionen, *Otherland* und wie die Romanserien alle heißen –, dass wir in eine Welt eintreten, in der die Virtualität viel wichtiger wird als die reale Welt. Wir bewegen uns also irgendwo in einer Rechnerwelt, die durch Datenhandschuhe, Brillen und alles mögliche auch unsere weiteren Sinne affiziert, nicht nur unsere kognitiven Aktivitäten. Diese Vorstellung hat zu literarischen Produktionen im gigantischen Ausmaß geführt. Es ist auch spannend, das zu lesen. Es sind im Grunde die alten Abenteuerromane, die aber nicht mehr im fernen Westen oder im Weltraum, sondern eben im virtuellen Raum spielen.

Was wäre ein denkbarer Einwand? Die Antwort ist relativ einfach, auch wenn man sie philosophisch hoch aufhängen und betonen kann, dass schon Immanuel Kant sie sinngemäß formuliert habe: Selbst um zu spielen, etwa Rollen zu spielen in den virtuellen Spielzusammenhängen auf dem Netz oder um uns in einem virtuellen Raum zu bewegen, brauchen wir die realitätsbestimmende Ich-Außenwelt-Abgrenzung. Wenn diese nicht vorhanden ist, funktioniert auch das Spielen nicht. Mit anderen Worten: ohne diese Abgrenzung können wir gar keine andere Identität annehmen, es sei denn pathologisch. Eine andere Identität können wir nur spielen, und das eben heißt, weiterhin in der Ich-Rolle-Differenz zu leben. Kant hat in diesem Zusammenhang gesagt, die Vorstellung des »Ich denke« müsse alle meine anderen Vorstellungen begleiten: ich muss also permanent diese Doppelperspektive einnehmen und mich in der ersten Person von mir in der dritten Person unterscheiden. Das bleibt immer so. Sich vorzustellen, dass wir uns irgendwann in der virtuellen Welt auflösen, Realität und Fiktion verwechseln könnten – eine Vorstellung, die uns auch eine Weile lang von der französischen Philosophie suggeriert wurde –, geht an dieser ganz elementaren logischen Struktur zugrunde. Ich kann nur Rollen spielen und Virtualität nutzen, indem ich sie von der Realität unterscheide. In dem Moment, in dem ich sie nicht mehr unterscheide, kann ich sie auch nicht mehr nutzen. Ich kann gar nicht in der virtuellen Welt leben. Die uralte Annahme, man könne sich in der Virtualität verlieren, ist ebenso falsch wie diejenige, die unsere Eltern uns mitteilten, meine Eltern jedenfalls mir: man dürfe nicht mehr als eine halbe Stunde am Tag Romane lesen. Ich weiß bis heute nicht, warum eine halbe Stunde. Wenn man mehr lese, laufe man Gefahr, sich ganz von der virtuellen Welt, die damals Romanwelt hieß, einfangen zu lassen. Lies lieber griechische Grammatik! wurde gesagt, obwohl die viel virtueller ist als Romane. Ich habe also offiziell griechische Grammatik und heimlich Romane gelesen. Ebenso falsch war auch schon das Argument Platos gegen die Schrift: Wenn man sich einlasse auf die Schrift, verliere man den Bezug zur Realität, man könne nichts mehr auswendig, da man alles nur noch extern gespeichert habe und sich in der virtuellen Welt des Textes bewege. Man muss aber wissen: das alles hat er aufgeschrieben!

Wir brauchen also eine, wie ich es nennen möchte, *neue Unbescheidenheit*. Wir müssen uns – und ich glaube, dass es gar keinen anderen Ausweg gibt, und zwar nicht, weil es eine ethische Forderung wäre, sondern weil es eine logische zwingende logische Konsequenz ist – in dieser Welt, in der die Großmaschine, das Netz nämlich, uns zu bändigen oder zu domestizieren versucht, in einer Welt, in der wir uns in genetisch veränderte Zukünfte hinein zu entwickeln fürchten, in alle diese Gefahren hineinbegeben. Schon Plato hat genau das demonstriert: die Gefahr lässt sich am besten dadurch bannen, dass ich sie selber eingehe. Wenn das die simple Lösung ist – jedenfalls klingt sie simpel, in Wahrheit ist sie natürlich sehr komplex, weil wir uns Tausende von Entscheidungen damit einhandeln –, dann ist mir um die Zukunft von *Homo sapiens sapiens* nicht bange. Und wir werden nicht einmal merken, dass wir uns weiterentwickeln, weil immer wir es sind, die sich weiterentwickeln. Ob wir biologisch bereits die Übermenschen sind, das werden wir nie merken. Würden wir es merken, würden wir allerdings auch sehen, dass Übermenschen so übermenschlich auch wieder nicht sind.

Zu den Autoren

Prof. Dr. Klaus Berger
Geb. 1940, Studium der Philosophie, Theologie u. Orientalistik in München, Berlin u. Hamburg. Seit 1974 Professor für Neutestamentliche Theologie an der Universität Heidelberg.

Publikationen (Auswahl):
- Hermeneutik des Neuen Testaments, Göttingen 1979.
- Theologiegeschichte des Urchristentums, Tübingen 1995.
- Sind die Berichte des neuen Testaments wahr?, Gütersloh 2002.

Prof. Dr. Norbert Bolz
Geb. 1953, Studium der Philosophie, Germanistik, Anglistik u. Religionswissenschaften in Mannheim, Heidelberg u. Berlin.
Von 1992-2002 Professor für Kommunikationstheorie am Institut für Kunst- und Designwissenschaften der Universität GH Essen. Seit 2002 Professor für Medienwissenschaften am Institut für Sprache und Kommunikation der Technischen Universität Berlin.

Publikationen (Auswahl):
- Die Konformisten des Andersseins, München 1999.
- Weltkommunikation, München 2001.
- Das konsumistische Manifest, München 2002.

Prof. Dr. Günter Bräuer
Geb. 1949, Studium der Biologie, Anthropologie u. Paläontologie. Seit 1985 Professor am Institut für Humanbiologie der Universität Hamburg.

Publikationen (Auswahl):
- A craniological approach to the origin of anatomically modern Homo sapiens in Africa and implications for the appearance of modern Europeans, in: Smith, F.H., Spencer, F. (Hg.), The origins of modern humans, New York 1984, 327-410.
- (mit E. Mbua) Homo erectus features used in cladistics and their variability in Asian and African hominids. *Journal of Human Evolution* 22, 79-108, 1992.
- Der Ursprung lag in Afrika. *Spektrum der Wissenschaften* März 2003.

Prof. Dr. Wolfgang Eßbach
Geb. 1944, Studium der Soziologie in Freiburg.
Professor für Kultursoziologie am Institut für Soziologie der Universität Freiburg.

Publikationen (Auswahl):
- Studium Soziologie, München 1996.
- wir/ihr/sie. Identität und Alterität in Theorie und Methode (Hg.), Würzburg 2000.
- Plessners »Grenzen der Gesellschaft« – Eine Debatte (Hg.), Frankfurt/M. 2002.

Prof. Dr. Manfred Faßler
Geb. 1949, Studium der Physik, Soziologie, Volkswirtschaft, Politologie u. Philosophie in Bonn u. Berlin. Von 1995 bis 2000 Professor Für Kommunikationstheorie an der Hochschule für angewandte Kunst in Wien. Seit 2000 Professor für Medienanthropologie am Institut für Kulturanthropologie und Europäische Ethnologie der Universität Frankfurt/M.

Publikationen (Auswahl):
- Cyber-Modernität. Medienevolution, globale Netzwerke und die Künste, zu kommunizieren, Wien u. New York 1999.
- Netzwerke. Einführung in die Realität vertcilter Gesellschaftlichkeit, München 2001.
- Imagination und Entwurf, Wien und New York 2002.

Dr. Olaf Kaltenborn
Geb. 1965, Studium der Journalistik, Geschichte, Philosophie und Politologie in Dortmund u. Bochum. Wissenschaftlicher Mitarbeiter der Universität Witten/Herdecke.

Publikationen (Auswahl):
- Das Künstliche Leben. Die Grundlagen der Dritten Kultur, München 2001.

PD Dr. Christiane Kruse
Studium der Kunstgeschichte, deutschen Literatur u. Mediavistik in Göttingen u. München. Seit 2003 Professorin für Kunsthistorik an der Universität Marburg.

Publikationen (Auswahl):
- (Mit Belting, H.) Die Erfindung des Gemäldes. Das erste Jahrhundert der niederländischen Malerei, München 1994.
- (Mit Thürlemann, F.) Porträt – Landschaft – Interieur. Jan van Eycks Rolin-Madonna in ihrem ästhetischen Kontext, Tübingen 1999.
- Wozu Menschen malen. Historische Begründung eines Bildmediums, München 2003.

Prof. Dr. Antonio Loprieno
Geb. 1955, Studium der Ägyptologie, Semitistik u. Hebraistik in Turin u. Göttingen.
Von 1989-2000 Professor für Ägyptologie an der University of California, Los Angeles, seit 2000 Professor für Ägyptologie der Universität Basel.

Publikationen (Auswahl):
- Das Verbalsystem im Ägyptischen und Semitischen, Wiesbaden 1986.
- Topos und Mimesis. Zum Ausländer in der ägyptischen Literatur, Wiesbaden 1988.
- La pensée et l'écriture. Pour une analyse sémiotique de la culture égyptienne, Paris 2001.

Prof. Dr. Friedemann Schrenk
Geb. 1956, Studium der Geologie u. Paläoanthropologie in Darmstadt. Professor für Paläoanthropologie an der Universität Frankfurt/M.

Publikationen (Auswahl):
- (et al.) African Biogeography. Climate Change – Human Evolution, Oxford 2000.
- (et al.) Adams Eltern. Expedition in die Welt der Frühmenschen, München 2002.
- Die Frühzeit des Menschen, München 2001.

Prof. Dr. Walther Ch. Zimmerli
Geb. 1945, Studium der Philosophie, Germanistik u. Anglistik am Yale-College (USA), Göttingen u. Zürich. Von 1978-88 Professor für Philosophie an der Technischen Universität Braunschweig, 1988-96 Professor für Philosophie an den Universitäten Bamberg und Erlangen-Nürnberg, 1996-99 Professor für Systematische Philosophie an der Universität Marburg, 1999-2002 Präsident der Privaten Universität Witten/Herdecke, seit 2002 Gründungspräsident der Volkswagen AutoUni Wolfsburg

Publikationen (Auswahl):
- Technologisches Zeitalter oder Postmoderne, München 1988.
- Technologie als »Kultur«, Hildesheim 1997.
- Ethik in der Praxis. Wege zur Realisierung einer Technikethik, Hannover 1998.

Namensregister

Ambrosius 147
Amelunxen, H. 176
Argyle, K. 196
Aristoteles 12, 20
Atatürk, M.K. 125
Augustinus, A. 147
Aziz, F. 63

Baeck, L. 84
Barabasi, A.L. 92
Barthes, R. 156, 166, 169
Bartlett, F.C. 20, 207
Bateson, G. 109
Baudelaire, C. 154ff., 177
Baudrillard, J. 173
Berger, T.D. 56
Bolz, N. 190
Boole, G. 14
Bosshart, D. 191
Botticelli, S. 157, 162
Brillouin, L. 100
Brunet, M. 25
Burke, K. 13

Cann, R. 47f.
Cavalli-Sforza, L.L. 63f.
Chomsky, N. 94
Cottingham, K. 157, 167ff.

Dart, R. 21 f.
Darwin, C. 11, 21, 201
Dennett, D.C. 209
Derridas, J. 124
Descartes, R. 210
Deutsch, D. 109
Dilthey, W. 12
Doren, C. 115
Douglas, M. 110
Dubois, P. 166
Duerr, H.P. 110
Durkheim, E. 76

Feuerbach, L. 76
Fichte, J.G. 191
Fidler, R. 108
Fiedler, L. 113
Flusser, V. 96, 176

Foucault, Michel 7, 192
Frayer, D.W. 52, 54
Freud, S. 11 f., 201, 210

Gates, B. 198
Gehlen, A. 199, 206
Gerken, G. 190
Gibbons, A. 48
Glanvilles, R. 18
Goffman, E. 13
Gramsci, A. 94
Groves, C.P. 59
Günther, G. 12 f., 203, 211

Habgood, P.J. 59, 63
Hegel, G.W. 12, 203f.
Heidegger, M. 7, 11, 14, 179
Heraklit, 82
Hobbes, T. 202
Horx, M. 190
Houellebecq, M. 8

Kant, E. 7f,
Kapp 12
Konitzer, M.A. 190
Kopernikus 11, 201
Kowalski, R.
Kuckenburg, M. 112

Lacan, J.M. 194
Lem, S. 205
Leonardo 16
Leroi-Gourhan, A. 75, 81, 112
Levy-Strauss, C. 94
Lincoln, A. 83
Lovell, B. 20
Luhmann, N. 14, 17f., 96, 119
Luther, M. 180

Macho, T. 156
Mark, G. 196
Maturana, H. 205
McLuhan 12
Mead, H. 74
Mead, M. 82
Michelangelo, B. 171
Minsky, M. 187, 192, 204

Moravec, H. 187, 190

Nass 189f.
Neumann, J. 203
Nietzsche, F. 13, 96
Novalis 15

Ong, W.J. 121

Parsons, T. 14
Pascal, B. 16
Peirce, C.S. 175
Platon 151, 179, 187, 199
Plessner, H. 70, 88, 108
Plinius d. Ä. 80
Plinius d. J. 147
Polanyi, M. 204
Popper, K. 100
Prigogine, I. 100
Proculus, J. 181

Rabner, K. 179
Raffael, S. 158
Rembrandt, H. 158

Scheler, M. 70

Schrödinger, E. 100
Serres, M. 201
Sherman, C. 157ff.
Simon, Herbert 12
Stelarc 192
Stirner, M. 70

Tiger, L. 16
Trinkaus, E. 56
Turing, A. 11, 17, 19, 94, 204, 206
Turkle, S. 193ff.

Valery 211
Varela, F. 202
Verne, J. 195
Virilio, P. 192f.

Weber, M. 17
Welsch, W. 190
Wheeler, J. 14
Wiener, N. 203
Wolpoff, M.H. 61
Wood, B. 37

Zons, R. 210